सपनों का पेड़

कृष्ण कुमार

राजकमल प्रकाशन

ISBN : 978-81-267-1581-7

मूल्य : ₹795

पहला संस्करण : 2008
पहली आवृत्ति : 2023

प्रकाशक : राजकमल प्रकाशन प्रा.लि.
1-बी, नेताजी सुभाष मार्ग, दरियागंज
नई दिल्ली-110 002

शाखाएँ : अशोक राजपथ, साइंस कॉलेज के सामने, पटना-800 006
पहली मंजिल, दरबारी बिल्डिंग, महात्मा गांधी मार्ग, प्रयागराज-211 001

वेबसाइट : www.rajkamalprakashan.com
ई-मेल : info@rajkamalprakashan.com

मुद्रक : बी.के. ऑफसेट
नवीन शाहदरा, दिल्ली-110 032

SAPNON KA PED
by Krishn Kumar

नारायण दत्त के लिए

भूमिका

निबन्ध की विधा ने मुझे बचपन से आनन्दित रखा है। युवावस्था के एकान्त में हिन्दी के साहित्यिक माहौल से परिचित होते-होते मैं यह जान चुका था कि निबन्ध इस युग की चर्चित विधाओं में से नहीं है। इसी आशंकावश मैंने कहानी को अपनाया, पर निबन्ध से नाता जोड़े रखना सम्भव रहा। रोज़ बिखरनेवाली दुनिया को समेटने में माहिर रघुवीर सहाय और राजेन्द्र माथुर जैसे यशस्वी सम्पादकों ने मुझे अपने इस शौक के लिए जगह दी और ओम थानवी आज भी दिए हुए हैं।

इस संग्रह में शामिल ज्यादातर निबन्ध *जनसत्ता* में अभी तक जारी 'दृश्यान्तर' के हैं, पर कई ऐसे भी हैं जो इस स्तम्भ में छपनेवाली पाक्षिक टिप्पणी से कुछ ज्यादा लम्बे और मूलतः अन्यत्र छपे थे। इनमें 'इरादतन जवानी' का जिक्र करना आवश्यक है जिसे मेरे आत्मीय पंकज सिंह ने विशेष आग्रह करके अपनी *सोच* पत्रिका के प्रवेशांक के लिए लिखवाया था। यह निबन्ध इधर के दो दशकों पर उस तरह की हल्की-सी मुहर लगाता है जिसे देखकर पाठक समझ लेते हैं कि लेखक उन्हीं के जमाने का है। एक लेखक के लिए इससे बड़ा क्या अरमान हो सकता है ?

15 अगस्त, 2007

—कृष्ण कुमार

अनुक्रम

तकनीक

बोल

धरती

क्वार में बाग

फूलों का परिगणन करानेवाले कवि अब हिन्दी में नहीं रहे। पन्तजी ने अपनी एक कविता में अनेक फूलों को अंग्रेजी नामों से पहचाना था, उसमें भी लिली रह गई थी जो क्वार के महीने में बागों की कुसुमकृपणता को अपनी विनम्र चुनौती दिए रहती है। विनम्र उसे इसलिए कह रहा हूँ कि वह जमीन पर पड़ी रहती है, ऊँचा उठने के चक्कर में नहीं रहती। उसके सफेद फूल में एक विशद व्यूह दिखाई देता है जो सदाबहार या चाँदनी के निर्मलचित्त फूलों में नहीं होता, यद्यपि चाँदनी का फूल फिरकी जैसी वक्रता अवश्य दिखाता है। बस एक फूल है जो क्वार में बगीचों को हरियाली और सफेदी से मुक्ति देता है। पूछने पर माली उसका नाम मुर्गा बताते हैं जो कुछ इस तरह की बात है जैसे आप छोटे कदवाले भाई को छोटू कहने लगें या तेज चलनेवाली लड़की को क्षिप्रा। मुर्गे के फूल की आकृति कलगी जैसी होती है और रंग भी कुकड़ू-कूँ की याद दिलाता है। अभी कुछ वर्ष पहले तक कस्बों की सड़क पर साइकिल के गुजरने से एक सेकंड पहले दाएँ से बाएँ भागने पर आमादा मुर्गे आम थे। स्कूटर और मोटरसाइकिल के सामने भी वे डटे रहे, अब सफारी और स्कार्पियो से थोड़ा सहमे हैं।

इन चार फूलों में प्रियतम मुझे सदाबहार लगता है, पर उसे क्वार का इनाम देना इस तकनीकी आपत्ति के कारण सम्भव नहीं है कि वह तो सारे साल खिला रहता है। इस विचित्र जुर्माने की फिक्र सदाबहार को नहीं है क्योंकि अब उसे कैंसर के इलाज के सिलसिले में अन्तर्राष्ट्रीय शोहरत मिलने को है। वैसे भी वह बाग-बगीचों का मोहताज नहीं है, झोंपड़पट्टी में उपलब्ध बित्ते भर जगह या खोखे में उतने ही प्यार और नाज से खिलता है जितना कोठियों के अपारदर्शी फाटक के भीतर।

चाँदनी को देखकर भी किसी प्रतियोगिता का विचार मन में लाना पाप होगा। सुबह के समय उसके गिर्द जमीन पर पड़े कल के फूल किस रणवीर का मन नहीं पिघला पाएँगे ? उसके फूल रोज झड़ते हैं, फिर भी वह मन्दिर की तरफ भागते

भक्त को निराश नहीं करती क्योंकि पर्याप्त संख्या में नए फूल रोज खिल आते हैं। चाँदनी के नाम को चरितार्थ करनेवाले ये फूल दूर से तारों जैसे दिखते हैं। कोई रीतिकालीन कवि ही इस विडम्बना का समुचित उपयोग करके दिखा सकता था कि रात चाँदनी है, फिर भी सितारे चमक रहे हैं। किसी फिल्मी गीत ने चेहरे और दाँतों के सन्दर्भ में इस अलंकार का लाभ उठाया हो, यह भी याद नहीं पड़ता। क्या ऐसा इसलिए है कि मुम्बई में बाग बहुत कम हैं और फिल्म-जगत फिलहाल इतना विकेन्द्रित नहीं हुआ है कि गीतकार दिल्ली या कटिहार में रहे और गाने के बोल ई-मेल कर दे ?

क्वार कांटेस्ट में लिली की दिलचस्पी बहुत गहरी होगी, ऐसा मुझे नामुमकिन लगता है। वह यदि पद या प्रतिष्ठा के चक्कर में होती तो ईश्वर से एक तना लेकर आती। उसके हरे, लम्बे पत्ते मजबूत बालों की तरह चारों तरफ बिखरे रहते हैं, हल्की-सी चिकनाई और लगभग अनगढ़ वृत्त-विन्यास लिये। 'पत्ता' कहते भी मुझे संकोच हो रहा है क्योंकि उसमें बड़े आकार का, और किसी न किसी दिन सूखकर गिरने पर आवाज का सन्देश निहित है। 'पत्ती' भी नहीं कह सकते क्योंकि उसे चरितार्थ करने के लिए आकार छोटा और चरित्र कोमल चाहिए। लिली इतनी कोमल होती तो कुचल दी जाती। दृढ़ और लम्बी, मामूली-सी चमकीली पत्तियाँ ही लिली के नुकीले, तराशे गए फूल को सुरक्षा देती हैं। ऊँचे कदवाले अधेड़, जो बाग में सिर्फ इसलिए आते हैं ताकि उनकी बची-खुची पीठ कुर्सी में धँसने लायक बनी रहे, लिली के फूल को भले अनदेखा कर दें क्योंकि उसे निहारने के वास्ते उन्हें झुकना पड़ेगा, तितलियाँ उसे आराम से ढूँढ़ लेती हैं। यह बात 'दृश्यान्तर' की इस सुखद किस्त का जायका बिगाड़ देगी कि कीटनाशकों की कृपा से तितलियाँ अब बागों में नहीं आतीं। यह आशा मैं जबरन बनाए हूँ कि वे अन्यत्र जिन्दा हैं।

आखिर बचता है मुर्गा ! क्वार के बाग का राजा वही है। उसका रंग काँकरेजी लिये लाल है, उसकी चौड़ी, मोटी सतह छूने में चिकनी और गदराई है, पत्तियाँ भी लाली लिये हैं—राजा दिखने के लिए इतने साधन इस पुष्पविरल महीने में काफी हैं। इस महीने की फितरत हरिऔध ने पहचानी थी, तभी उन्होंने दिन की जगह रात का यह अमर चित्र खींचा था : *'था क्वार मास निशि थी अति रम्य राका/पूरी कला सहित शोभित चन्द्रमा था। थी छा गई क्षितिज में अमिता सिताभा/उत्फुल्ल-सी थी प्रकृति प्रतिभास होती।'* इतने सबल पद्य को पढ़कर गद्य लिखने और पढ़ने की जरूरत भला किसे महसूस होगी ? इसलिए अब इस टिप्पणी को समेटना ही श्रेयस्कर होगा। जाड़े के फूलों की तैयारी मालियों ने बदस्तूर शुरू कर दी है।

क्यारियों की गुड़ाई कुछ ही दिनों में मुर्गे का राज्य उजाड़ देगी। चारों तरफ खाद के ढेर दिखने लगेंगे।

मिट्टी में मिलकर वह उन तमाम खूबसूरत फूलों को पोषण देगी जिनके नामों की स्मृति अब मालियों के मन से भी जाने लगी है। कवियों ने पहले ही हाथ झाड़ लिये थे। तभी मुझ पर असीम स्नेह रखनेवाले सर्वेश्वरजी ने अपनी 'घोड़ा' कविता में 'रंग-बिरंगे फूलों' का जिक्र उनमें से एक-दो के भी नाम बताए बगैर कर दिया था।

राज्य की जय

नर्मदा की अदालती लड़ाई का नतीजा जानने मैं जब तक सुप्रीम कोर्ट पहुँचा, फैसला सुनाया जा चुका था। वापस मुड़ने से पहले मैंने दरबान से जानना चाहा कि फैसला क्या हुआ। उसने जवाब दिया—'पब्लिक के खिलाफ गया।' खबर दुखद थी पर अप्रत्याशित नहीं थी, भले ही मुझे हल्की-सी आशा इस बात की थी कि निर्णय कुछ ईच-बीच वाला रहेगा। कुछ देर बाद मालूम चला कि निर्णय इतना साफ और सपाट हुआ कि खंडपीठ में भी मतैक्य नहीं हो सका। इस मामले में भी हम यानी हमारा देश कोई ऐसी संश्लिष्ट दृष्टि नहीं रच सका जिसमें संवाद जीवित रह सके। भारत कैसे बनेगा, इस प्रश्न पर एक के बाद एक संवाद टूटता रहा है। नर्मदा पर भी यही हुआ तो क्या आश्चर्य है ? सबसे बड़ी अदालत के तीन न्यायाधीशों में सहमति नहीं बन सकी तो लाखों स्त्री-पुरुषों, हजारों सरकारी कर्मचारियों, नेताओं और सामाजिक कार्यकर्ताओं में क्या बनती !

इस विवाद में राज्य जीता है, यह तो स्पष्ट है, पर हारा कौन ? यदि हम कहें कि नर्मदा बचाओ आन्दोलन हारा है तो हम भाषा के साथ खिलवाड़ कर रहे होंगे। आन्दोलन कोई पार्टी या कम्पनी नहीं है जो अपने हित के लिए लड़ी हो। आन्दोलन का जन्म भी इस तरह नहीं हुआ था कि चन्द नेताओं ने मिलकर कहा कि चलो, एक आन्दोलन शुरू करते हैं। इसलिए जब अखबार अदालत के फैसले को आन्दोलन की हार बताते हैं और दूरदर्शन मेधा के आँसू दिखाता है तो ये माध्यम अपनी ही समझ और अभिव्यक्ति की सीमा दिखा रहे होते हैं। सुप्रीम कोर्ट का दरबान उनसे ज्यादा होशियार है।

आन्दोलन का एक उद्देश्य नदी की रक्षा करना था। इस लिहाज से कोई कह सकता है कि अदालत के निर्णय से नर्मदा हारी है। इस सोच पर प्रकाश डालने के लिए नर्मदा-संघर्ष के विपुल साहित्य का एक छोटा-सा अंश काफी है जो अनुपम मिश्र ने आन्दोलन के शुरू के वर्षों में लिखा था। इस लेख का शीर्षक ही पूरी बात कह देता है और हमें ई-मेल युग में जीने के लिए जरूरी परिप्रेक्ष्य

देता है। शीर्षक है—'इक्कीसवीं के बाद भी सदियाँ हैं'। सरदार सरोवर बाँध यदि अब पूरा किया जाता है—मुझे इसमें अभी भी सन्देह है—तो 2080 के आसपास तक चलेगा। बाँधों का जीवन इतना ही होता है। नदियाँ फिर बहने लगती हैं। नर्मदा के करोड़ों वर्षों के जीवन में एक सदी के क्या मायने होंगे, यह कल्पना करने के लिए किसी कालिदास की जरूरत नहीं है।

पर मनुष्य की लाचारी और उसके अपमान व दुख का कोई मुआवजा नहीं। यदि कोर्ट का फैसला अमल में आता है तो आनेवाले वर्षों में नर्मदा के तट अभूतपूर्व दमन और पीड़ा के मंच बनेंगे। मुझे यह सम्भव नहीं लगता कि सरकारी विमर्श इस विनाश-लीला को प्रगति और राष्ट्रीय हित के विमर्श में समेटता रह सकेगा। फैसला आए अभी एक हफ्ता भी नहीं बीता है और यह नौबत आ चुकी है कि आकाशवाणी पर सुनाई गई परिचर्चा में शामिल एक भी वक्ता फैसले के पक्ष में दो शब्द नहीं कह सका। इस परिचर्चा में भाग लेनेवाले सेवानिवृत्त अधिकारी, कानूनी पत्रकार और वकील, तीनों ने सुप्रीम कोर्ट के फैसले पर आश्चर्य व्यक्त किया—इसलिए नहीं कि ये लोग किसी फैसले की उम्मीद में थे, बल्कि इस कारण कि फैसले में तर्क, प्रमाण, परिप्रेक्ष्य सभी का इतना खुला अभाव है। फैसले की समीक्षा यदि आकाशवाणी पर यह रूप ले सकती है तो कानून की अपनी दुनिया और जनमंच पर कहाँ तक जाएगी, यह अवश्य ही उत्सुकता का विषय है।

सबसे बड़ी बात यह है कि खंडपीठ के तीन न्यायाधीशों में इस फैसले को लेकर गहरी असहमति बनी रही। कानून की संयत भाषा में प्रशिक्षित तीन सर्वोच्च आवाजें यदि एक सघन सहमति नहीं बुन पाईं तो हम मानकर चल सकते हैं कि मामला अभी टेढ़ा ही रहेगा। तीन प्रदेशों की सरकारों और लाखों लोगों के बीच सहमति बनना सुप्रीम कोर्ट के तीन जजों में सहमति होने से ज्यादा कठिन है। अदालत की परम्परा के अनुसार हम तीसरे न्यायाधीश के मत को आज अनसुना कर भी दें तो उन तमाम लोगों का क्या करेंगे जो न केवल असहमत रहेंगे, साथ में जबरन विस्थापन के असंख्य कष्ट और अपमान भी झेलेंगे ? असहमति के गिर्द बाँहें डालकर ही लोकतान्त्रिक व्यवस्था चल पाती है, उसे खारिज करके नहीं। नर्मदा के मामले में असहमति चन्द विवरणों पर नहीं है, बुनियादी सवालों और कानूनी औपचारिकताओं की पूर्ति पर है।

आन्दोलन से उठे सवालों में सबसे बुनियादी प्रश्न लाभ-हानि के हिसाब का था। कितनी बिजली सचमुच बनेगी, कितना पानी सचमुच मिलेगा, ऐसे सवालों पर स्वयं सरकारी पक्ष के भीतर विवाद रहा है। आन्दोलन ने सिर्फ इतना किया

कि बहस को सरकारी फाइलों से निकालकर उजागर किया। इन प्रश्नों से जुड़ा हुआ मसला यह था कि पानी अन्ततः किसे मिलेगा। सैकड़ों गाँवों और कई शहरी बस्तियों को पीने का पानी पहुँचाने का वायदा इधर के सालों में जोड़ा गया है। इस सुन्दर वायदे की पूर्ति करने पर सिंचाई के लिए उपलब्ध पानी में कितनी कटौती की जाएगी, यह सरकार ने कभी नहीं बताया। सिंचाई भी किसी और फसल की होती तो हम मान लेते कि कुछ ऊपर-नीचे हो जाएगा। यहाँ मामला गन्ने का है। इस तरह की जिज्ञासाओं के अलावा आन्दोलन की तरफ से सरकारी औपचारिकताओं की पूर्ति का प्रश्न भी उठाया गया था। पहली बात तो नर्मदा प्राधिकरण की इस नीति की थी कि कोई परिवार तब तक नहीं हटाया जा सकता जब तक उसके पुनर्वास की व्यवस्था का पक्का इन्तजाम नहीं हो जाता। पुनर्वास में जमीन देना सबसे कठिन काम सिद्ध हुआ है, बाकी जरूरतें तो हैं ही। मध्य प्रदेश की सरकार अदालत में ही कह चुकी है कि विस्थापितों को देने के लिए जमीन उसके पास नहीं है। मध्य प्रदेश को ही डूब का सबसे बड़ा प्रकोप सहना है। वहाँ की सरकार ने बाँध की ऊँचाई घटाने को लेकर एक याचिका भी दायर कर रखी है। शायद अब उसी की सुनवाई से कानूनी कार्रवाई में गहराई आए जो मौजूदा फैसले में नजर नहीं आती।

पर्यावरण मंत्रालय की स्वीकृति शायद सबसे विवादास्पद सवाल था जिसे अदालत के दो जजों ने अनदेखा किया, पर तीसरे जज ने अपने अलग फैसले का आधार बनाया। सत्तर के दशक में जब नर्मदा प्राधिकरण अपना काम शुरू कर रहा था, पर्यावरण की चिन्ता सामाजिक विमर्श में भी कमजोर अवस्था में थी, सरकारी विमर्श में तो एकदम अनुपस्थित थी। इसीलिए न्यायमूर्ति भरूचा ने कहा है कि सरदार सरोवर की योजना पर पुनर्विचार करते समय पर्यावरण सम्बन्धी सावधानियों के बारे में आज प्रचलित मानकों का इस्तेमाल किया जाए। उन्होंने बाँध का निर्माण कार्य रोककर इस पुनरीक्षण की सिफारिश की है क्योंकि यह बात अदालत में हुई बहस के दौरान दस्तावेजों की मदद से साबित हो गई थी कि पर्यावरण मंत्रालय की पूर्व अनुमति सरदार सरोवर परियोजना को औपचारिक रूप से कभी नहीं मिली।

इस बड़ी कमी को भी बहुमत वाला फैसला नजरअन्दाज करता है। कोई भी देख सकता है कि इस लम्बे विवाद में राज्य को मिली जय एक नारे जैसी है, तार्किक जय नहीं। यदि इस विश्वास के साथ चलें कि टिकाऊ तो तार्किक विजय ही होती है तो हम कह सकते हैं कि मामला अभी चलेगा।

धरती को सुई

आधुनिक कही जानेवाली एलोपैथिक चिकित्सा पद्धति में जो विशिष्ट हैसियत इंजेक्शन की है, वह न गोली की है, न ऑपरेशन की। सुई के जरिए दवा सीधे खून में पहुँचती है तो जैसे एक जादू-सा होता है। गोली तो मुँह के जरिए पहले पेट में पहुँचती है, फिर धीरे-धीरे शरीर में उसका असर पहुँचता है। गोली वह कहने भर को है, वह हमारे शरीर को कहीं भेदती नहीं। कई गोलियाँ भले एक नाटकीय असर दिखाती हों, पर गोली खाने की बात में वह नाटकीयता नहीं जो इंजेक्शन लगवाने में होती है। गोली खानी भी खुद पड़ती है जबकि सुई कोई दूसरा लगाता है। इंजेक्शन लगवाने में एक सभ्य आक्रमण की स्वीकृति निहित है और उस आक्रमण को सह लेने की गरिमा का दावा भी है। ऑपरेशन में आक्रमण सभ्य नहीं रह जाता। उसे सहनेवाला पहले ही लाचार बना दिया जाता है। पूरा दृश्य हमारे दैनिक जीवन की हदों के पार घटता है। सुई में वह बात नहीं। वह एक सच्चा अतिक्रमण करती है जिसके स्वागत का अभ्यास हम बचपन से शुरू कर देते हैं।

कोई आश्चर्य नहीं कि सुई की लोकप्रियता भूख, गरीबी और निरक्षरता की बाधाएँ भेदकर गाँव-गाँव जा पहुँची है। बल्कि गाँव में सुई की हैसियत शहर से ऊपर है। गाँव में न सेहत का माहौल है, न साधन हैं। वहाँ न डॉक्टरों के बीच चुनाव सम्भव है, न तरह-तरह के परीक्षण। वहाँ तो बस जादू का भरोसा है और जादू का प्रतीक है सुई। सुई के रास्ते क्या घुसाया जा रहा है, यह जानने की जरूरत भी शिक्षा ने पैदा नहीं की, समझने की गुंजाइश तो दूर की बात है। कितनी सुइयाँ लगीं, यह बीमारी की गम्भीरता और डॉक्टर की होशियारी का ग्रामीण पैमाना बन गया है। अस्पताल में भरती होने का अनुभव भी अक्सर ग्लूकोज की बोतलों की संख्या के सहारे सुनाया जाता है। घंटों गड़ी रहनेवाली सुई के जरिए नसों में पहुँचनेवाला ग्लूकोज भी गजब की चीज है। देह में बिजली दौड़ जाती है और रोजमर्रा की बदहाली, बदहजमी, गन्दगी और थकान की स्मृति गायब हो

जाती है।

सुई की लोकप्रियता से दवा-निर्माता कम्पनियों और डॉक्टरों ने कितना भारी मुनाफा कमाया है, शायद इसी बात से प्रेरणा लेकर फलों के व्यापारी पिछले कुछ सालों से इंजेक्शन के साथ प्रयोग करते रहे हैं। सबसे पहले उन्होंने खरबूजे पर ध्यान दिया और उसे मीठा बनाने की कोशिश की। ऐसा एक खरबूजा खाकर मैं हैजे का शिकार हो चुका हूँ, इसीलिए इस बार मेरा ध्यान उस खबर पर एकदम गया जिसमें तरबूज को इंजेक्शन लगाने की बात की गई थी। पढ़ने पर मालूम हुआ कि तरबूज में शक्कर और रंग दोनों का इंजेक्शन लगाया जा रहा है। तभी फलवाला इतने आत्मविश्वास के साथ कहता है कि आप कटवाकर देख लीजिए। तसल्ली चाहनेवाले ग्राहक उसका यह प्रस्ताव मान भी लेते हैं।

गनीमत है कि पपीते और आम के साथ अभी ऐसी कोई वारदात सुनने में नहीं आई है। आम के साथ कैल्शियम कार्बाइड का हादसा कई दशकों से हो रहा है और पपीते की देसी किस्मों का स्थान लगभग पूरी तरह डिस्को ने ले लिया है, पर इन दोनों फलों को इंजेक्शन लगने की बात अभी तक सुनने में नहीं आई है। अलबत्ता संतरे को इंजेक्शन लगाए जाने की एक घटना कुछ वर्ष पहले प्रकाश में आई थी। किसी नव-नाजीवादी ने इजराइल जा रहे अमेरिकी सन्तरों में जहर का इंजेक्शन लगा दिया था।

सुई से ऑक्सीटोसिन गाय के शरीर में पहुँचाने का सिलसिला अब न ऊपर किसी विवाद का विषय रहा है, न नीचे किसी झिझक का। इस इंजेक्शन से गाय को दुहना आसान हो जाता है। दवा से प्रसव जैसी मरोड़ पैदा होती है जो दूध को अन्तिम बूँद तक दुहने में मदद देती है। गाय की तकलीफ के अलावा इस बात पर भी बहस की जाती रही है कि ऑक्सीटोसिन की दैनिक खुराक का हमारे शरीर पर क्या असर पड़ता है। मुझे यह प्रश्न एक बार एक दूध वैज्ञानिक से पूछने का मौका मिला था और उन्होंने हँसकर पूरी शंका को व्यर्थ करार दिया था। वैज्ञानिकों और इंजीनियरों में दूसरों की शंका दूर करने की अद्‌भुत क्षमता होती है। सरदार सरोवर के मुद्‌दे पर वे लगातार कहते रहे हैं कि इससे पर्यावरण के बिगड़ने या भूकम्प का खतरा बढ़ने की बातें बेबुनियाद हैं। केवल पुनर्वास की बात है और वह विज्ञान का मसला नहीं है।

गुजरात में सूखे की विपदा ने पानी के सवाल पर एक पुराना ध्रुवीकरण उभार दिया। बाँध के समर्थक एक तरफ हो गए और बरसात में पानी इकट्‌ठा किए जाने के समर्थक दूसरी तरफ। इस दूसरी वाली धारा के समाचार मैं वर्षों से अनुपम मिश्र से प्राप्त करता रहा हूँ। इस बार अनुपम का कहना है कि शायद

सरकारी विवेक के जागने का समय आ गया है। पानी का संरक्षण करने की पुरानी सामाजिक तकनीकें शायद अब बड़े पैमाने पर पुनर्जीवित हो उठें। इस सुखद सम्भावना का एक संकेत दिल्ली में लिए गए इस निर्णय से मिलता है कि सरकारी इमारतों की छतों पर बरसनेवाला पानी इकट्ठा करके धरती में डाला जाएगा। इसके लिए इस्तेमाल की जानेवाली तकनीक को इंजेक्शन की संज्ञा दी जाती है। इस इंजेक्शन के जरिए छत से जमा किया गया पानी पाताल स्थित पानी की झिरों तक पहुँचाया जाता है। ऐसा करने से, आधिकारिक शब्दावली में कहें तो, भूगर्भीय जल-स्तर में वृद्धि हो जाती है।

कहना न होगा कि धरती को इस तरह के इंजेक्शन की सख्त जरूरत थी। पिछले दो-ढाई दशकों में हैंडपम्प लगा-लगाकर पाताल का पानी ऊपर लाया गया और धरती का जल स्तर घट गया। हैंडपम्प भी एक तरह का इंजेक्शन ही था—उल्टा इंजेक्शन जो धरती की अन्तड़ियाँ सुखाकर सतह के सूखे का फौरी इलाज करता था। हैंडपम्प फिलहाल एक राष्ट्रीय प्रतीक बन चुका है और ग्रामीण विकास के विमर्श में उसकी एक विशिष्ट हैसियत है। आनेवाले वर्षों में यदि उसकी यह हैसियत घटती है और बारिश के पानी को भूगर्भ में पहुँचानेवाले नए इंजेक्शन की लोकप्रियता और हैसियत बढ़ती है तो यह राज्य के मानसिक स्वास्थ्य के इतिहास की एक बड़ी घटना होगी। प्रार्थना हम यही कर सकते हैं कि इस घटना का दायरा श्रमशक्ति भवन की छत तक न रह जाए जहाँ से वह शुरू हो रही है।

ध्रुवीय जड़ता

दृश्य खुद इतना साफ हो तो 'दृश्यान्तर' की क्या जरूरत है ? बीते वर्ष के अन्तिम पखवाड़े में जो उमस और बेचैनी इकट्ठा हो गई थी, वह यकायक छँट गई है। ब्रिटिश प्रधानमन्त्री दक्षिण एशिया में शान्ति स्थापित करने ढाका और बँगलौर पहुँचे, उधर दक्षेस–सार्क के लिए हिन्दी संक्षेप जो शायद राजेन्द्र माथुर ने गढ़ा था–के नेताओं की राजनैतिक प्रतिभा काठमांडो में फोटो खिंचाने और हाथ मिलाने जैसी घटनाओं में सिमट गई है। इसके पहले भी दक्षेस का कामकाज भारत-पाक ग्रन्थि के कारण ठप रहा है, आगे भी रहेगा, काठमांडो का मुख्य सन्देश यही है। ब्लेयर ने बँगलौर में साफ कहा है कि इस क्षेत्र से ब्रिटेन के निराले सम्बन्ध हैं जो उत्तर-उपनिवेश काल में ब्रिटेन को एक महत्त्वपूर्ण भूमिका देते हैं। यह खुलासा न भी किया जाता तो भी बात एक अर्से से प्रकट रही है कि अमेरिका से मंजूरी पाए बगैर भारत और पाकिस्तान न लड़ सकते हैं, न शान्त बैठ सकते हैं। हमारी अधेड़ स्वाधीनता इसी में है कि सीमाओं पर सेनाएँ इकट्ठा करने सरीखे खर्चीले इशारों से जनसामान्य का दिल कभी डुबाएँ, कभी बहलाएँ, कभी जीतें। इस स्थिति का तकाजा है कि शान्ति उतनी ही नाटकीय चीज मान ली जाए जितनी आम तौर पर लड़ाई हुआ करती है। इस तरह युद्ध और शान्ति दोनों की अवधारणाएँ तोड़ दी गई हैं। कोई आश्चर्य नहीं कि बुश और ब्लेयर शान्ति के लिए बमबारी में व्यस्त हैं।

संवाद सिर्फ भारत और पाकिस्तान के बीच टूटा हो, ऐसा नहीं है। देश के भीतर भी दृष्टि और समझ के ध्रुवों के बीच कोई शीतोष्ण कटिबन्ध नहीं रहा। लेखकों और टिप्पणीकारों की बात क्या की जाए जब प्रधानमन्त्री रह चुके चन्द्रशेखर भी सरकार के बड़े-बड़े निर्णयों से अपनी असहमति प्रकट करने के लिए विवश हैं। 'हिन्दुस्तान टाइम्स' में प्रकाशित उनके साथ लिए गए इंटरव्यू में पोकरण के अणुबम विस्फोट से लेकर कारगिल के संचालन और हाल के तनाव को गलतियों की शृंखला की तरह पेश किया गया है। हर प्रसंग में चन्द्रशेखर के

तर्क अकाट्य लगते हैं और उनकी लाचारी व निराशा पूरे इंटरव्यू पर छाई है। उनके विचार पढ़कर मुझ जैसे युवतर और आज के वास्तविक युवाओं को यह दिलासा तो मिल ही सकती है कि बेगानापन हमारी बपौती नहीं है। राजतन्त्र के शीर्ष पर पहुँच चुका व्यक्ति भी आज राज्य की नीतियों में ठिकाने की एक भी बात नहीं देख पा रहा है।

पोकरण के परमाणु परीक्षणों पर चन्द्रशेखर की राय और चिन्ता का दायरा बहुत ही बड़ा है। वे मानते हैं कि इन परीक्षणों के बाद भारत की सैन्य श्रेष्ठता का कोई मतलब नहीं रहा। घातक वार की शक्ति आज दोनों देशों के पास है, अतः पारम्परिक लड़ाई में जीतकर शान्ति से बैठ सकना सम्भव नहीं रहा। आशय है कि हारा हुआ शत्रु भी निर्णायक चोट कर सकता है। इस तर्क का जवाब जॉर्ज फर्नांडीज यह कहकर दे चुके हैं कि पाकिस्तान का परमाणु हमला झेलकर भारत स्वयं परमाणु शक्ति का इस्तेमाल करके पाकिस्तान को मिटा देगा। ऐसी ही बात पहले मुलायम सिंह यादव ने कही थी। ऐसी बातें उन्हीं लोगों को रास आ सकती हैं जो परमाणु शक्ति की विनाश-लीला से अपरिचित हैं या फिर जिन्हें लाखों आम लोगों की मौत और पीड़ा से कोई फर्क नहीं पड़ता। परमाणु शक्ति को राजनीति के दायरे में लाकर अमेरिका ने जो अमानुषिक काम छप्पन साल पहले किया था, उसकी वैचारिक जकड़ आज दक्षिण एशिया में देखी जा सकती है।

सुरक्षा और आतंकवाद जैसे मुद्दों से हटकर देखें, तो भी ध्रुवीय पैमाने की असहमति का नजारा दिखाई देता है। टिहरी का बाँध पूरा हो रहा है, डूब चालू हो चुकी, तो भी सही और गलत के दावों के बीच कोई स्थान नजर नहीं आता। एक तरफ बहुगुणा की निराशा है, दूसरी तरफ बाँध के सरकारी विज्ञापन का दर्प है। इस विज्ञापन का दावा है कि गंगा अब भारत के विकास की तरफ मुड़ेगी। व्यंजना वही है जो नर्मदा की बहस में सरकारी पक्ष के तर्कों में हमेशा रही, कि नदी का पानी अभी तक समुद्र में जाकर बर्बाद हो रहा था। गंगा को लेकर यह व्यंजना उतनी ही बेहूदा है जितनी नर्मदा के सन्दर्भ में थी। गंगा के धार्मिक और सांस्कृतिक महत्त्व को टिहरी परियोजना के विरोध के लिए इस्तेमाल करने की एक संक्षिप्त-सी कोशिश विश्व हिन्दू परिषद ने की भी, पर जल्द ही बगैर ज्यादा संकोच के छोड़ दी क्योंकि बाँध के रोके जाने की सम्भावना शून्य थी।

तो अब डूब की जानी-पहचानी पीड़ाओं और भूकम्प के भीषण खतरे की आशंकाओं के बीच टिहरी बाँध देश की छाती पर खड़ा है। सरदार सरोवर से कहीं ज्यादा खतरनाक माने गए इस बाँध ने गंगा की धारा का अविरल और कम से कम पर्वतीय और तलहटी क्षेत्र में अभी तक बना आया शुद्ध रूप बदल डाला है।

बाँध से बने सरोवर में अब सीवर का पानी भी मिलेगा। डूब की तकलीफें और अराजकता तो दशकों तक चलेंगी जैसी कि रिहन्द और भाखड़ा जैसे बड़े बाँधों के बन जाने के बाद आज तक चल रही है। विकास के राष्ट्रीय रजतपट के पीछे की आवाजें आज पहले से अधिक सुनाई देती हैं, पर परदे को फाड़ने की क्षमता उनमें नहीं है। जहाँ तक सत्तावानों के कानों के परदे का प्रश्न है, वे तो हमेशा ही चमड़ी के बराबर मोटे होते हैं।

सहनशील भारत

आखिरकार बारिश हुई। इस बीच छात्रसंघ के चुनाव हुए और सड़क पर फेंके गए पर्चों से नालियों के ढक्कनों में बने छेद मुँद गए। अभी दो दिन पहले ही मैंने अपनी सड़क की जमादारनी को एक-एक ढक्कन साफ करते देखा था। उसके जैसी नियमितता और निष्ठा यदि प्राध्यापकों में आ जाए तो विश्वविद्यालय कहाँ का कहाँ पहुँच जाए। पर सबका सामाजिक स्वभाव अलग है, और छात्रों का स्वाभाविक जोर स्वतन्त्रता पर रहता है। वे यह मानकर चलते हैं कि चुनाव में वोट देने के अधिकार में पर्चे और प्लास्टिक के थैले सड़क पर फेंकने का अधिकार शामिल है और यह सोचने का वक्त उनके पास नहीं है कि कूड़े से मुँदी नाली बारिश होने पर पानी की निकासी किस प्रकार करेगी।

नई और आनेवाली पीढ़ियों के नाम पर ही 'सस्टेनेबल' विकास का नारा निकला है। इसका अर्थ है कि हम आज संसाधनों का इस्तेमाल इस तरह करें कि भावी पीढ़ियाँ भी अपनी जरूरतों की पूर्ति कर सकें। जोहानेसबर्ग में हुए पृथ्वी सम्मेलन का सार-विषय यही था और उसकी परिधि में जलवायु परिवर्तन, खासकर गरमी में वृद्धि, जमीन और पानी का संरक्षण, गरीबी, भूख और बीमारी जैसी चिन्ताएँ रखी गई थीं। दस साल पहले रियो डी जेनेरो में हुए पृथ्वी सम्मेलन की तरह इस बार भी चिन्ताओं की फेहरिस्त लम्बी थी और उन्हें व्यक्त करनेवाले शब्दों की संख्या अगणनीय थी। मगर किसी को यह आशा नहीं थी कि सम्मेलन के अन्त में कुछ निकलेगा। इस आशा का अभाव चरितार्थ हुआ, यानी सम्मेलन की उपलब्धि नगण्य रही।

भारत के लिए यह बात निराशाजनक नहीं ठहरती क्योंकि हमारे प्रधानमन्त्री और उपप्रधानमन्त्री दोनों ने ही जोहानेसबर्ग जाना जरूरी नहीं समझा। सम्मेलन के मुद्दे भले हमारी राष्ट्रीय चिन्ताओं से मेल खाते हों, पर हमारे नेताओं की रुचि इन मुद्दों में नहीं है। उनकी रुचि तो बस युद्ध और हथियारों में है और इस बारे में जोहानेसबर्ग में कुछ खास नहीं सोचा जाना था। बीबीसी पर टेलीफोन के जरिए

कराई गई चर्चा में एक श्रोता ने सामरिक उत्पादन और व्यापार से पर्यावरण को पहुँचनेवाली चोट और सामाजिक असुरक्षा का प्रश्न उठाया तो जवाब देने के लिए बुलाए गए विशेषज्ञ ने साफ कहा कि जोहानेसबर्ग के सम्मेलन का विमर्श इस प्रश्न से कोसों दूर है। सम्मेलन से आ रही दैनिक खबरें दिखाती थीं कि चिन्ताओं की प्रासंगिकता का पैमाना सहमति की सम्भावना से तय हो रहा था। कहने को यह पृथ्वी सम्मेलन था, पर पृथ्वी छोड़िए, अपने भूखंड की चिन्ता भी महज उपभोग की निरन्तरता बनाए रखने को लेकर ही थी।

धनी देश अपनी उपभोग क्षमता पर शर्मिन्दा महसूस करने का कोई संकेत देने की स्थिति में नहीं थे। गरीब देश इस तरह का संकेत अमीरों से जबरन प्राप्त करने की स्थिति से बचने में व्यस्त रहे। सबकी परवाह इस बात को लेकर थी कि प्रासंगिक बने रहना जरूरी है, सच्चाई भले भाड़ में जाए। इस मिजाज का सबसे बढ़िया सबूत जीनबदल बीजों का मामला है। अमेरिका ने सम्मेलन में इस बात की आलोचना की कि गरीब देश अपनी जनता की भूख मिटाने की जगह जीनबदल अनाजों का विरोध कर रहे हैं। इशारा जांबिया की ओर था जिसने अकाल से निपटने के लिए अमेरिकी अनाज लेने से मना कर दिया। यह पूछे जाने पर कि अमेरिका के जीनबदल अनाज से खतरे का वैज्ञानिक प्रमाण क्या है, जाम्बिया के राष्ट्रपति ने कहा कि जब यूरोप इस अनाज के आयात से आशंकित है तो जरूर कोई बात होगी।

काश, भारत इतना भी कह पाता। हमारी हालत धोबी के कुत्ते जैसी हो रही है। जाम्बिया की तरह बोलना हमें शोभा नहीं देता क्योंकि हम दूसरों की नकल, खासकर यूरोप की नकल, करते नहीं दिखना चाहते। दूसरी तरफ जीनबदल फसलों पर वैज्ञानिक शोध में हमारी स्थिति ऐसी नहीं है कि हम उनसे उपजी आशंकाओं पर कोई निश्चित राय बना सकें। हर अन्य क्षेत्र की तरह इस मामले में भी हमारे फैसले लोकतान्त्रिक ढंग से हो रहे हैं—यानी इस आधार पर हो रहे हैं कि किसकी लाबी ज्यादा भारी है। कहना न होगा कि बीज बनानेवाली बहुराष्ट्रीय कम्पनियाँ राजनैतिक रूप से भी अत्यन्त समर्थ हैं। कपास के मामले में भारत सरकार थोड़ा-बहुत संकोच बरतकर अन्त में मान गई। सोयाबीन, मक्का और फिर चावल व गेहूँ जैसे अनाजों के जीनबदल बीजों को भारत के निरक्षर कृषिजगत में खपा देने की मुहिम चल रही है।

आनेवाली पीढ़ियाँ तो अभी बहुत दूर हैं, हम इस समय पल रहे बच्चों की परवरिश भी ठीक से नहीं कर पा रहे। सुप्रीम कोर्ट ने कहा है कि यदि ताजा पका हुआ नाश्ता स्कूल में मुहैया कराने की व्यवस्था नहीं की जाती तो वह केन्द्र से

राज्यों को भेजा जानेवाला अनुदान रुकवा देगा। दिल्ली की सरकार बिस्कुट बाँटते रहने की इजाजत चाहती थी। मध्य प्रदेश सूखे अनाज का माहवार वितरण करता रहा है। अब देखना है कि तमाम राज्य अपनी जर्जर शिक्षा व्यवस्था में इतनी मुस्तैदी कहाँ से लाते हैं कि रोज ताजा पका नाश्ता बच्चों को खिलाने का कोर्ट का आदेश पूरा किया जा सके। आदेश के दो दिन बाद ही पांडिचेरी से खबर आई कि स्कूलों में बाँटे गए दूध और डबल रोटी के नाश्ते से एक हजार बच्चे बीमार पड़ गए।

उधर कोलकाता में एक अस्पताल में भरती बीस बच्चों की अचानक मृत्यु पर बंगाल के स्वास्थ्य मन्त्री ने कहा कि यह कोई बड़ी बात नहीं है क्योंकि वहाँ छह बच्चे रोज मरने का औसत है। एक पत्रकार की टिप्पणी ज्यादा विश्वसनीय और सभ्य थी कि इस घटना में नया सिर्फ माता-पिता का गुस्सा है। सचमुच हम भारतीय लोग यह मान चुके हैं कि स्वास्थ्य और शिक्षा सरीखी बुनियादी जरूरतों पर ज्यादा कुछ नहीं किया जा सकता। दोनों ही क्षेत्रों में जैसे-तैसे एक क्षीण व्यवस्था आजादी के पहले चालीस सालों में बनी थी। उसे नब्बे के दशक में उदारीकरण के नाम पर लागू की गई नीतियों के जरिए तहस-नहस कर दिया गया है। ये नीतियाँ वैश्वीकरण की जटिल प्रक्रिया का हिस्सा हैं जिन पर जोहानेसबर्ग के पृथ्वी सम्मेलन में एक सतही और संकुचित बहस हुई और इस बहस में भारत की भागीदारी बहुत सीमित रही।

उस्ताद वसन्त

हर बार वसन्त का आना कुछ अलग होता है, पर इस बार आना हुआ भी है या नहीं, यह विचार का विषय है। एक क्षण लगता है, अभी देर है; अगले क्षण लगता है कि नहीं, वसन्त आ चुका है और इस वक्त हमारे पास है; तीसरे क्षण लगता है कि वह जा चुका। बात यह है कि जाड़ा अपने नियत समय में संकोच करता रहा, फिर यकायक उसे अपना मिजाज याद आया, पर तब तक मियाद लगभग पूरी हो चुकी थी। अधेड़ जाड़े का अनपेक्षित यौवन वसन्त के खाते से निकला। बीच में बारिश भी हो ली; अब होली करीब है पर हवा की ठंडक गई नहीं है और जिन्हें ठंड की उपेक्षा से ही सन्तोष मिलता है वे हल्के बुखार की छुट्टी देकर लेटा दिए गए हैं। जिस दिन वसन्त ठीक से महसूस होगा, वे कैसे जान पाएँगे ? वे इतना भी समझ लें तो बहुत है कि गर्म कपड़े उतार देने से वसन्त नहीं आ जाता।

इतना पढ़कर अवश्य कई नियमित पाठक ग्लोबल वार्मिंग की फाइल खोल चुके होंगे। क्योतो सन्धि के लागू हो जाने से उन्हें राहत मिली होगी, पर कितनी ? दुनिया की नई रीति-नीति उन आपदाओं से डरने की नहीं है जो पर्यावरण को निरन्तर पहुँचती चोटों से जन्म लेती हैं। बार-बार आपदा, बार-बार राहत एक सुचक्र बन गया है। मनुष्य ने आखिरकार प्रकृति की वार्षिक चक्रता अपना ली है। विनाशलीला अब अपवाद नहीं रही, सामान्य हो गई है। वह क्यों सामान्य हो गई है, इस खोज के लिए समय नहीं है। यह डर भी है कि अगर बुनियादी प्रश्नों की ओर ध्यान जाने दिया गया तो प्रबन्धन में देरी हो जाएगी।

इस मैनेजमेंट मानसिकता की बदौलत वसन्त का संक्षेप और आते ही पलायन कोई पीड़ा नहीं जगाएगा। वसन्त पर लिखे गए साहित्य का रसस्रोत वसन्त की यही उस्तादी रहा है। उसका आहिस्ते से आना और अपनी उपस्थिति दर्ज कराके जल्दी से चला जाना कवियों को पीड़ित करता आया है। वसन्त का यही छिपा-छिपा व्यक्तित्व उसे प्रेम के लिए उपयुक्त रूपकों में सर्वोच्च पद पर रखे रहने के

लिए जिम्मेदार था। क्या यह पद उससे इसलिए छिन जाएगा कि चुपचाप आने और अपनी छाप छोड़कर चले जाने की प्रवृत्ति तरसाएगी नहीं ? कवि मान लेंगे कि वसन्त का संक्षेप व्यर्थ की पीड़ा है। उसका प्रबन्धन किया जा सकता है। तरसने की क्या जरूरत है ? असली वसन्त न सही, उसकी अनुकृतियाँ बाजार में आ जाएँगी। जैसे वातानुकूलन से गर्मी में गर्मी और जाड़ों में जाड़ा नहीं होने दिया जाता, वैसे ही कुछ कमरे या भवन और शॉपिंग काम्पलेक्स वसन्ती रखे जा सकते हैं, वसन्त के रसायन निकल आएँगे जो वैसी ही हवा, वैसे ही रंग और मन में वैसे ही मूड रच देंगे।

इस आशंकालु चित्र की रचना से मैं इस बार के वसन्त के साथ कुछ अन्याय कर रहा हूँ। आखिर वह आया है, अन्तर्विरोधों से घिरा ही सही पर आया तो है। कुछ लक्षण साफ हैं, कई एकदम गायब हैं। छोटे वसन्त नाम के पक्षी का स्वर दिन के किसी-किसी हिस्से में सुनाई दे जाता है, कुछेक फूल खिल आए हैं। फ्लॉवर शो के लिए नियत कुछ फूल हिफाजत से खिलाए जाते हैं, पुरस्कृत होकर वे अपनी जीवन-लीला पूरी कर लेते हैं। जो फूल खुले में खिलते हैं, वसन्त की हाजिरी उन्हीं से जानी जाती है और वे इस बार आम सहमति के साथ नहीं खिले हैं। कैलेंडुला है, कार्नेशन है, गेंदा है, पर पिटूनिया और एस्टर अभी विचारमग्न हैं। यही हाल पेड़ों का है। सेमल को तो खैर कभी कोई जल्दी नहीं होती, पर पलाश में तो हरकत दिखनी चाहिए। परी भी कई जगह असमंजस में है। स्पष्ट हैं तो फ्लाक्स जिनके रंगों की छटा और नन्हे विन्यास से कपड़ों की छपाई की डिजाइनर कम्पनियाँ प्रेरणा और विचार लेती आई हैं।

तय है कि वसन्त का यह अनिश्चय बहुत दिन नहीं चलेगा। उसका संकोच और छिटपुट अनुत्साह अपनी बात कहकर निकल जाएगा। हमें उसकी लिखी अस्पष्ट अधूरी कविताएँ पढ़ने की जहमत नहीं उठानी पड़ेगी। पचास की जगह पाँच सुखों से काम चलाकर यह मानते रहने की हमारी प्रवृत्ति सुरक्षित बनी रहेगी, बल्कि अभी और पल्लवित होगी कि बहुत ज्यादा चिन्ता करने की जरूरत या उससे लाभ नहीं है। वसन्त का बिखराव हटेगा और गर्मियाँ पूरे रोब के साथ आएँगी। लू के आतंक में इस आधे-अधूरे वसन्त की स्मृति जाती रहेगी। गर्मियों का प्रबन्धन पहले ही किया जा चुका है। हर कम्पनी को मालूम है कि गरमी में लोग किस-किस चीज को तरसते हैं। वे दशकों पहले ईजाद की जा चुकीं और अब चुनौती मात्र उनके सार्वभौमीकरण की रह गई है। ऋतु प्रबन्धन की प्रतियोगिता में वसन्त इसीलिए तो पिछड़ा है क्योंकि उसका स्वभाव स्थानीय है, क्योंकि उसकी उपस्थिति की रंगत सैकड़ों अन्य घटनाओं से जुड़कर दर्ज होती है।

वह मार खाता है तो हर जगह अलग किस्म की और कहीं-कहीं इस समय अविजित है। उन कोनों में एकाध तितली चक्कर लगा जाती है। कोई गन्ध कह जाती है कि अभी हाल तक भौंरे भी थे। वसन्त अपनी राजनीति का जायजा लेने ऐसी जगहों पर कुछ दिन, कहीं-कहीं कुछ हफ्ते टिकता है, फिर अपनी कल्पना के घने जंगल में लौट जाता है।

घर की दाल

सिंगापुर स्थित दो प्राइवेट कम्पनियों की मार्फत आस्ट्रेलिया से दो करोड़ डॉलर की दाल खरीदे जाने का मामला व्यर्थ में भाव पा रहा है। राज्य व्यापार निगम ने इस साल के पूर्वार्ध में कोई तीस हजार टन दाल बर्मा की अधिनायकवादी सरकार से खरीदी थी। बाद में और जरूरत पड़ने पर निगम बर्मा छोड़ आस्ट्रेलिया की तरफ क्यों भागा, विवाद इस बात पर है। 'जरूरत' से आशय यहाँ कमी से है। दाल की कमी देश में क्यों है और कब से है, यह मुद्दा अभिजनों की रुचि के लायक नहीं है। भारतीयता के छत्रधारी उपासक भी इस किस्म के प्रश्नों को नाचीज मानते हैं कि उनकी प्राचीन कृषिप्रधान सभ्यता के निरन्तर चलते अचानक दाल की हैसियत मुर्गी सरीखी क्यों हो गई। यह सवाल यदि किसी के लिए महत्त्व का है तो उन करोड़ों लोगों के लिए जो कल तक दाल के नियमित उपभोक्ता थे, पर आज काफी सोचकर और कभी-कभी ही खा पाते हैं।

पिछले वाक्य में 'कल' की जगह 'परसों' या 'नरसों' लिखना ज्यादा उचित होगा क्योंकि दाल की कमी हाल की कोताही का परिणाम नहीं है। इस घटना की शुरुआत हुए चालीस साल हो गए हैं। इस लम्बे दौर में मीडिया कहाँ से कहाँ जा पहुँचा है। छोटे से छोटा नेता कल क्या करनेवाला है, यह खबर उसे रहती है—पर दाल कभी किसी संवाददाता के संज्ञान का विषय नहीं बनी।

लोकतान्त्रिक राजनीति की चेतना गाँव के हर टोले में फैल गई, पर दाल क्यों इतनी महँगी है, यह सवाल देश के किसी कोने में नहीं उठाया गया। प्याज और आलू की कीमत पर सरकारें गिरीं, पर दाल ने ऐसा कोई कमाल नहीं दिखाया। उधर कृषि विज्ञान गेहूँ और चावल से लेकर सोयाबीन और कपास की नई-नई किस्में गढ़कर यश लूटता रहा, पर दाल की घटती प्रति व्यक्ति आपूर्ति पर चुप्पी साधे रहा। चालीस साल काफी लम्बा वक्त होता है।

दाल की हैसियत पर लात जमाने में शिक्षा भी पीछे नहीं रही। पोषक भोजन के पाठ में बच्चों को लगातार बताया गया कि दाल महज प्रोटीन का स्रोत है और

इस रूप में उसका स्थान अंडे, मांस, मछली और दूध के साथ है, यानी इन चीजों को दाल का विकल्प बनाया जा सकता है। यह बात छिपा ली गई—या शायद पाठ्यपुस्तकों के लेखक स्वयं नहीं जानते थे—कि दाल में पाए जानेवाले अमीनो अम्ल अनाज में पाए जानेवाले अमीनो अम्लों के पूरक होने के कारण दाल से मिलनेवाला प्रोटीन विशेष रूप से ग्राह्य होता है। यह भी छिपा लिया गया कि दाल सिर्फ प्रोटीन का स्रोत नहीं है और यह भी कि अलग-अलग दालों की अपनी-अपनी तासीर है। मूँग, अरहर, उड़द, मसूर और चने के विशिष्ट स्वभावों और उनके उपयोग की क्षेत्रीय शैलियों की जानकारी देना हमारी शिक्षा व्यवस्था के चरित्र के चलते सम्भव ही नहीं था। भारत का विभाजन हो या गांधीजी की हत्या, किसी बात को दो-चार पंक्तियों से ज्यादा जगह नहीं दी जाती, फिर दाल में ऐसी क्या बात है कि भारत के बच्चों को उसके बारे में विस्तार से बताया जाता ?

उधर जमीन पर दाल की नियति इससे कुछ बेहतर नहीं रही। हरित क्रान्ति के उद्घाटन के साथ ही दाल अच्छी जमीन से बेदखल होना शुरू हुई और उसकी जगह गेहूँ की 'उन्नत' कही जानेवाली किस्मों व नकदी फसलों ने ले ली। किसानों को तरह-तरह के प्रलोभन देकर नकदी फसलें बोने के लिए प्रोत्साहित किया गया। दाल जमीन के उस हिस्से में सिमट गई जहाँ और कुछ पैदा नहीं किया जा सकता था। इस अवमानना का एक पहलू विशुद्ध वैज्ञानिक था, पर किसी वजह से कृषि वैज्ञानिकों की चिन्ता का विषय बनने से रह गया। यह पहलू था फसल चक्र में दाल के स्थान का। दाल की उपज से जमीन की उर्वरता लौट आती है क्योंकि दाल का पौधा मिट्टी को नाइट्रोजन देता है—यह बात वैसे तो हर स्कूल में पढ़ाई गई, पर खेतों में पोषक तत्त्व खींचनेवाली एक के बाद एक भारी फसलें बेतहाशा लेना प्रगति का सूचक मान लिया गया। यह बात कुछ इस तरह से थी कि आप कभी आराम न करें, बल्कि ज्यादा पैसा कमाने की धुन में जो काम दिन के आठ घंटे करते हैं वही शाम और रात को करने लगें। जमीन अपनी स्वाभाविक उर्वरता खोती गई और रासायनिक खादों की अधिकाधिक मात्रा माँगने लगी। साधारण किसान जो नई नकद आय लेने लगा था, अपने ही खेत में झोंकने लगा। अपने बच्चों को दाल कहाँ से खिलाता ?

यह मुश्किल ही है कि संसद में कभी दाल का प्रश्न उठे और कोई सदस्य कृषिमन्त्री से पूछे कि विश्व का सबसे बड़ा दाल उपभोक्ता हमारा देश दाल का आयात करने को क्यों विवश हो गया। यह प्रश्न उठना इसलिए कठिन है क्योंकि दाल अब एक मामला नहीं रही, इतिहास बन चुकी है। वैसे आज की सरकार इतिहास में, खासकर उसके शिक्षण में, काफी गहरी दिलचस्पी रखती है, पर दाल

का इतिहास खोलकर भावनाएँ नहीं भड़काई जा सकतीं।

दौर भी वैश्वीकरण का है जिसमें अपनी जरूरत की चीज बाहर से मँगाना गर्व का विषय माना जाने लगा है। दाल अब बर्मा से आए या आस्ट्रेलिया से, उसकी कीमत पहले ही इतना बढ़ चुकी है कि छलाँगें भरती आयवाले मुखर वर्ग को दाल महँगी नहीं लग सकती भले कल के रोज उसका मूल्य दोगुना हो जाए। सीमित आयवाले बहुजन समाज को कष्ट होगा, पर दाल पहले ही उसकी नियमित खुराक से हट चुकी है।

नर्मदा में काल

घर—यानी पिता का बनाया मकान—जाता हूँ तो कई घंटे पुरानी पत्रिकाओं में डूबने का मजा जरूर लेता हूँ। 'ज्ञानोदय', 'नवनीत', 'सारिका' और 'रीडर्स डाइजेस्ट' की पुरानी जिल्दों को पलटते हुए हमेशा कोई ऐसा विज्ञापन, चित्र या लेख मिल जाता है जो कालबोध को थोड़ी देर के लिए समेटकर पोंछ देता है। ऐसे ही एक लेख मेरे हाथ लगा—'कमाल के बाँध, जहर की झीलें'। अट्ठाईस बरस पहले 'रीडर्स डाइजेस्ट' ने यह लेख 'हार्पर्स' से लेकर कुछ छोटा करके प्रकाशित किया था। लेख का विषय मिस्र का अस्वान बाँध था जिसके गुणों की गाथा भूगोल का हर छात्र सुना करता था और शायद आज भी सुनता हो। लेख में इसी महान बाँध के कारण पैदा हुई भीषण प्राकृतिक विसंगतियों का विवरण दिया गया था। इन विसंगतियों के कई परिणाम मिस्र की आम जनता को लम्बे समय तक सहने पड़ेंगे, यह दावा भी लेख में किया गया था। सबसे चौंकानेवाली बात यह थी कि लेख 'रीडर्स डाइजेस्ट' सरीखी पत्रिका में छपा था जो विज्ञान और टेक्नोलॉजी के कमालों की कहानी पूँजीवाद के असंख्य आकर्षणों में गूँथकर बताने के लिए जानी जाती थी। उसमें इस लेख का छपना इस बात का सबूत न सही तो संकेत अवश्य है कि बड़े बाँधों के चमत्कारी चरित्र में सन्देह सत्तर के दशक की शुरुआत तक उन लोगों के बीच जन्म ले चुका था जिनकी जीवन-शैली को हम आधुनिकता और विकास का प्रतीक मानते आए हैं।

सरदार सरोवर पर छिड़ी बहस को एक लम्बा अरसा हो गया है। पन्द्रह साल तो संघर्ष को हो गए, बहस इससे ज्यादा पुरानी है। पुरानी पत्रिकाओं की जिल्दें पलटते हुए मुझे एक बार 1979 के 'दिनमान' में यह रपट पढ़ने को मिली थी कि ट्राइब्यूनल का फैसला आने पर होशंगाबाद के एक वृद्ध ने यह कहते हुए नर्मदा में छलाँग लगा दी थी कि अब उसके जीने में कोई अर्थ नहीं रहा। आज नर्मदा घाटी में मेधा पाटकर जिस 'नैतिक न्याय' की माँग कर रही हैं, उसकी आशा इक्कीस वर्ष पहले मरनेवाले उस व्यक्ति को नहीं थी। नर्मदा बचाओ

आन्दोलन की यह एक बहुत बड़ी उपलब्धि है कि उसके चलते एक विशाल जनसमूह भारी कष्ट के बीच आशान्वित रह सका है। 'नैतिक न्याय' की माँग करते हुए मेधा हमें बता रही हैं कि न्याय को महज कानूनी परिधि में देखना ठीक नहीं है। शायद वे उस मुआवजे की ओर भी इशारा कर रही हैं जो अधूरे बाँध से उपजी तकलीफों और अनिश्चय के लिए घाटी की जनता को नहीं मिलनेवाला है, भले अब बाँध की योजना हमेशा के लिए रुक जाए।

वैसे यह कल्पना आज असम्भव-सी लगती है कि नर्मदा बड़ी-बड़ी झीलों की सीढ़ी बनने की नियति से बच जाएगी। पश्चिमी छोर पर सरदार सरोवर के खिलाफ जोरदार संघर्ष के बीच पूर्वी छोर पर बरगी बना। अब तीन साल से माहेश्वर का संघर्ष जारी है। मध्यप्रदेश के मुख्यमन्त्री कहते हैं कि वे बड़े बाँधों के दुष्परिणामों से परिचित हैं। कई प्रसंगों में उन्होंने सरदार सरोवर योजना के खिलाफ दिए गए तर्कों को बल भी दिया है। लेकिन माहेश्वर पर वे लगभग उसी तरह अड़ गए हैं जिस तरह सरदार सरोवर पर गुजरात की सरकारें अड़ी रही हैं। अड़ना यानी बहस को खारिज करते जाना। माहेश्वर पर स्वयं सरकार की तरफ से नियुक्त 'टास्क फोर्स' की रपट इस रवैए का शिकार बनी है। अब जर्मनी की सरकार का आर्थिक सहयोग और विकास मन्त्रालय की रपट आई है। पूरी सम्भावना है कि मध्यप्रदेश सरकार उसे भी खारिज कर दे।

आप पूछेंगे कि यह जर्मनी की सरकार कहाँ से बीच में आ गई? इस सवाल का उत्तर हमें भूमंडलीकरण की उलझी हुई प्रक्रियाओं में ले जाता है। इन प्रक्रियाओं का कोई एक निश्चित चरित्र पहचानना माहेश्वर जैसे प्रसंगों में बहुत मुश्किल है। माहेश्वर देश का पहला प्राइवेट बाँध है। कपड़ों के लिए जानी जानेवाली एस. कुमार्स कम्पनी इस बाँध के निर्माण के लिए कई स्रोतों से पैसा उगाहने की कोशिश कर रही है। माहेश्वर में लगाई जानेवाली मशीनें जर्मनी की सीमेंस कम्पनी बेचना चाहती है, पर इन मशीनों की भारी कीमत के भुगतान के लिए उसे अपने देश की शासकीय गारंटी चाहिए। गारंटी इस बात की होगी कि कीमत चुकाने के लिए जर्मनी के एक बैंक से लिया गया कर्ज न चुकाया गया तो सरकार उसे चुकाएगी। अपनी इसी जिम्मेदारी के तहत जर्मनी की सरकार ने एक जाँच दल माहेश्वर भेजा था। दल की रपट पूरी योजना पर बुनियादी सवाल उठाती है। सबसे बड़ा सवाल यह है कि योजना लाभ-हानि के अनिश्चित ब्यौरों पर टिकी है। यहाँ तक कि डूब-क्षेत्र का आकार भी तय नहीं है। (बरगी में यही हुआ था।) काश्तकारों को देने लायक जमीनें उपलब्ध नहीं हैं; भूमिहीनों का बुनियादी आकलन पूरा नहीं हुआ है। इस बीच बाँध का विरोध करनेवाले

स्त्री-पुरुषों को पुलिस का दमन सहना पड़ा है।

रपट को पढ़ते हुए लगता है जैसे कालगति नर्मदा के किनारे रुक गई है। सरदार सरोवर के बारे में उठी बहस माहेश्वर में दुहराई जा रही है। कल या परसों नर्मदा सागर में दुहराई जाएगी। सरकारें श्रीकान्त वर्मा की इस उक्ति को चरितार्थ करने पर तुली हैं कि 'हम उन्हें सुनाना चाहते हैं जो अनसुनी करने के लिए नियुक्त किए गए हैं।' पर सुनी-अनसुनी और सच-झूठ के सिलसिले में सिर्फ सरकार शामिल नहीं है। जड़ तर्कों की एक बृहत्तर संरचना है जो नर्मदा के संघर्ष में शक पैदा करने में सिद्धहस्त है। 'जनसत्ता' में कुछ समय पूर्व अमृतलाल वेगड़ का लेख छपा। 'सौंदर्य की नदी नर्मदा' के लेखक वेगड़ ने इस लेख में सरदार सरोवर की डूब में आनेवाली जमीन को 'ऊसर, पथरीली जमीन' करार दिया, मानो पूरी घाटी ऐसी हो। विरोध करनेवालों से उन्होंने पूछा कि बाँध की शुरुआत से ही विरोध क्यों नहीं किया। विस्थापन पर उनकी राय थी कि वह तो वैसे ही चारों ओर हो रहा है। बाँध कहाँ बने, कितना ऊँचा हो, नहरें कहाँ से निकलें, ये सारे निर्णय उन्होंने इंजीनियरों और विशेषज्ञों पर छोड़ने की सलाह दी। यह सब फरमा कर अन्त में बेगड़जी ने कहा कि वे नाहक अरण्यरोदन कर रहे हैं; मेधा और अरुंधती के पीछे 'विदेशी आभामंडल' है जबकि 'मैं हिन्दी का दीन-हीन लेखक हूँ'। लेख का सन्देश था कि बाँध बनने दो; बहस, विरोध सब जाली है। सार यह कि वक्त कितना ही बीत जाए, होना वही चाहिए जो शुरू में तय हुआ था। चर्चा, विवाद, शंका, सवाल, विरोध, संघर्ष—ये सब लोकतन्त्र के औजार नहीं, समय की बरबादी हैं। ईमान, कानून, न्याय—ये सब बातें हैं। टिप्पणी के लायक अब क्या रहा, बस—वाह भई वाह।

दबी हुई नदी

हिन्दूराव अस्पताल जिस पहाड़ी पर बना है, वह दिल्ली की रिज का एक हरा-भरा हिस्सा है। इस हिस्से पर 1857 के विद्रोह के दौरान निर्णायक लड़ाई हुई थी और बाद में यही ढाल थोक से मृत्युदंड देने के काम आया। हिन्दूराव अस्पताल से नीचे उतरकर पुल बंगस की लाल बत्ती के हरा होने का इन्तजार किसी को यह मौका नहीं देता कि वह इस दारुण इतिहास को याद करके एक क्षण के लिए रोमांचित हो ले। फिर हरी बत्ती होते ही पुल की तरफ भागते समय यह ध्यान देना तो और भी मुश्किल ठहरता है कि सड़क गीली है और उसका एक लम्बा-सा भाग उखड़ा हुआ है। ध्यान जाए भी क्यों ? दिल्ली में उखड़ी हुई सड़कों की कमी थोड़े ही है।

पर यह हिस्सा उखड़ता ही रहता है, जैसे कोई पुरानी नाराजगी या जिद मौका पाकर, औपचारिकता की पर्तें फाँदकर प्रकट हो जाए। सड़क विभाग के इंजीनियर और मजदूर इस सड़क को नियमित रूप से सुधारते रहते हैं, पर तीस-चालीस गज का टुकड़ा फिर धँस जाता है और गीलापन उस धँसाव के आसपास फैल जाता है। हो न हो, इस जगह पर एक नदी दबी पड़ी है। डेढ़ सौ साल पहले, जब पक्की सड़कों का जाल इस जगह नहीं था, वह बारिश के बाद एक पतली पहाड़ी धारा की शक्ल में रिज के ढाल के साथ-साथ बहती हुई यमुना में मिलती होगी। दिल्ली के पुनर्निर्माण के दौरान ऐसी कई धाराएँ रोके, सुखाए और दबाए जाने का उल्लेख मिलता है। मुझे लगता है कि इस जगह पर रह-रहकर उभर आनेवाली गीलाई भी एक नन्ही पहाड़ी नदी के निश्चय की अभिव्यक्ति है।

कुछ ऐसी ही अभिव्यक्ति कई हजार ग्रामीण दलितों ने बौद्ध धर्म अपनाकर की। सरकार ने पुलिस की मदद से इस आयोजन को विफल कर देने की हर सम्भव कोशिश की। मीडिया ने भी आयोजन के महत्त्व को दबाने में कोई कसर नहीं छोड़ी। डोम मोरेस जैसे लेखक ने इस घटना को भविष्य के लिए एक बड़े मोड़ की संज्ञा दी है। डोम मोरेस इन दिनों बहुत कम लिखते हैं। इस घटना की टोह पाकर उसके तमाम सूत्र टटोलने वे दिल्ली आए। तभी उस बन्दोबस्त की

बानगी अपनी आँखों देख पाए जो दलितों की रैली को रोकने के लिए किया गया था।

देश में कुछ ऐसी जलवायु बनती चली गई है जिसमें हर घटना के पीछे कोई न कोई राजनैतिक उद्देश्य सूँघना सयानेपन की निशानी माना जाता है। ऊपर से उत्तर प्रदेश में चुनाव आ रहे हैं। इस कारण रैली को एक विशुद्ध राजनैतिक हथकंडा बतानेवालों की कमी नहीं थी। बौद्ध धर्म में शामिल होने का उपक्रम भी इस तरह देखा गया मानो वह कोई नई चाल हो, यद्यपि अम्बेडकर ने इस रास्ते को दशकों पहले खोला था। दिक्कत यह है कि बुद्ध के दर्शन को समझनेवाले, समझना चाहनेवालों की ही तरह दुर्लभ हैं। नेशनल बुक ट्रस्ट से प्रकाशित सव्यसाची भट्टाचार्य की सुन्दर पुस्तक 'युवाओं के लिए बुद्ध' भले काफी बिकी हो, पर स्कूल-कालेजों में ऐसे लोग बिरले हैं जो बुद्ध की तर्कप्रणाली में रुचि रखते हों।

जितनी खबरें सामने आई हैं उन्हें पढ़कर ऐसा नहीं लगता कि दिल्ली की दलित रैली के पीछे कोई राजनैतिक रणनीति थी। अनुसूचित जातियों के जो हजारों लोग तमाम रुकावटों के बावजूद अम्बडेकर भवन पहुँचे, वे उसी इच्छा की ताकत से पहुँचे जिसे उन्नीसवीं सदी के उत्तरार्ध में ज्योतिराव फुले ने एक आधुनिक मुहावरे में अभिव्यक्ति दी थी। वेदकुमार वेदालंकार द्वारा किया गया पाँच खंडों में फुले के सम्पूर्ण गद्य-लेखन का हिन्दी अनुवाद कुछ वर्ष पहले महाराष्ट्र सरकार ने प्रकाशित किया था। मुझे इस विशद उपलब्धि का थोड़ा-सा स्वाद 'किसान का कोड़ा' पढ़कर मिला। सामाजिक वेदना और न्याय की भूख की इतनी बारीक अभिव्यक्ति हिन्दी के मौलिक गद्य में भी दुर्लभ है। आश्चर्य है, इस अनुवाद की सराहना और उसके सहारे दलित चेतना के इतिहास पर अनुसन्धान की शुरुआत हिन्दी में बड़े पैमाने पर अभी तक नहीं हुई है।

इस मामले में हिन्दी प्रान्त महाराष्ट्र और दक्षिणी प्रान्तों से कितना पीछे चल रहे हैं, इसका हिसाब करना काफी मुश्किल काम है। दलित चेतना उत्तर भारत में फैली अवश्य है, पर सवर्ण चेतना उससे ज्यादा ही बढ़ी है। आम मध्यमवर्गीय बातचीत में यह मानकर चला जाता है कि यदि कोई सामाजिक न्याय की बात कर रहा है तो जरूर स्वयं अनुसूचित जाति का होगा या फिर राजनीति कर रहा होगा। मेरे विश्वविद्यालय की एक रिसर्चर को कई लोग इसलिए निचली जाति की मानते हैं कि वह निचली जातियों के शैक्षिक अनुभवों पर शोध कर रही है। न्याय के मुद्दे पर कोई भी चर्चा आनन-फानन में ध्रुवीकृत हो जाती है। आप न चाहें तो भी यह देखने से बच नहीं सकते कि आरक्षण की नीति में कुछ अच्छाई देखनेवाला या उसकी ऐतिहासिक जरूरत समझते हुए उसके आंशिक दुरुपयोग

को बर्दाश्त करनेवाला एकाध सवर्ण कितना अकेला और अटपटा महसूस कर रहा है।

दलित चेतना का उभार एक सच्चाई है। अगर प्रश्न है तो इसी बात का है कि इस उभार से पैदा हुई सामाजिक शक्ति आज से ज्यादा नैतिक व्यवस्था के सपने से संचालित होगी या अधिकाधिक शक्तिसंग्रह में ही व्यस्त रहेगी। यह सवाल पिछले दिनों हुए इन्दिरा गांधी सेमिनार में मृणाल मीरी ने पूछा। मृणाल मीरी देश में दर्शन के सबसे अच्छे अध्यापकों में गिने जाते हैं। समता पर बोलते हुए उन्होंने कहा कि ताकत के अन्यायी बँटवारे के खिलाफ चल रहे आन्दोलन तभी नैतिक माने जा सकते हैं जब वे राजनीति को एक साधन मानें, साध्य नहीं। माहौल का तकाजा है कि इस बात का खुलासा कर दिया जाए कि मृणाल मीरी स्वयं उत्तर-पूर्व के आदिवासी हैं।

डॉ. महात्मा गांधी

अप्रैल का महीना पूरा होने तक गांधी की माँग काफी बढ़ गई थी। साबरमती आश्रम पहले से सुर्खियों में था। दंगों के सघनतम दौर में खबर आई कि आश्रम के दरवाजे बन्द कर दिए गए हैं। फिर वहाँ एक शान्ति-सभा के आयोजन के विचार से ही उत्तेजित भीड़ की खबर आई जिसने माँग की थी कि मेधा पाटकर को उसके–यानी भीड़ के–हवाले कर दिया जाए। गांधी के आश्रम में मीडिया के प्रतिनिधियों को पुलिस ने पीटा और मेधा को बचानेवाले पुलिस अधिकारी का तबादला किए जाने की खबर आई।

इधर दिल्ली में अचानक गांधी से प्रेरणा लेने की जरूरत ने जोर पकड़ा। वैसे भी साम्प्रदायिकता विरोधी रैलियों में अनिवार्यतः महात्मा गांधी की उपस्थिति रहती है। किसी न किसी बैनर पर या किसी नारे में स्वतन्त्रता आन्दोलन के दिनोंवाली गांधी की आवाज 'मधुमती' फिल्म में इस्तेमाल मृतात्मा की प्रतिध्वनि की तरह कौंध जाती है। भूख हड़ताल और धरना देने का निश्चय तो सीधे-सीधे महात्मा गांधी ने सिखाया था। पर, इन परिचित यादों से आगे बढ़कर कुछ संस्थानों ने अचानक गांधी के सामाजिक दर्शन की चर्चा आयोजित कर डाली। सर्वधर्म प्रार्थनाएँ भी दुबारा प्रयोग में आईं।

इन उपक्रमों में सबसे जटिल मुझे गांधी स्मृति एवं दर्शन समिति द्वारा आयोजित सर्वधर्म प्रार्थना सभा लगी। समिति के आमन्त्रण-पत्र में गांधीजी का वह उद्धरण शामिल किया गया था जिसमें उन्होंने प्रार्थना की तुलना स्नान से की है। गांधी ने कहा था कि जिस तरह शरीर की गंदगी नहाने से धुल जाती है, उसी तरह आत्मा प्रार्थना के पानी से स्वच्छ हो जाती है। निमन्त्रण-पत्र में गुजरात की घटनाओं का सन्दर्भ दिया गया था। लिखा था कि विश्वास, सुरक्षा और आशा का स्थान एक नए सन्देह, एक नई चिन्ता और असुरक्षा ने ले लिया है।

जाहिर है कि इन बातों से कोई असहमत नहीं हो सकता और न ही इस सूझ से असहमत हुआ जा सकता है कि घृणा और उन्माद की इस घड़ी में गांधी को

याद किया जाना चाहिए। प्रश्न सिर्फ इतना है कि गांधी का उपयोग आज कौन और किस तरह करता है। गांधी स्मृति और दर्शन समिति के आमन्त्रण-पत्र पर सबसे ऊपर प्रधानमन्त्री अटलबिहारी वाजपेयी का नाम लिखा हुआ है क्योंकि वे समिति के अध्यक्ष हैं। गुजरात और देश की समूची परिस्थिति का ज्ञान निश्चय ही प्रधानमन्त्री को होगा, कम से कम मेरे जैसे लोगों से कहीं ज्यादा साफ तौर पर होगा। हिंसा के निरन्तर जारी चक्र में गुजरात की सरकार की भूमिका और उसे प्रभावित करने में केन्द्र सरकार की असमर्थता का भी प्रधानमन्त्री को पूरा पता होगा।

ऐसी स्थिति में गांधी को याद करना कितना समीचीन है, इस प्रश्न से ज्यादा प्रत्यक्ष सवाल यह है कि गांधी को आज एकाएक याद करना कितना नैतिक है। दृश्य कुछ इस तरह का है जिसमें हीरो का भाई नर्स से कहता है, 'नर्स, डॉक्टर को बुलाओ।' चारों तरफ चिन्ता और आशंका छाई होती है और हीरो बुरी तरह घायल अवस्था में निरन्तर लेटा होता है। ऐसे में डॉक्टर अपने पेशे के प्रतीकों सहित प्रकट होता है और हीरो को बचाने के लिए बिस्तर पर झुक जाता है। इस दृश्य को राष्ट्रीय बनाकर उसमें डॉक्टर की जगह महात्मा गांधी को डाल दीजिए तो हमें यह समझते देर नहीं लगेगी कि हम क्या कर रहे हैं।

नेहरू विश्वविद्यालय में दर्शन के प्रोफेसर प्रताप भानु मेहता ने हाल के एक लेख में समझाया है कि गुजरात की हिंसा के विरोध में आयोजित धरने, अनशन और जुलूस क्यों बेमानी हो गए हैं। विमर्श के संस्थायी मंच, जिनमें संसद शामिल है, अपना महत्त्व खो बैठे हैं। लिखे और बोले जानेवाले शब्दों में सार्थकता नहीं रही। संस्थायी मंच और शब्द दोनों ही अतिशय इस्तेमाल से घिस गए हैं। अतिशय प्रयोग में उल्टा-सीधा प्रयोग शामिल है। शब्दों के पीछे कोई नैतिक जोर और निर्णयों में लम्बे समय तक चलने का भरोसा नहीं नजर आता। मेहता का यह विश्लेषण तीखा और निरपवाद है। धार्मिक अलगाववाद के सामने धर्मनिरपेक्षता के तर्कों को मेहता ने हवा में उड़ते हुए तिनकों की संज्ञा दी है। उनका मानना है कि आज फैली निरुपायता के हल जल्दी में ढूँढ़ना व्यर्थ हैं, हमें नए और कल्पनाशील तरीके ईजाद करने होंगे।

अवश्य गांधी इस खोज में हमारी मदद कर सकते हैं। पर जो औषधिशास्त्र गांधी ने अंग्रेज सरकार से निपटने के लिए विकसित किया था, वह भाजपा की संरचना के आगे काम आना मुश्किल है। स्वयं अटलबिहारी वाजपेयी यह सिद्ध कर चुके हैं कि शब्द और अर्थ की निरन्तरता की कसौटी उनके वक्तव्यों पर इस्तेमाल करना वक्त की बर्बादी है। राज्य और संविधान से जुड़ी नैतिक

जिम्मेदारियाँ भी राजग के घटकों ने छिलके की तरह उतार फेंकी हैं। ऐसे में यदि गांधी स्मृति और दर्शन समिति की निदेशक डॉ. सविता सिंह सोचती हैं कि सर्वधर्म प्रार्थना सभा का निमन्त्रण पाकर लोग पत्र पर छपा प्रधानमन्त्री का नाम नहीं देखेंगे या उसे गम्भीरता से नहीं लेंगे, तो वे अवश्य एक भोले-भाले सद्भाव-युग की कल्पना कर रही हैं जो शायद कभी नहीं था और आज तो निश्चय ही नहीं है।

हो सकता है कि पिछली पूर्णिमा की शाम बुलाई गई सभा में अनेक लोग उस जगह पहुँचे हों जहाँ गांधी की हत्या हुई थी। आयोजकों ने फोन पर बता दिया था कि सुरक्षा का इन्तजाम बहुत कड़ा रहेगा। कई इतिहासकारों का मानना है कि सुरक्षा कड़ी होती तो गांधी की हत्या इतनी आसानी से न होती। पर यह भुलाना भी भारी नादानी है कि गांधी की हत्या में सुरक्षा से ज्यादा भूमिका विचारधारा की थी। देश इस विचारधारा से अभी और कितनी बार टकराएगा ? हमारा इतिहासबोध तिरोहित हो चुका है। इस शीर्षक से निकलनेवाली लाल बहादुर वर्मा की नायाब पत्रिका भी इन दिनों एक लम्बे स्थगन के दौर से गुजर रही है। हम बच्चों की तरह परछाइयों का खेल खेल रहे हैं। यदि किसी को लगता है कि वकील गांधी का काला कोट उतारकर उन्हें सफेद कोट पहनाकर डॉक्टर बना दिया जाए, तो इस कल्पना की जरूरत समझी जा सकती है। अफसोस इस बात का है कि आज कोई सुभद्राकुमारी चौहान नहीं है जो 'सभा का खेल' शीर्षक कविता का दूसरा भाग लिख डाले। इस पुरानी कविता की शुरुआत यूँ होती है : 'सभा सभा का खेल आज हम/खेलेंगे जीजी आओ/मैं गांधीजी छोटे नेहरू तुम सरोजिनी बन जाओ/मेरा तो सब काम लँगोटी/गमछे से चल जाएगा।'

तितलियों की तलाश

नेपाल के पर्यटन मन्त्री नरेन्द्र बज्राचार्य ने एक इंटरव्यू में भारत के लोगों से अपील की है कि वे छुट्टियों की सैर के लिए नेपाल को चुनें। उन्होंने भारत सरकार से अनुरोध किया है कि वह छुट्टियों की सैर के लिए दिए जानेवाले यात्रा-भत्ते के दायरे में नेपाल को शामिल करे और काठमांडो जानेवाले भारतीय हवाई यात्रियों के लिए पासपोर्ट या चुनाव-पहचानपत्र की शर्त ढीली करे। पर्यटकों की चिन्ता भाँपते हुए मन्त्री ने सूचित किया है कि माओवादी प्रभाव के इलाके काठमांडो और पोकरा जैसी जगहों से तीन सौ किलोमीटर दूर हैं।

पिछले साल सितम्बर से शुरू हुए जमाने में कहीं का भी पर्यटन मन्त्री होना कठिन और दुर्भाग्यपूर्ण है, पर नेपाल की बात कुछ ज्यादा ही करुण है। गरीबी और विषमता से तड़पते हमारे इस पड़ोसी देश की हालत पहले से खराब थी, अब असाध्यता की तरफ बढ़ रही है। दस साल पहले काठमांडो के एक टैक्सीवाले ने मुझे बोधनाथ मन्दिर के रास्ते में बताया था कि कई गाँवों में गरीब लोगों के पास अपनी लड़कियाँ बेचने के सिवा आमदनी का कोई जरिया नहीं बचा है। बड़ी-बड़ी जमीनों के पुश्तैनी मालिकों और भीषण निर्धनता में पिसती जनता के बीच एक छोटा-सा शहरी संसार नेपाल में पर्यटन उद्योग की बदौलत पनपा था। राजपरिवार की हत्या और वामपन्थी प्रतिरोध व पुलिसतन्त्र के बीच लगातार बढ़ती हिंसा ने पर्यटन उद्योग को सहमा दिया है। वैसे भी पर्यटन सारी दुनिया में मन्दी का शिकार है।

इधर दिल्ली के पर्यटन विभाग को तितलियों की याद आई है। दक्षिण दिल्ली में एक ऐसा बगीचा बनाने का फैसला हुआ है जहाँ तितलियों को, और उनके सहारे पर्यटकों को आकर्षित किया जा सके। यह खबर पढ़कर कई लोगों को शायद वह समय याद आए जब तितलियाँ जिन्दा थीं और जहाँ चाहे, पर खासकर बाग-बगीचों में, दिख जाया करती थीं। साठ के दशक में स्थिति यह थी कि शरद के मौसम में नए फूल आने के साथ बगीचों की हवा तितलियों और

भौंरों से पट जाती थी। छोटे शहरों में सड़क के किनारे उगनेवाली पुमार की बौनी झाड़ियों और भटकटाई के फूलों में भी तरह-तरह की तितलियाँ घूमती थीं।

निश्चय ही यह जिम्मेदारी पर्यटन विभाग की नहीं है कि वह तितलियों के नाश और नेपाली समाज में विषमता व हिंसा की विवेचना करे। पर्यटन का उद्योग आज खुरचन का संग्रह करता है और कहीं-कहीं उसके संरक्षण का दावा भी करता है, भले ही खुरचन का संरक्षण अपने आपमें एक विरोधाभास है। जिस समाज ने अपनी दैनिक सुख-सम्पत्ति लुटा दी हो, सुन्दरता बर्बाद हो जाने दी हो, वह खुरचन के सहारे कब तक जी सकता है ? खासकर वह खुरचन जो दूर से आनेवाले पर्यटक के लिए जुटाई गई हो, लगातार घटती जाने के लिए अभिशप्त है क्योंकि जो समाज खुरचन इकट्ठा करके आगन्तुकों को बहलाता हो, वह खुद को बहलाना पहले ही बन्द कर चुका होगा।

कहते हैं कि पर्यटन उद्योग रोजगार बढ़ाता है, भारी निवेश के बगैर नकद आमदनी देता है और संस्कृतियों को करीब लाता है। मगर ये सुन्दर बातें कंगाली में चरितार्थ नहीं हो सकतीं। जो समाज पर्यटकों की खातिर तितलियों के संरक्षण के लिए कदम उठाए, वहाँ का पर्यावरण और नीतिकारों का विवेक दम तोड़ रहा होगा। यह एक सार्वभौमिक सचाई है कि गरीबी से त्रस्त देशों में पर्यटन यथार्थ पर परदा डालकर ही पनपता है। जैसे-जैसे विषमता और हिंसा के इलाके फैलते जाते हैं, पर्यटन के केन्द्र चमकते जाते हैं। सुख और सुरक्षा की तलाश में घूमता पर्यटक खुद एक विकृति बन जाता है। उसके जरिए होनेवाली आमदनी देश के विकास की जगह पहले से मौजूद अन्तर्विरोधों का विकास करने लगती है। पर्यटक की अपनी सुरक्षा भी राज्य के हिंसातन्त्र की मोहताज हो जाती है। संस्कृतियाँ परस्पर करीब आने की बजाय और दूर खिसक जाती हैं। पर्यटक दूर-दूर से आते हैं, पर दूर से ही लौट जाते हैं।

पर्यटन उद्योग का यह संश्लिष्ट प्रभावचक्र मैंने हाल में धर्मशाला में देखा। तिब्बती शरणार्थियों की राजधानी धर्मशाला से नौ किलोमीटर ऊपर मैक्लाउडगंज में है। पर्यटन के विकास के लिए यहाँ आदर्श परिस्थितियाँ हैं—पहाड़, दलाई लामा का निवास और उनकी प्रवासी सरकार से जुड़ी अनेक संस्थाएँ। विदेशों से आए पर्यटक पैदल नजर आते हैं, पर अमीर भारतीय अपनी नई कारों में तेज संगीत बजाते घूमते हैं और खिड़की से तरह-तरह का कूड़ा ढलानों पर फेंकते हैं। कस्बे की सड़कें कई जगह तो इस कदर कट गई हैं कि बगैर भारी खर्चा किए उनकी मरम्मत नहीं हो सकती। कई गलियाँ गन्दगी से घिर आई हैं। बस, दलाई लामा के निवास और उसके समीप स्थित मन्दिर की परिक्रमा की राह सुन्दर और शान्त

बची है।

पर्यटकों से होनेवाली आय से मैक्लाउडगंज साफ हो जाए, दिल्ली और शेष भारत की तितलियाँ लौटने लगें, नेपाल की अन्तराग्नि शान्त होना शुरू हो, यह एक सपने से कम न होगा। कुछ भी आखिर चन्द दिनों में या किसी एक वजह से नहीं हुआ। तितलियों की हत्या में कई किस्म की नीतियों और अवहेलनाओं ने अपना-अपना योगदान दिया है। रासायनिक उर्वरकों और जहरीले कीटनाशकों का इस्तेमाल रुकने या घटनेवाला नहीं है, और उन्होंने तितलियों को मारा है। एक विशेष बगीचे में उनकी कुछ विशेष प्रजातियाँ कुछ खास पौधों और झाड़ियों पर मँडराती हुई कुछ भाग्यशाली बच्चों और आगन्तुकों का मनोरंजन करेंगी तो उनके एक दिन का एक हिस्सा कुछ बहल जाएगा।

काँच का वसन्त

वैसे तो वसन्त अपने समय के हिसाब से आ पहुँचा है, पर इस बार वह इतनी परछाइयों से घिरा है कि उसे पहचानना कुछ दिक्कत पेश कर रहा है। अंजीर के पेड़ में नई कोंपलें देखे मुझे तीन-चार दिन हो गए। उधर वह पक्षी, जिसका नाम ही वसन्त है, दिल्ली के कई इलाकों में लगातार बोल रहा है। पर ये लक्षण उस दुनिया के जोर से दब गए हैं जिसे खबरें बनाती हैं। उस दुनिया में इस वक्त दो परछाइयों का दबदबा है—एक युद्ध की, दूसरी क्रिकेट के विश्व कप की। युद्ध को लेकर हर खबर इस यकीन में लिपटी आती है कि संयुक्त राष्ट्र संघ की सुरक्षा परिषद कुछ भी कहे या करे, अमेरिका इराक पर हमला करने से बाज नहीं आएगा। विश्व कप की स्पर्धा का हर दिन इस आशंका के साथ खत्म होता है कि भारतवासियों की भावनाएँ और दुआएँ हमारी कमजोर टीम को पार नहीं लगा सकेंगी। इन आशंकाओं में यदि वसन्त की पहचान के लिए कोई जगह नहीं निकल रही तो यह स्वाभाविक ही है। निराला ने वसन्त को 'यौवन की माया' बताया है जिसका मुख्य अर्थ होता है—सम्भावना, न कि आशंका।

दिल्ली के मानस से वसन्त की यह बेदखली समझ के दायरे में आती है, पर फिरोजाबाद की स्थिति इस दायरे के बाहर है। वसन्त को तलाशने वहाँ मैं सुबह-सुबह कम्पनी बाग गया जो अब महात्मा गांधी उद्यान हो गया है। सीमेंट पर बने पक्षी के जीवित साथी ढूँढ़ने की कोशिश की तो बड़ी मुश्किल से एक कौए का स्वर सुनाई दिया। वह कम्पनी बाग से सटे हुए ईदगाह की दीवार पर बैठा था। थोड़ी दूर बने अलंकारी पोखर से पानी नदारद था। यह कोई बड़ी बात नहीं थी क्योंकि पानी तो ताजमहल, जो मात्र चालीस किलोमीटर दूर है, के सामने बने फव्वारों से भी गायब है, मगर फिरोजाबाद में पानी, पेड़, पक्षी की अनुपस्थिति सामूहिक होने की वजह से ज्यादा खलती है। इनका सहारा होता तो एकाध दिन के लिए आनेवाला मेहमान फिरोजाबाद में बेहद लाचार और अनाथ न महसूस करता।

इसमें दो राय की गुंजाइश नहीं है कि फिरोज़ाबाद की हवा में काँच की बारीक धूल रहती है। इस शहर की ऐसी हैसियत नहीं है कि उसकी हवा का प्रदूषण सूचकांक टीवी समाचारों के अन्त में आनेवाली लड़की बताए। वैसे भी ऐसा कोई अध्ययन अभी तक सार्वजनिक नहीं किया गया है जो वहाँ की हवा में विषैली गैसों के अलावा काँच की धूल का प्रतिशत बताए। पर यह धूल क्या-क्या कहर ढाती होगी, यह अन्दाज लगाने के लिए सड़कों पर लगे डॉक्टरों के बोर्ड और उनके तले इन्तजार करते मरीजों की कतार पर्याप्त है। इनसान के फेफड़ों, आँखों और गले की फिरोजाबाद में क्या हालत होती होगी, इसका अन्दाज चूड़ी और अन्य सामान बनानेवाली फैक्ट्रियों की टिन की छतों में बने छेद देते हैं। काँच को रंगीन बनाने के लिए इस्तेमाल में आनेवाली गैस टिन को कुरेद-कुरेदकर अन्ततः छेद डालती है।

ऐसे और कितने ही प्रसंग हैं जिनका सन्दर्भ देकर फिरोजाबाद में वसन्त की स्मृति विषयक कविता लिखी जा सकती है पर ऐसी कविता लिखना उस शहर के साथ बड़ा अन्याय होगा जहाँ एक भी सार्वजनिक पुस्तकालय नहीं है। शहर के हजारों बच्चे किन हालात में जीते हैं, यह बात शब्दों की परिधि में ला सकनेवाला कोई डिकेंस अभी हिन्दी में नहीं हुआ है। एक 'विस्थापित बाल श्रमिक विद्यालय' के पिछवाड़े में मेरी मुलाकात सात वर्ष की बच्ची से हुई। उसकी आवाज पैंसठ वर्ष की औरत सरीखी थी। चार-छह वाक्यों से ही स्पष्ट था कि बचपन की नाजुक चेतना का दम चूड़ियों ने घोंट दिया था। गली इतनी सँकरी थी कि फरवरी का आकाश भी घुस नहीं सकता था, हवा की क्या बिसात।

जहर घुली धरती को कौन बचाए

पिछले तीस-पैंतीस वर्षों के दौरान आए आर्थिक परिवर्तनों और राजनीति का हमारे देश की धरती के साथ क्या सम्बन्ध है, यह जानने और समझने के लिए बरसात सबसे उपयुक्त मौसम है। पिछले साल मानसून की पहली बारिश की शाम संयोगवश मैं अपने बचपन के एक घनिष्ठ दोस्त के साथ लम्बी सैर पर निकला हुआ था। बादलों की गरज, बिजली और पानी की जोरदार बौछार के बावजूद हम लोग बढ़ते गए। पुराने-नए दिनों की बातें करते-करते हमें अचानक याद आया कि हमारे बचपन में पहली बारिश के साथ ही केंचुए और मेंढक मनुष्य की दुनिया को घेर लेते थे। सड़क हो या घर–और खेत-खलिहान की तो बात ही क्या–हर जगह केंचुए दिखाई देने लगते थे। उनकी संख्या इतनी अधिक हुआ करती थी कि सड़क पर साइकिल चलाते समय बहुत सावधानी बरतने पर भी कई केंचुए कुचले जाते थे। घर के भीतर आँगन क्या रसोई और कमरों में भी उनकी आवाजाही अबाध होती थी। हमें यह सोचकर अचानक एक अजीब-सी दहशत हुई कि अब बारिश का पूरा मौसम गुजर जाता है और एक भी केंचुआ शहर में नजर नहीं आता। खेतों की मिट्टी में तो केंचुए और भी कम दिखते हैं।

बात करते-करते हमारा ध्यान एक और स्मृति की ओर गया। बचपन में बरसात के साथ मेंढक अनिवार्य रूप से जुड़े होते थे। आसमान में मानसून के बादल आए नहीं कि हजारों मेंढक पता नहीं कहाँ से निकल पड़ते थे। शाम के समय शहर की सरहदों और तालाब की परिधि से उठती उनकी सामूहिक टर्राहट रेडियो क्या, लाउडस्पीकरों के स्वर को भी डुबा देती थी। कहाँ गए हमारे जिले के वे तमाम मेंढक ? इस चर्चा की गहराइयों में जाकर हमें लगा कि हमारी धरती एक बहुत बड़ी वेदना से गुजरी है और हम उस वेदना से बेखबर रहते हुए जिये चल रहे हैं। हमें लगा कि यह वेदना साठ के दशक के अन्तिम वर्षों में शुरू हुई जब रासायनिक खादों और कीटनाशकों का चलन हमारे जिले में शुरू हुआ। सत्तर का दशक बीतते-बीतते जिले के सिंचित इलाकों में लगभग हर बड़ा किसान इनका

प्रयोग सीख चुका था। यह माना जाने लगा था कि कायदे की खेती रासायनिक खादों के बिना हो ही नहीं सकती। इन खादों के साथ नए यानी कृत्रिम रूप से विकसित बीज अनिवार्य रूप से जुड़े थे।

केंचुए और मेंढक के लोप से लेकर छोटी हैसियत के किसानों को मजबूत बना डालने की यह कहानी आज देश के कोने-कोने में सुनी जा सकती है। कई जगहों पर अभी यह कहानी अधूरी ही घटित हुई है तो इसका कारण सिर्फ इतना है कि इन जगहों पर सिंचाई की सुविधा नहीं है। इस कहानी के शीर्षक का उच्चारण करते ही पिछले तीस वर्षों की आर्थिक नीतियाँ और राजनीति अपनी तमाम कमजोरियों, भूलों और कुंठाओं से मुक्त होकर खाद्य के क्षेत्र में पूर्ण स्वावलम्बन के दमकते चौखटे में फिट होकर मुस्कराने लगती हैं। जनता शिक्षित हो या अशिक्षित, स्मृति सबकी बराबर होती है। आज किसे याद है कि साठ के दशक के मध्य में भारतीय खेती को रासायनिक खादों पर निर्भर बनाने के लिए अमरीकी प्रशासन और विश्व बैंक ने शास्त्री सरकार पर दमघोंटू दबाव डाले और अन्ततः तत्कालीन खाद्य मन्त्री सी. सुब्रह्मण्यम का दिलोदिमाग जीतकर अपने इरादे पूरे किए। भोपाल दुर्घटना को तो अभी बारह वर्ष ही पूरे हुए हैं, फिर भी लोग यह पूछना भूल गए हैं कि मारक विषों से दहकते आधुनिक कीटनाशक हमारी खेती में इतनी गहराई तक कैसे घुसे कि आज हरी सब्जियों और फलों तक में रासायनिक जहर के अंश रहते हैं, अनाजों की तो बात ही क्या।

केंचुए और मेंढक उस संहारचक्र के बड़े मामूली और स्थूल पात्र हैं जो हमारे देश की धरती ने झेला है और जिसे झेलते जाने के लिए वह अब विवश कर दी गई है। हमारी जमीन में रसायनों का जहर इस कदर फैल चुका है कि प्रकृति का स्वतन्त्र जीवन-चक्र अब उसमें चल ही नहीं सकता। इस भीषण और दीर्घकालीन दुर्घटना को अमेरिका की धरती में पहचानकर रेचल कार्सन नाम की लेखिका ने 1962 में 'सायलेंट स्प्रिंग' शीर्षक पुस्तक लिखी थी जिसका सार-संक्षेप कुछ वर्ष बाद हिन्दी में 'नवनीत' ने 'मौन वसन्त' शीर्षक से छापा था। पर्यावरणवाद को जन्म देनेवाली इस हृदयविदारक पुस्तक के प्रकाशन के साथ ही अमरीका में डीडीटी और बीएचसी जैसे कीटनाशकों पर प्रतिबन्ध लगाने की माँग शुरू हो गई। पुस्तक का प्रभाव इतना अधिक था कि यह माँग जल्दी ही सफल हुई और यहीं से अमेरिकी रसायन कम्पनियों के विषैले उत्पादों का बड़े पैमाने पर भारत जैसे तमाम देशों की ओर जबरन निर्यात शुरू हुआ। हरित क्रान्ति शब्द भले बाद में आया, उस राह पर हम पचास के दशक के अन्त में डगमगाते कदमों से बढ़ने लगे थे। नेहरू के व्यक्तिगत प्रतिरोध की समाप्ति, जो उनकी मृत्यु के साथ हुई

(हालाँकि सघन खेती उनका भी आदर्श थी), चीन के साथ युद्ध में हमारी हार, शास्त्री शासन की कमजोर हालत, दो वर्ष लगातार आई अनावृष्टि और भुखमरी, और अन्ततः एक और युद्ध–भले उसे हमने जीत लिया–की थकान ने हमारे देश को इस हालत में ला दिया कि हमें अपनी समस्याओं के विदेशी हलों का कोई भी विकल्प नजर आना बन्द हो गया।

आज जब मैं कभी-कभी रेडियो या टीवी पर किसान 'भाइयों' के लिए प्रसारित कार्यक्रमों में देसी खादों का इस्तेमाल बढ़ाने की सलाह सुनता हूँ तो मुझे समझ में नहीं आता कि हँसू या रोऊँ। यह सलाह इन कार्यक्रमों में भाग लेनेवाले ऐसे कृषिविज्ञानी दिया करते हैं जिन्हें सघन खेती की अतिवादिता से पैदा हुई समस्याओं का कुछ-कुछ अन्दाज हो गया है। इन सदाशय विशेषज्ञों को कौन बताएगा कि बीस-पच्चीस बरस पहले उन्हीं के अग्रजों ने किसान 'भाइयों' को रासायनिक खादों और कीटनाशकों के गुण सिखाए थे। अब आज किसान 'भाई' गोबर की खाद लाएँ तो कहाँ से और कितनी लाएँ, जब एक पूरी पीढ़ी ट्रैक्टर-ट्राली की उमंग में झूमते बड़ी हो चुकी है ? हल खींचते बैलों का नामोनिशान तो अब कांग्रेस पार्टी भी कब का छोड़ चुकी है। आज के किसान 'भाई' अशिक्षित भी नहीं हैं जो उनमें परम्परागत साधनों के प्रति कोई मोह हो। स्कूली शिक्षा ने खेती और स्वास्थ्य के लिए आधुनिक रसायनों का प्रचार करने में कोई कसर नहीं छोड़ी है। चौथी कक्षा के विज्ञान में पढ़ाया जाता है कि मच्छरों को मारने के लिए डी.डी.टी. का 'नियमित प्रयोग' करो। पर्यावरण की पूजा के नाम पर अगले ही वाक्य में लिखा होता है कि डी.डी.टी. का 'अत्यधिक' प्रयोग ठीक नहीं है। भला कैसे पूछ सकते हैं कि 'नियमित' प्रयोग किस दिन 'अत्यधिक' हो जाता है।

कड़वा सच यह है कि डी.डी.टी. के मामले में पूरा देश चौथी कक्षा के बच्चे से अधिक हैसियत नहीं रखता। दो साल पहले मुझे पांडिचेरी के उस राष्ट्रीय संस्थान में जाने का मौका मिला था जहाँ मच्छर रोगवाहकों पर अनुसन्धान किया जाता है। वहाँ के एक ऊँचे अधिकारी ने मुझे बताया था कि मच्छर के खिलाफ युद्ध में हमारा देश हार चुका है। डी.डी.टी. का छिड़काव सिर्फ इसलिए होता है जिससे सरकार कुछ करती हुई नजर आए। इसी अधिकारी के अनुसार बहुराष्ट्रीय कम्पनियाँ इस बात के लिए दबाव बनाने में सफल हुई हैं कि गन्दगी और मच्छरों के सार्वजनिक समाधान तलाशने में धन या प्रयास बर्बाद न किए जाएँ जिससे इन कम्पनियों के बनाए गए मच्छर भगाने के व्यक्तिगत उपाय (जैसे क्रीम, तेल, रासायनिक धुआँ) आराम से बिक सकें। डी.डी.टी. की पराजय तो मलेरिया की वापसी से ही पुष्ट हो चुकी है। मलेरिया के नये रोगाणुवाहक मच्छर डी.डी.टी. ही

नहीं, मलेरिया की दवाओं के प्रति भी आनुवंशिक प्रतिरोध विकसित कर चुके हैं। पर डी.डी.टी. के प्रति सरकारी श्रद्धा में कोई कमी नहीं आई है। पिछले वर्ष सूरत और दिल्ली में प्लेग जैसा रोग फैलने पर डी.डी.टी. और गैमेक्सीन की शरण आधिकारिक रूप से ली गई। (रेचल कार्सन 1962 में लिख चुकी थीं कि प्लेगवाहक पिस्सू गैमेक्सीन के प्रतिरोधी हो चुके हैं।) महाराष्ट्र सरकार ने पूरे राज्य को डी.डी.टी. में नहला देने की घोषणा कर दी। अब दुनिया का कोई विकसित देश नहीं बचा है जहाँ डी.डी.टी. प्रतिबन्धित न हो। हमारे यहाँ डी.डी.टी. का जहर माँ के दूध में भी पाया जाता है।

हम जिस दौड़ में भागे जा रहे हैं, उसे क्या नाम दें, यह सवाल समाजशास्त्रीय दृष्टि से बड़ा महत्त्व रखता है। सरकारी लोग और आम समाजवैज्ञानिक इसे आधुनिकीकरण का नाम देते हैं। कॉलेजों और विश्वविद्यालयों से विद्यार्थियों की ऐसी दो पीढ़ियाँ गुजर चुकी हैं जिन्होंने रासायनिक खादों और ट्रेक्टरों पर टिकी खेती को आधुनिकीकरण का नाम देकर तमाम परीक्षाएँ पास कीं। इन दीक्षित लोगों को सघन खेती की आलोचना सुनकर तुरन्त शक होता है कि आलोचक जरूर आधुनिकता-विरोधी होगा। शिष्ट भाषा में ऐसे आलोचकों को गांधीवादी कहकर अप्रासंगिक बना देना सभा-गोष्ठियों में आम हो गया है। प्राणी-रक्षा का तर्क देनेवालों की स्थिति और बुरी है। मेंढकों की टाँगें काटकर फ्रांस निर्यात करनेवाले व्यापारियों की भर्त्सना करनेवाले झक्की माने गए हैं। तार्किक यानी वैज्ञानिक दृष्टि से सोचनेवाले मानते हैं कि यदि फ्रांस के लोगों को मेंढक की टाँग खाना विशेष प्रिय है तो हम क्यों इस प्रेम का लाभ उठाकर विदेशी मुद्रा कमाने में संकोच करें ?

केंचुए और मेंढक के जीवन-चक्र को नृशंसतापूर्वक तोड़-मरोड़ दिए जाने का किस्सा कोरी भावुकता कहकर खारिज नहीं किया जा सकता। इस किस्से को यदि आँखें गड़ाकर पढ़ा जाए तो हम उसकी मदद से हरित क्रान्ति के जन्म से अब तक के राजनैतिक और सरकारी प्रचारतंत्र के चरित्र को अच्छी तरह समझ सकते हैं। हरित क्रान्ति की कीर्तिकथा पर लगाए जाने लायक प्रश्नचिह्नों की सूची लम्बी है और धरती की उर्वरता का क्षय इस सूची का शुरुआती शीर्षक भर है। सिंचाई के नये साधनों से जलस्तर पर पड़ रहा दबाव और मिट्टी की सेहत का नुकसान सूची के अगले शीर्षकों में है। वर्गीय और क्षेत्रीय विषमताओं का विस्तार और उससे पैदा हुई सामाजिक व राजनैतिक विसंगतियाँ तो एक अलग सूची और व्याख्या की अधिकारी हैं।

यदि त्रुटिसुधार और विवेक की वापसी के लिहाज से देखें तो धरती में

रासायनिक जहर घुलने की घटना ही शायद सबसे लम्बे इलाज की मोहताज होगी। इलाज की शुरुआत के लिए जरूरी है कि खेती की राजनीति के नियामक खुली और दूरगामी दृष्टि से सोचना शुरू करें। उत्पादकता और आत्मनिर्भरता को मन्त्र की तरह दुहराना भी छोड़ना होगा। हरित क्रान्ति से हुई उत्पादकता वृद्धि क्षणिक है, यह बात इधर के वर्षों में स्वयं किसानों के मन में उभरने लगी है। सत्तर के दशक जैसी वृद्धि प्राप्त करने के लिए अब पहले से दोगुनी रासायनिक खाद डालनी पड़ती है। पहले के समय में 30 प्रतिशत फसल कीड़ों की भेंट चढ़ जाती थी। कीटनाशकों के प्रयोग से यह अनुपात विश्व भर में नहीं बदला है। धरती का हाल अवश्य बदल गया है।

पटाखे की भूख

अचानक आधी रात को पटाखे फूटने लगें और शहर की नाजुक शान्ति कुछ देर के लिए जाग उठने को लाचार कर दी जाए तो समझिए कि भारत किसी ऐसी स्पर्धा में जीत गया है जो कुल एक दिन चलती है। अगले दिन अखबारों में यह खबर पढ़कर कि लोगों ने पटाखे चलाए, मैं अक्सर एक तस्वीर का अभाव महसूस करता हूँ। जाहिर है, एक भी अखबार में इतनी राष्ट्रीयता नहीं बची है कि वह अपने फोटोग्राफर को आधी रात उठकर इन लोगों की तस्वीर खींचने का जिम्मा दे। साधारण पाठक को यह हक है कि वह उन लोगों को जाने जो घर में पटाखे इसलिए रखते हैं ताकि भारत के जीतने पर फोड़ सकें। उनकी खुशी, उनकी सनसनी देखते ही बनती होगी। गनीमत है कि उनको यह नहीं मालूम पड़ा है कि पटाखा उद्योग मजदूरों, खासकर बाल मजदूरों (यह जुमला इस तरह चल निकला है गोया बाल साहित्य की कमी पूरा करनेवाला हो) का शोषण करके चलता है। मालूम पड़ गया हो तो गनीमत है कि इन लोगों को इस बात की परवाह नहीं है। परवाह होने लगे तो देश के जीतने की खुशी कैसे व्यक्त होगी और कौन करेगा ?

उधर छत्तीसगढ़ के आदिवासी हैं जो दीवाली का इस्तेमाल भी खुशी मनाने के लिए नहीं कर रहे हैं, क्रिकेट में जीत तो दूर की बात है। खबर है, रायपुर और बिलासपुर समेत कई स्टेशनों पर इन दिनों सैकड़ों परिवार रोज आकर पड़े रहते हैं और दिल्ली-मुम्बई-कोलकाता जानेवाली गाड़ियों का इन्तजार करते हैं। गाँव खाली हो रहे हैं क्योंकि पानी और खाने का भरोसा नहीं रह गया है। धीरज सूर्यवंशी की आत्महत्या को उसके गाँववालों ने आश्चर्य से लिया, ऐसा अखबार की खबर कहती है, क्योंकि अभी तक वहाँ आत्महत्या की न कोई परम्परा थी, न उसका सिलसिला उस तरह शुरू हुआ था जिस तरह आन्ध्र में चल पड़ा है। माँ के अन्तिम संस्कार के लिए लिया कर्जा चुकाने में स्वयं को असमर्थ पाकर धीरज को कोई और रास्ता नहीं सूझा।

दिल्ली विश्वविद्यालय के परिसर में भी एक छोटा-सा छत्तीसगढ़ बस गया है। कुलपति का कार्यालय जिस इमारत में है, वह बीसवीं सदी की शुरुआत में वाइसराय का मकान था। उसकी मौलिक गरिमा बहाल करने के लिए सरकार ने विश्वविद्यालय को एक बड़ी अनुदान राशि दी है। मरम्मत का काम विस्तृत है और एक अरसे तक चलेगा। इसीलिए ठेकेदार ने छत्तीसगढ़ के मजदूरों के लिए टीन की झुग्गियों के बीच सैप्टिक टैंक वाली टट्टी भी बनवा दी है। जगमगाते शहर के बीच इन आठ-नौ अँधेरी झुग्गियों के बच्चे अभी अपनी आंचलिक प्रगल्भता लिए खेलते हैं। महानगरीय झोंपड़पट्टी या स्लम का मानस अभी उनमें विकसित होना बाकी है। उनकी जुबान शायद पहले जाएगी क्योंकि इतनी छोटी बस्ती में छत्तीसगढ़ी सामुदायिकता का भाषायी प्रबन्धन नहीं हो सकता और शिक्षा की तो खैर समस्या ही अलग है।

उधर छत्तीसगढ़ में धीरज सूर्यवंशी की आत्महत्या के बाद स्थानीय अधिकारी ने कहा कि अनाज की आपूर्ति तो एक-दो दिन में ही होनेवाली थी। गाँव में एक तलैया खुदवाने की परियोजना को मंजूरी दे दी गई है ताकि भूख से मरने की जगह लोग मजदूरी करके अनाज प्राप्त कर सकें। अधिकारी ने माना कि कार्यक्रम थोड़ा पहले शुरू हो जाना चाहिए था। वर्षों पहले छपी 'नौकर की कमीज' में विनोद कुमार शुक्ल ने रायपुर की मजदूरों की मंडी का चित्रण किया था। पता नहीं शपथ लेते समय छत्तीसगढ़ के मुख्यमन्त्री ने यह पुस्तक पढ़ी थी या नहीं, वरना परिस्थिति तभी स्पष्ट हो जाती।

अब कौतूहल का विषय यही बचता है कि रायपुर और बिलासपुर में भी आधी रात को भारत की जीत की खुशी में पटाखा फोड़नेवाले हैं या नहीं। यदि नहीं हैं तो इसका आशय है कि राष्ट्र का गौरव व्यक्त करने के लिए छत्तीसगढ़ दिल्ली पर निर्भर हो गया है। यदि हैं तो आशय है कि भूमंडलीकरण के इस युग में भौगोलिक निकटता उतनी ही बेमानी हो गई है जितनी कि भौगोलिक दूरी है। यदि पहला अनुमान सही है तो प्रश्न उठता है कि छत्तीसगढ़ बनाने की क्या जरूरत थी। राष्ट्रीय गौरवधर्म का निर्वाह यदि सिर्फ दिल्ली के लोग करेंगे और वे भी अदृश्य रहेंगे—तो छत्तीसगढ़ क्या सिर्फ इसलिए बना है कि हीरा, लोहा, मैंगनीज और इमारती लकड़ी व जानवरों की खाल का निर्यात ज्यादा चुस्ती से हो सके ? यदि दूसरा अनुमान सही है तो प्रश्न उठता है कि दिल्ली में अगली बार हबीब तनवीर का नाटक देखकर कितने लोग वैसी बेकाबू बेचैनी महसूस करेंगे जैसी आधी रात को पटाखा फोड़नेवाले महसूस करते हैं।

डर की बलि

गुजरात के कुछ इलाकों में पिछले दिनों भूकम्प के हल्के झटके महसूस किए जाते रहे हैं। एक एमए पास लड़की ने इन झटकों का कारण एक ज्योतिषी से जानना चाहा। ज्योतिषी ने बताया कि देवता नाराज हैं और यदि कुछ नवयुवतियों की बलि दी जाए तो सन्तुष्ट हो सकते हैं। यह निदान जानकर उस लड़की ने अगले दिन भावनगर की झील में छलाँग लगा दी। अखबार में उसके इस बलिदान की खबर पढ़कर मुझे सबसे पहले रूपकँवर की याद आई जिसे हाईस्कूल तक की शिक्षा सती होने से नहीं बचा सकी थी। भावनगर में स्वयं की बलि देनेवाली लड़की रूपकँवर से कहीं ज्यादा पढ़ी-लिखी थी, पर देवताओं की नाराजी के दावे पर प्रश्न उठाने में वह भी असमर्थ रही।

सती और बलि की इन घटनाओं को अपवाद मानने की इच्छा बहुत स्वाभाविक है। आखिर यह सच है कि ऐसी खबरें रोज नहीं आतीं जबकि लाखों लड़के-लड़कियाँ रोज पढ़ने जाते हैं और उन्हें सड़क पर आता-जाता देखकर हमें लगता है कि अन्धविश्वासों की पकड़ अवश्य घट रही होगी। सम्भव है, यह सच हो पर जिन लोगों ने स्कूल सिर्फ बाहर से नहीं, अन्दर से भी देखा है, वे जानते हैं कि वहाँ अपने दिमाग से सोचने और सवाल करने का प्रशिक्षण नहीं दिया जाता। दूसरी तरफ यह भी नहीं भूलना चाहिए कि पढ़ी-लिखी सती और बलि की घटनाएँ भले दुर्लभ हों, उनकी महिमा के दायरे में लाखों की भीड़ जुटती है। रूपकँवर के सती-स्थल पर बाकायदा मेला लगता है और मेले में सिर्फ निरक्षर नहीं आते। यदि गुजरात में अब भूकम्प नहीं आता तो मुमकिन है भावनगर की झील एक तीर्थ बन जाए।

मामला शायद शिक्षा का नहीं, चेतना की गिरफ्तारी का है। कहने को इस युग में दिमाग की खिड़कियाँ खोलने के अभूतपूर्व साधन मौजूद हैं, पर इन साधनों के चरित्र पर गौर करने के सामाजिक और सरकारी सिलसिले बहुत जल्दी थक गए हैं। इसीलिए कोई व्यवस्थित समीक्षा हमें यह नहीं बता रही कि प्रसार के

माध्यम अकेलेपन और घबराहट का प्रसार कर रहे हैं। शिक्षा पहले ही पागल प्रतियोगीपन सिखाती थी, प्रसार माध्यम सीधे-सीधे असामाजिकता का बोलबाला स्थापित कर रहे हैं। यही बात वीरप्पन प्रसंग को देखकर राष्ट्रपति ने अपने स्वाधीनता दिवस संदेश में कही है। दूरदर्शन पर दिखाया जानेवाला संसार हमें निरन्तर ऐसी ताजगी का प्रलोभन देता है जो नैतिकता की स्मृति को काफी पहन ली गई बनियान की तरह उतार फेंककर पाई जा सकती है। प्रसार भारती बना था तो यह आशा जन्मी थी कि संचार की सुविधाएँ संवाद को बढ़ावा देंगी। चन्द वर्षों में वह सम्भावना चूर हो गई है। रेडियो और टीवी दोनों राज्य के साए में चलते-चलते अराजकता के सन्देश-वाहक बन चुके हैं। उनकी पटकथा में कोई सिर-पैर ढूँढ़ना अपने ही वक्त की बर्बादी है। एक क्षण आप श्री अरविन्द के शब्द सुनते हैं, दूसरे क्षण दाद और खुजली का तात्कालिक इलाज। सरकार आम नागरिक को वैज्ञानिक दृष्टिकोण फैलाने के कर्तव्य की याद दिलाती है, खुद जप-तप-व्रत की महिमा बताती है। अर्थनीति के साथ मिलकर प्रसार नीति ने एक बर्बर जकड़ बनाई है जो चेतना को समाज क्या, खुद अपनी दैहिक हिफाजत से अलग करती है।

धर्मनिरपेक्षता की बहस धार्मिक अलगाववाद की धुरी पर इस कदर आरूढ़ है कि हम उसमें अंधविश्वासी प्रवृत्ति के लगातार बढ़ रहे दायरे को एक विचारणीय मुद्दे की हैसियत भी नहीं दे पा रहे। यह सम्भव नहीं कि आप साम्प्रदायिक सद्भाव का जाप करके एक सेकुलर समाज बना डालें और उधर आपकी पढ़ी-लिखी सन्तान देवकृपा प्राप्ति के लिए पानी में डूब मरे। सेकुलर समाज सितारों को देखकर नहीं बन सकता। सितारे हमें तोड़ते हैं। यदि कोई समाज तकदीर का खौफ भी दूर नहीं कर सकता तो ऐसा समाज किस काम का ?

विडम्बना देखिए कि यह बात भी मैंने एक ज्योतिषी से जानी। आकाशवाणी पर किसी ज्योतिषी के साथ इंटरव्यू रोज नहीं आता और यह मेरा सौभाग्य था कि उस समय मेरा रेडियो खुला था। सचमुच आकाशवाणी पर कुछ भी मूल्यवान सुन लेना अपनी तकदीर पर निर्भर होता है। इंटरव्यू लेनेवाले ने पूछा कि लोगों में जागरूकता आने के साथ-साथ ज्योतिष का आकर्षण घट क्यों नहीं रहा। ज्योतिषी का जवाब था कि शिक्षा और शहरी संस्कृति के साथ आए सामाजिक परिवर्तन ने लोगों को व्यक्तिवादी बनाया है। पहले लोग मानते थे कि उनकी जिन्दगी कुटुम्ब और जाति से जुड़ी है। अब वे अपनी निजी तकदीर जानना चाहते हैं। इस कारण ज्योतिष का व्यवसाय घटने की जगह बढ़ता चला गया है।

इस व्याख्या की चमक में हमें यह तथ्य नहीं खोना चाहिए कि भावनगर में

डूबनेवाली लड़की ने अपनी बलि किसी व्यक्तिगत भय या स्वार्थ की खातिर नहीं दी। उसकी प्रेरणा के पूरे विवरण पा सकना असम्भव है, पर खबर ऊपर से यही दिखाती है कि बलि का उद्देश्य एक बड़े सामूहिक सन्ताप को टालना था। भूकम्प को लेकर पारलौकिक कारणों की खोज में वह अकेली नहीं थी। तीस के दशक में आए बिहार के भूकम्प पर गांधी ने टिप्पणी की थी कि बिहार इस आपदा के लिए अछूतों पर होनेवाले अत्याचार के कारण चुना गया। इस तर्क का जबर्दस्त विरोध रवीन्द्रनाथ टैगोर से सुनकर भी गांधी अड़े रहे। उन्हें यकीन था कि प्राकृतिक घटनाएँ नैतिक चक्र से स्वतन्त्र नहीं हो सकतीं। गांधी ईश्वर में आस्था रखते थे, पर देवताओं को खुश करने में उनका विश्वास नहीं था। उनके अन्धविश्वास भी समाज के परिष्कार के लिए थे। टैगोर शायद सही सोचते थे कि गांधी के कई औजार तभी तक सुरक्षित हैं जब तक गांधी स्वयं उनका प्रयोग कर रहे हों।

कहीं का होना

आकाशवाणी की खबरों में यह बात सुनकर कान खड़े हो गए कि असम में कई हिन्दी बोलनेवाले लोग मार डाले गए। हिन्दी संघर्ष की भाषा रही है, पर वह इस तरह बलिदान भी लेगी, यह कल्पना राष्ट्र-निर्माण के शुरुआती स्वप्नकारों ने शायद ही की हो। बुलेटिन आगे बढ़ा तो आकाशवाणी के सम्पादक की परेशानी पर कुछ रोशनी पड़ी। उस दिन की घटना में बिहार के अलावा राजस्थान के भी कुछ लोग मारे गए थे। असम के सन्दर्भ में उनकी पहचान करानेवाले विशेषण की खोज करने बैठा सम्पादक 'हिन्दीभाषी' पर उँगली रखकर कुछ सन्तुष्ट हुआ होगा। यह खोज उसे इसलिए भी सही लगी होगी कि उल्फा ने हिन्दी फिल्म देखने वालों को चेतावनी दी थी।

लेकिन मामला भाषा का नहीं, नौकरी का था। भाषा से उसे जोड़ने की जरूरत एक इस अन्य कारण से महसूस होना सम्भव है कि मरनेवालों का ज्यादातर बिहार से होना राष्ट्रीय एकता के हित में छिपाना उपयोगी था। पर वह भी कब तक चलता ? महाराष्ट्र में शिवसेना ने इस खेल को भी व्यर्थ बना दिया। अन्त में प्रश्न साफ होकर उभर आया कि आधुनिक होते भारत में कहीं न कहीं का कहे जाना एक लाचारी है या अभिलाषा ? क्षेत्रीय या प्रान्तीय अस्मिता बोझ है या राहत ?

जाकिर हुसैन का यह उत्तर मशहूर है कि 'सारा भारत मेरा घर है।' वैसे यह उत्तर कौन नहीं देना चाहेगा, पर यह पूछे जाने पर कि 'आप कहाँ के रहनेवाले हैं' खुशी से इस बात को स्वीकार करनेवाले बिरले ही मिलते हैं कि वे इस समय जहाँ हैं, वहीं के रहनेवाले हो गए हैं। साहित्य में भी अभी 'दिल्ली मेरा देस' लिखने का साहस किसी ने नहीं दिखाया है। पूछे जाने पर लोग बगैर संकोच किए दशकों पहले कटी हुई जड़ों का हवाला देते हैं।

इस प्रसंग में हिन्दी प्रान्तों की स्थिति कुछ विशिष्ट थी क्योंकि हिन्दी के बहाने एक उदार जातीयता, बनने की प्रक्रिया में थी। अब छत्तीसगढ़ और उत्तरांचल के

प्रशासनिक अलगाव का असर इस प्रक्रिया को झेलना होगा। कौन-सी भावना कितना दबाव सहेगी, फिलहाल कहना कठिन है। हिन्दी के विन्ध्य-गांगेय गढ़ से उपजी हिन्दू एकता की गुहार कुछ कमजोर पड़ती दिख रही है, शायद इसी कारण अन्य भिन्नताओं पर यकायक ज्यादा दबाव पड़ा है। यह परिस्थिति थोड़ी सुधरती यदि सम्पूर्ण देश में प्रान्तीय और क्षेत्रीय स्तरों की आर्थिक विषमता कुछ कम होती। बिहार में रोजगार नहीं है, महाराष्ट्र में है, असम में संसाधन हैं पर औद्योगिक विकास नहीं हो रहा है, ये स्थितियाँ भारत की राष्ट्रीय सामाजिकता को लचर बनाती हैं। ऊपर से श्रमहंता टेक्नोलॉजी और वैश्वीकृत व्यापार से पैदा हो रही विषमताएँ हैं और उनसे पूरा-पूरा मुनाफा कमाने पर आमादा नेता हैं।

ऐसे शीतकाल में बहुवचनवादी भारत का ठिठुरना स्वाभाविक है। संयोग देखिए, ठीक इसी वक्त महात्मा गांधी हिन्दी विश्वविद्यालय की पत्रिका 'बहुवचन', जिसका नाम अशोक वाजपेयी ने इन्हीं सब आशंकाओं को सोचकर रखा था, बन्द होने के खतरे का समाचार छपा है। सम्भव है यह संयोग नहीं, इस बात का प्रमाण हो कि भारत को एक ढर्रे पर हाँकने और सौ तरह के फूल खिलानेवालों के बीच संघर्ष बराबर चल रहा है। और मुकाबला काँटे का है। तमिलनाडु और गुजरात के मुख्यमन्त्रियों की अहम्मन्यता से आजिज आकर सुप्रीम कोर्ट ने यह तरकीब सोची है कि भ्रष्टाचार और दंगों के मुकदमे दूसरे प्रान्तों की कचहरी में आगे बढ़ाए जाएँ। यह तरकीब भी भारत की विविधता का आभार ही है और इस बात की याद दिलाती है कि विविधता एक समस्या नहीं, एकता की कुंजी है। इस याद में यह चेतावनी छिपी है कि बहुवचन का विकल्प एकवचन नहीं, विनाश है! भारत तभी तक एक देस रह सकता है जब तक उसमें असंख्य आन्तरिक परदेस जीवित हैं और परदेसियों को गोली नहीं मारी जाती, भले वे एक दुर्लभ क्लर्की पा जाएँ।

फालतू के काम

पदासीन लोगों से समाज की क्या-क्या अपेक्षाएँ हैं, यह प्रश्न बारीक क्या, मोटे तौर से भी शायद ही कभी पूछा गया हो। जाहिराना उत्तर–कि वह पद से जुड़े काम कायदे से करे–पर्याप्त नहीं है। समाज ने ऐसे अनेक काम अपना लिये हैं जो दरअसल काम हैं नहीं, पर मान लिये गए हैं और उन्हें पूरे सार्वजनिक जोश के साथ आयोजित किया जाता है। प्रतिमा और तस्वीर का अनावरण, गोष्ठी या सम्मेलन का उद्घाटन और समापन, भवन का शिलान्यास, धावकों या रेल की रवानगी कराना ऐसे कुछ काम हैं जिनमें 'काम' ठीक-ठीक क्या और कितना है, कहना मुश्किल है पर जिनके आयोजन में सरकारी अमला हिल जाता है।

राष्ट्रपति द्वारा प्रतिमा और तस्वीर का अनावरण करने के प्रति व्यक्त की गई अनिच्छा ने इस तरह के कामों पर विचार का एक दुर्लभ अवसर जुटाया है। अनिच्छा के दायरे में संसद भवन के भीतर लगाई जानेवाली तस्वीरें और मूर्तियाँ शामिल हैं। अभी हाल में एक तस्वीर को लेकर कुछ विवाद हुआ था, पर राष्ट्रपति की हिचकिचाहट का सम्बन्ध किसी संभावित विवाद से नहीं है। उन्होंने कहा है कि वे ऐसे आयोजनों में अवश्य जाएँगे जो ग्रामीण क्षेत्रों में विकास की किसी नई योजना के सिलसिले में आयोजित किए जाएँगे।

इस बात से साफ है कि राष्ट्रपति को परहेज अनावरण सरीखे उन कामों से है जो मात्र एक रस्म होते हैं और जिनसे सामान्य जन को कोई लाभ मिलनेवाला नहीं है।

प्रश्न है कि ऐसे काम क्यों किए जाते रहे हैं। मूर्ति या चित्र का निर्माण एक प्रतीक की रचना है जो इतिहास के लोकतन्त्र में निरन्तर चलनेवाला काम है। मूर्ति बनानेवाला शिल्पी समाज की इस जरूरत की पूर्ति अपनी कला और मेहनत से करता है पर सार्वजनिक स्थलों पर लगी ज्यादातर मूर्तियों पर शिल्पी का नाम दर्ज नहीं रहता। आधार से चिपकी शिला पर तारीख सहित उस व्यक्ति का नाम और

पद भर रहता है जिसने मूर्ति बन जाने के बाद उसका अनावरण किया। जाहिर है कि समाज की मान्यताओं में मूर्तिकार का महत्त्व नगण्य है, अनावरक की महिमा ही एकछत्र है। इस फैसले के मूल में छिपी मान्यता शायद यह है कि मूर्तिकार ने तो अपना सामान्य यानी पेशागत काम किया है जबकि अनावरण करनेवाला अपने सामान्य कामों को छोड़कर यहाँ दौड़ा आया, इसलिए सनद का सच्चा अधिकारी वही है।

संवेदनशील पाठकों को इस विश्लेषण का एक इशारा, जाति प्रथा की ओर दिखे तो कोई बुरी बात नहीं है, पर असली बात वह इसलिए नहीं है क्योंकि मामला महज मूर्ति का नहीं है। हमारा सार्वजनिक जीवन ऐसे कामों से पटा हुआ है जिन्हें कोई बेरोजगार युवा करे तो आप कहेंगे, फालतू के कामों में समय बर्बाद करता है। इन्हीं कामों को पदासीन महिमाधारी करता है तो कोई इतनी भी आलोचना नहीं करता कि इस काम का उस पद से क्या लेना-देना है जिसे सुशोभित करनेवाला व्यक्ति यहाँ आया है। उल्टे, अनावरण के क्षण में पदासीन की प्रशंसा में इस बात का आभार व्यक्त किया जाता है कि वह अपने मूल्यवान समय का कुछ हिस्सा यहाँ खर्च कर रहा है। क्षण के पूर्व और पश्चात की औपचारिकताओं का एक लम्बा सिलसिला रहता है। उसमें समाए हजारों क्षण भी मूल्यवान समय से निकले हुए होते हैं। यह आश्चर्य और कल्पना करना वाजिब होगा कि पदासीनों के जीवन में बाकी कितना समय बचता है जब वे अपने नियत काम करीने से कर सकें।

संस्थाओं और उनके सर्वोच्च पदों पर प्रतिष्ठित लोगों की व्यापक विफलता का एक पहलू यह हो सकता है कि समाज ने अब उनके सफल होने की उम्मीद छोड़ दी है। यदि यह मान लिया गया है कि ताकतप्रद पदों पर चेहरों का आना-जाना एक शाश्वत सत्य है और संस्थाओं का पराभव हमारे समय की ऐतिहासिक नियति है, तो फिर पदासीन व्यक्ति को उद्घाटन, शिलान्यास, समापन, अनावरण जैसे फालतू के कामों में उलझाए रखना अनुचित नहीं रह जाता। फिर यदि किसी पदासीन को इन्हीं कामों में आनन्द आता हो तो समाज क्यों दुखी हो।

पद तक पहुँचते-पहुँचते वह स्वयं एक मूर्ति बन चुका होता है। व्यवस्था और समाज के बीज उभरी यह चकित करनेवाली पूरकता राष्ट्रपति के संकोच से थोड़ी-बहुत चोट खाएगी या निश्चिन्त बनी रहेगी, यह कहना मुश्किल है। मुझे डर है कि अनावरणों के आयोजक निराश नहीं होंगे। वैसे भी आयोजकों में थकान या संकोच जैसे मानवीय गुण दुर्लभ होते हैं। वे पदासीनों की सूची बनाकर चलते

हैं। एक ने मना किया तो अगले को पकड़ते हैं। कोई-कोई आयोजक इतने संकोचशत्रु होते हैं कि मना करनेवाले पदासीन से ही पूछ लेते हैं कि आप नहीं आ पा रहे तो और किसे बुलाया जा सकता है।

आयोजकों का यह साहसी चरित्र दिखाता है कि वे समाज की संस्कृति में काफी गहरे जमे हैं। काम हो, न हो, पानी मिले, न मिले, स्कूल खुले, न खुले, पढ़ाई का स्तर सुधरे, न सुधरे, अस्पताल में मरीजों की परवाह हो, न हो, विकास की कल्पना धरी रहे, लोकतन्त्र का सपना बदस्तूर अधूरा रहे, मगर शिलान्यास होना ही चाहिए। आज जो टैक्नोलॉजी पार्क खुलने जा रहा है, कल उसका उपयोग करनेवाले बच्चे आएँगे या अपनी नीरस कक्षाओं में हाजिरी देते रहेंगे, ऐसी दूरगामी चिन्ताएँ यदि आयोजकों को सालने लगें तो आयोजन-उद्योग का भट्ठा बैठ जाए।

छुट्टी के बाद गांधी

15 अगस्त और 26 जनवरी को भी छुट्टी का पालन इतनी सख्ती से होता है कि दुकानें भी न खुलने पाएँ। लेकिन उन दो राष्ट्रीय पर्वों पर छुट्टी की सख्ती इतना खलती नहीं है जितना 2 अक्टूबर को खलती है। इसकी एक वजह यह है कि स्वतन्त्रता और गणतन्त्र दिवस पर सार्वजनिक आयोजनों का कोलाहल हवा में भरा रहता है। छोटे शहरों में बच्चों का जुलूस निकलता है और परेड देखने का आकर्षण काफी बड़ी तादाद में लोगों को उस मैदान तक खींच ले जाता है जो परेड और झाँकियाँ दिखाने के लिए ही बचाया गया है, वरना वहाँ भी कोई अवैध इमारत या दुकानें या कुछ और नहीं तो जीप व ट्रक खड़ा करने की जगह बन जाती। जो लोग इस मैदान तक पहुँचने का उत्साह नहीं जुटा पाते, वे टीवी चलाकर दिल्ली का समारोह देखने का विकल्प खुला रखते हैं।

2 अक्टूबर की स्थिति अलग है, भले एक छुट्टी के रूप में उसकी हैसियत स्वतन्त्रता और गणतन्त्र दिवस के बराबर है। छुट्टी के रूप में उसे 'पूर्ण अवकाश', नहीं, परम पूर्ण अवकाश कहना चाहिए क्योंकि 2 अक्टूबर के दिन छुट्टी को भरने में सक्षम साधनों की भी छुट्टी रहती है। न आप कोई संग्रहालय देख सकते हैं, न बाजार से सूजी ला सकते हैं, न टीवी पर कुछ खास देखने को होता है, न रेडियो पर सुनने को। मैं गलती से एक पुस्तकालय की तरफ चला गया और उसे बंद पाकर खामख्वाह निराश हुआ।

मन में एक और भ्रम पैदा हुआ कि शायद हस्तकला संग्रहालय खुला हो। मानसून के तीन माह लम्बे अवकाश के बाद कारीगरों की व्यक्तिगत उपस्थिति वहाँ एक अक्टूबर से शुरू होती है, इस वार्षिक वापसी का पहला यानी अक्टूबर का महीना हर साल करघा कारीगरों को समर्पित रहता है। करघे का गांधीजी से विशेष सम्बन्ध भी था, यह सोचकर मैं आश्वस्त था कि गांधी जयंती के दिन इस संग्रहालय में जीवन होगा। करंज की छाया में सुस्ता रहे सन्तरी ने मुझे वहाँ से भी भगा दिया। आखिरकार एक मित्र को योग के एक-दो और आसन सिखाकर

मैं घर लौट गया।

हालाँकि योग का व्यक्तिगत स्तर पर प्रचार करना गांधीजी के प्रति पर्याप्त श्रद्धांजलि मानी जा सकती है, पर छुट्टी का अधिकांश भाग अभी खाली पड़ा था। मुझे लगा कि जरूर सरकार ने यह छुट्टी इतनी कठोर इसलिए बनाई है जिससे मेरे जैसे तमाम लगातार भाग रहे लोग पूरी तरह रुककर अपने आसपास बनती दुनिया पर गांधीजी के नजरिए से विचार कर सकें। यह सोचकर मैंने अखबार खोला तो पहली नजर टेलीफोन निगम के विशाल विज्ञापन पर पड़ी। दस हजार रुपए में मोबाइल फोन, वह भी पहले से कहीं सस्ती दरों पर 'आम आदमी' को मुहैया कराने का दावा निगम ने गांधीजी का नाम लेकर किया था।

अगले पृष्ठ पर उत्तर रेलवे ने गांधीजी के चित्र के साथ यह हिदायत दे रखी थी कि यात्रीगण अनजानी, लावारिस वस्तुओं को न छुएँ क्योंकि उनमें बम हो सकता है। एक समाचार छपा था कि राजस्थान सरकार गांधी जयंती के अवसर पर दस जिलों में प्राथमिक शिक्षा के प्रसार का एक नया कार्यक्रम विश्व बैंक के अनुदानवश शुरू कर रहा है। अन्तिम पृष्ठ पर एक बड़ा सरकारी विज्ञापन कह रहा था कि सदियाँ गुजरती रहेंगी, 'हम रहेंगे सदा आपके ऋणी !'

मुझे लगा कि इस विज्ञापन का केन्द्रीय भाव 'ऋणी' के बाद लगे विस्मयबोधक चिह्न में है। यह कोई संयोग नहीं है कि हमें इस चिह्न से विस्मय का बोध होता है। विस्मय एक उदार भाव है। उसके दायरे में बड़ी से बड़ी परेशानी से लेकर छोटी से छोटी हैरानी आ जाती है। जब कुछ लम्बा कहने को न हो या कहना व्यर्थ लगने लगे, तब विस्मयबोधक चिह्न हमें उबारता है। अन्य चिह्नों की तरह वह भी एक लिखित परम्परा का औजार है जो वाणी की क्षणभंगुरता को सहेजकर रखने के लिए सँवारता है। गोडसे की गोली खाकर 'हे राम' कहते हुए गांधी अपनी साधना को पूर्ण विराम दे रहे थे।

राम के बाद विस्मयबोधक चिह्न लगाकर हम उनकी मृत्यु को एक स्वतन्त्र नाटकीयता दे देते हैं जिसके प्रभाव से गांधी की जीवन-साधना उनकी मृत्यु से अलग हो जाती है। शायद इसी तरह के सूक्ष्म, भाषायी उपक्रमों का लाभ उठाकर कई गांधीवादी दाईं तरफ की ढलान पर सम्मान के साथ लुढ़क सके हैं। देशजता पर जोर के बहाने वे धार्मिक राष्ट्रवाद से लेकर परमाणु बम के निर्माण और जरूरत पड़ने पर प्रयोग का समर्थन कर सके हैं।

इन उलझे हुए विमर्शों में सबसे अबूझ परमाणु का मामला ही है। उसके धमाके से हम सबकी खोपड़ी में दरार आ गई है। दिमाग में दरार से पैदा हुई लाचारी हमें एक मोटा अन्तर्विरोध भी देखने नहीं दे रही है, बारीक अन्तर्विरोधों

की क्या बिसात। सरकार गर्व से कहती है कि परमाणु कार्यक्रम हम अपनी गाँठ से चला रहे हैं। परमाणु बम को हमारी राष्ट्रीय आत्मनिर्भरता का सबसे सशक्त प्रतीक बताया जाता है। दूसरी साँस में सरकार ग्रामीण बच्चों को प्राथमिक शिक्षा के दायरे में लाने के लिए विश्व बैंक और अन्य विदेशी दाताओं की कृपा पर निर्भरता को वैध ठहराती है। परमाणु बम की पाशविकता हथियाने के लिए हम अपनी गाढ़ी कमाई खरचते हैं, पर बच्चों को स्कूल भेजने के लिए दूसरों का मुँह ताकते हैं।

स्वावलम्बन की गांधीवादी अवधारणा का यह राष्ट्रीय शीर्षासन एक विशाल विस्मयबोधक चिह्न का अधिकारी है। इस शीर्षासन पर सम्यक् विचार के लिए एक नहीं, कई दिन की छुट्टी चाहिए। पर अब ऐसी कोई छुट्टी आगामी महीनों में नहीं आनेवाली। जाड़े के ये महीने अपार उद्यम और व्यस्तता के महीने होंगे। नवम्बर के मध्य में व्यापार मेले से लेकर फरवरी के पुस्तक मेले तक प्रगति मैदान में इतनी रौनक रहेगी कि बहुत थोड़े से लोग उससे बचकर मैदान के कोने में स्थित हस्तकला संग्रहालय देखने जा सकेंगे।

शायद यही एक संस्था है जो गांधीजी की 'ऋणी !' नहीं है, बल्कि विषम जलवायु में उनके एक आग्रह को येनकेन निभाए चली जा रही है। कुछ ऐसी ही स्थिति खादी भंडारों की है जो दो अक्तूबर से भारी कमीशन देकर ग्राहकों को लुभाएँगे। कमीशन का लाभ लेने जुटी भीड़ में हो सकता है कुछ देर के लिए कुछेक लोगों को गांधी के उस स्वप्न की याद आए जिसमें भारत के पास परमाणु बम नहीं था, पर पानी भरने रात में नहीं उठना पड़ता था और सुबह उठकर रोजगार की फिक्र नहीं रहती थी।

अगले के लिए

रक्षा के प्रति इतना सचेत समाज रोजमर्रा की सुरक्षा को लेकर इतना बेफिक्र कैसे है, यह सवाल नन्हीं ज्योत्स्ना की मृत्यु के कारण कम से कम चार दिन महत्त्वपूर्ण बना रहा। आठ वर्ष की ज्योत्स्ना बिजली की सीढ़ी से उतरते समय एक खुले हुए पटरे में गिर गई और देखते ही देखते क्षत-विक्षत होकर मर गई। गवाहों में उसके माता-पिता ही नहीं, यात्रियों की भीड़ भी थी और हवाई अड्डे पर तैनात सुरक्षाकर्मी भी थे। ये सुरक्षाकर्मी हक्के-बक्के देखते रहे, थोड़ी दूर पर आप्रवास अधिकारी मुहर लगाते रहे, ड्यूटी पर तैनात डॉक्टर भी पन्द्रह मिनट लेकर आया। ऐसा वीभत्स दृश्य देश की राजधानी में घटे, वह भी उसके अन्तर्राष्ट्रीय हवाई अड्डे के स्वागत-कक्ष में, यह खयाल किसी को भी शर्म और चिन्ता से इस कदर घेर देने के लिए पर्याप्त होना चाहिए कि वह युक्ता मुखी और नई सदी की सोच भी न सके।

दिक्कत यह है कि हमें कटी किनारेवाली सड़क, खुले छोड़ दिए गए मैन-होल, ऑटोरिक्शा में ठुँसे बच्चे और अँधेरे में बढ़ी चली जा रही साइकिल देखने की आदत हो चुकी है। कदम-कदम पर असुरक्षा का जोखिम झेलते हुए हमारी चेतना थक गई है। ऐसा नहीं कि हम सँभलने की कोशिश नहीं करते। करते हैं, पर एक हद तक। उस हद तक पहुँचकर कभी सरकार को, कभी किस्मत को तो कभी दूसरों को कोसकर शान्ति प्राप्त करते हैं। बस में निकली नोक से कपड़ा फट जाने से लेकर सड़क पर किसी को गिरा हुआ देखने तक खीझे हुए नागरिक मन की सैकड़ों छटाएँ हैं। हर छटा क्षणिक होती है, वैसे भी वक्त किसके पास है। अगर किसी तरह निकाला जाए तो इन छटाओं में तीन परछाइयाँ पकड़ी जा सकती हैं।

एक है बेगाने राज्य की परछाईं। हादसा छोटा हो या बड़ा, राज्य की तरफ से तैनात अधिकारी या कर्मचारी की पहली इच्छा होती है कि मौके पर न दिखे। यदि गायब हो जाना एकदम असम्भव हो तो दूसरा विकल्प उसके मन में यह

उभरता है कि रोजाना का कार्यक्रम इस तरह चलाया जाए मानो कुछ विशेष न हुआ हो। वह तो जब पत्रकार पीछे पड़कर बात को मोहनजोदाड़ो की तरह खोद-खोदकर निकालेंगे या कोई विभागीय जाँच जानना चाहेगी कि धरती की उत्पत्ति एक धमाके के साथ हुई या धीरे-धीरे, तब देखी जाएगी। स्कूल की बस नदी में जा गिरती है, बच्चे डूब रहे हैं, उधर स्कूल की घंटी रोज की तरह बजती है, प्रार्थना होती है, नागरिकशास्त्र, हिन्दी, विज्ञान सभी कुछ पढ़ाया जाता है। यह घटना दिल्ली की है। हादसा हो जाने पर क्या करना है, यह बात शिक्षकों के प्रशिक्षण क्या, भारतीय प्रशासनिक सेवा के लिए चुने गए अधिकारियों के प्रशिक्षण में भी शामिल नहीं है। यानी राज्य का काम देखनेवाला नागरिक के जीवन का बन्दोबस्त सामान्य परिस्थितियों में ही करना जानता है। तभी आकाशवाणी जल्दी से जल्दी इस समाचार को पढ़कर सुनाने की ताक में रहती है कि सामान्य जीवन की बहाली हो गई। इस समाचार का आलेख पहले से तैयार रहता है। क्यों न रहे, वह मूलतः उस ढाँचे का आलेख है जो भारतवर्ष को एक छावनी की तरह चलाने के लिए रचा गया था।

दूसरी परछाईं अनमने नागरिक की है जो एक तरफ उदासीन राज्य के डर में जीता है और दूसरी तरफ परिजनों से बँधी जिम्मेदारी के घेरे में। सार्वजनिक जगह पर घटी दुर्घटना में मदद देने का मन बनाने के क्षण में किस भारतीय की आँखों में थाने और अदालत के निस्तेज बिम्ब नहीं उभरते ? तुम्हें क्या मतलब, तुम अपना काम देखो वाली बात बचपन में माँ से लेकर जवानी में पुलिस कांस्टेबल तक से सुननी पड़ती है।

उधर भावना के धागों की बुनावट भी परिवार और परिचय के जगत से कुछ इस तरह बनती है कि बेगानों की दशा हरेक के मन को नहीं पसीज पाती। धन और सुविधा के लगातार बढ़ते विभाजन ने भावना की लोच और ज्यादा घटा दी है। नई कार चलाना सीख रही औरत कल के रोज स्कूल जाती लड़की को गिराकर एक क्षण रुकी, फिर एक्सलरेटर दबाकर भाग गई। अमीरों के किशोर तो स्वयं चलते-फिरते हादसे हैं। उनका सामान्य जीवन कब किसको अपाहिज बना दे या मार ही डाले, कोई नहीं कह सकता। वे संगीत सुनते हैं तो मुहल्ला थर्रा जाता है। बूढ़ों की नींद और परीक्षार्थी बच्चे का तनाव केवल परिवार की चिन्ता का विषय रह जाता है।

तेज संगीत से कई रात नींद गँवाकर मैंने वह तीसरी परछाईं पहचानी है जो आधुनिक होते गाँव से लेकर महानगर तक को ढके ले रही है। यह परछाईं है मशीन या टेक्नोलॉजी से हमारे आधे-अधूरे रिश्ते की। कभी हम उसे जादू मान

बैठते हैं, तो कभी ताकत और हैसियत का प्रतीक। दोनों रूपों में हम टेक्नोलॉजी के उपयोग की जगह उसका दुरुपयोग करने में लग जाते हैं। सँकरी गली में सफारी इसलिए खड़ी की जाती है ताकि मुहल्लेवाले डरें और जलें। मशीन को जादू मानकर हम उसे रात-दिन जोते चले जाते हैं। मशीन की अपनी एक मर्यादा है, उसकी मरम्मत की भी एक दैनन्दिनी है, यह चेतावनी हमें तभी सुनाई देती है जब उसमें आग लग जाए। ज्योत्स्ना को लीलनेवाली बिजली की सीढ़ी की मरम्मत का ठेका सितम्बर में समाप्त हो चुका था। अब जाँच समिति की रपट बताएगी कि उसके कितने बोल्ट ढीले थे। इस घटना में तीनों परछाइयाँ एक हो गईं। कहते हैं, ज्योत्स्ना से कुछ मिनट पहले उतरे एक यात्री के बैग का फीता सीढ़ी में फँस गया था। उसे निकालने के लिए उसने इतना जोर लगाया कि सीढ़ी का पटरा उखड़ गया।

इस यात्री ने फूट लेना ही ठीक समझा, उधर चन्द क्षणों बाद ज्योत्स्ना उखड़े हुए पटरे से बने गड्ढे में जा गिरी। ज्योत्स्ना उसकी अपनी बेटी होती तो वह उसे ध्यान से उतरने के लिए कहता, पर अपरिचित लोग इस यात्री के चिन्तावृत्त में शामिल न थे। ऐसे कितने नागरिक देश में हैं जो सार्वजनिक सुविधाओं का प्रयोग करते समय अगले आदमी की फिक्र करते हैं, इस सवाल का उत्तर यदि किसी प्रकार ढूँढ़ा जा सके तो सुखद नहीं होगा। इसी तरह यह पता लगाना भी सुखद नहीं हो सकता कि टेक्नोलॉजी के इस्तेमाल में मरम्मत और सुरक्षा सरकार के किस-किस प्रतिष्ठान में कितनी महत्त्वपूर्ण मानी गई है। परमाणु ऊर्जा और बम के रखरखाव को तो बाकायदे गोपनीय विषय घोषित कर दिया गया है। वे मशीन बाद में होंगे, पहले हमारी राष्ट्रीय प्रतिष्ठा और अब अस्मिता के प्रतीक जो बन गए हैं।

सती का असत

सती की एक और घटना से पैदा हुआ क्षोभ वाजिब है। इस बार भी चर्चा उसी त्रिकोण में घिरी है जो पन्द्रह साल पहले दिवराला की एक मैट्रिक पास लड़की के सती होने (या किए जाने) पर उभरा था। एक कोण पर समाज है, दूसरे पर राज्य और उसकी पुलिस, तीसरे पर स्त्री। बहस के इस आकार पर यह सवाल करना जरूरी है कि स्त्री स्वयं समाज में शामिल है या नहीं। इस सवाल को हम इस तरह भी पूछ सकते हैं कि सती के विमर्श में स्त्री कहाँ है। पन्ना में पुलिस की जाँच से जो भी आधा-अधूरा सत्य निकले, इस प्रश्न से उपजनेवाला सत्य हजारों रूपों में रोज हमारे सामने यह कहता है कि सती अब सिर्फ पुरुषों का खेल है, स्त्री उसमें शामिल नहीं है। खेल यदि फिर भी चल रहा है तो इसीलिए कि भारत के समाज का यह सबसे बड़ा गृहयुद्ध अभी निर्णायक दौर में नहीं पहुँचा है।

घर, बाजार, स्कूल, साहित्य, फिल्म, राजनीति हर कहीं हम इस युद्ध के दैनिक दृश्य देख सकते हैं। कई दृश्य हमें गुस्से और ग्लानि से भर देते हैं, तो कुछ दृश्य एक नई दुनिया की आहट का सुख दे जाते हैं। गुजरात की सड़कों पर औरतों के साथ हुए पैशाचिक व्यवहार के दृश्य हमारे राष्ट्रीय भविष्य को स्याह कर देने के लिए काफी हैं। फिल्मों में औरत पर होती दिखाई जानेवाली हिंसा और 'गृहशोभा' जैसी पत्रिकाओं में लगातार रचे जाते सस्ते प्रलोभनों के घेरे बताते हैं कि स्त्री का स्वतन्त्रता आन्दोलन अभी कितना लम्बा चलेगा। उधर जब मैं 'मानुषी' का हर नया अंक पढ़ता हूँ (दुर्भाग्यवश 'मानुषी' अब हिन्दी में नहीं छपती) तो एक अलग नजरिए का सामना करता हूँ। सूचनाएँ परिचित होती हैं, उन्हें अर्थ देनेवाली श्रेणियाँ अक्सर नई होती हैं। इसी तरह 'राष्ट्रीय सहारा' में 'आधी दुनिया' के तहत छपनेवाला मनीषा और लता शर्मा का लेखन लगातार यह मानने के लिए मजबूर करता है कि हम सिर्फ नई आवाजें नहीं, नई तरह की आवाजें सुन रहे हैं।

स्कूल और कालेज की दीवारों में यह अहसास और भी दैनिक रूप से उपलब्ध है। विषय या प्रसंग कोई भी हो, कई बार लगता है कि एक नई किस्म का मानस व्यक्त हो रहा है। उसकी बुनावट में उपस्थित लोच, खासकर बड़े और महीन विवरणों को साथ ले चलने का सामर्थ हमें चौंकाते हैं। महत्त्वपूर्ण मानी जानेवाली राष्ट्रीय या विश्व घटनाओं पर लड़कियों की टिप्पणी में वह बड़बोलापन प्रायः नदारद रहता है जो लड़कों की बातों में लगभग अनिवार्य रूप से पाया जाता है। मेरा अनुमान है कि आतंकवाद और उसके खिलाफ अमेरिका का युद्ध, जिसमें एक राष्ट्र के रूप में भारत भी शामिल है, लड़कियों के लिए उतना नया या विस्मयकारी विषय इसलिए नहीं बना है क्योंकि यौन आतंकवाद उनके रोजमर्रा के अनुभव की अनिवार्य खबर रहा है। 'सामान्य ज्ञान' के विचित्र शीर्षक तले बिकनेवाली पुस्तकें लड़कियों को आकर्षित नहीं करतीं क्योंकि दुनिया के बारे में उनका सामान्य ज्ञान बहुत अलग होता है। उस ज्ञान का विश्वकोश बनने में अभी कम से कम एक-डेढ़ सदी और लगेगी।

इस बीच पौने दो सदी से जारी सती विमर्श निश्चय ही जारी रहेगा और सामाजिक जीवन के उन कमरों को आबाद रखेगा जहाँ पुरुष अपनी बढ़ती हुई असहायता पर विलाप करते हैं और समय-समय पर रोष या फिर सीधे-सीधे हिंसा की मुद्रा में आ जाते हैं। विधानसभाओं और संसद की बहसें इस श्रेणी में रखी जा सकती हैं। स्त्री की अपनी या उसके नजरिए की उपस्थिति वहाँ नगण्य सी है। कुछ यही हालत उन विचारधाराओं की हो रही है जो एक डूबती दुनिया को बचाने में लगी हैं या ऐसा दावा करती हैं। हिन्दुत्ववाद और गांधीवाद ऐसी ही दो विचारधाराएँ हैं और यदि आपने 'गांधीमार्ग' के हाल के अंक देखे हों तो आपको लगेगा कि ये दो विचारधाराएँ अब मिलती-जुलती दिखने लगी हैं। गांधी की दृष्टि से देखें तो उनके नाम पर चलनेवाले वाद का यह हश्र दुखद है। आजादी की लड़ाई में स्त्री की आवाज और शक्ति को पहचानने और जगह देनेवालों में गांधी का नाम सबसे ऊपर आता है। मगर गांधीवादी बहसों में (गुजरात की बहस एक उदाहरण भर है) स्त्री की मौजूदगी आज सांकेतिक कहने लायक भी नहीं रही। यही हालत हिन्दुत्ववाद की है। लगता है, इस विचारधारा में स्त्री के लिए अवधारणात्मक गुंजाइश भी नहीं है और यह कोई आश्चर्यजनक बात नहीं है क्योंकि हिन्दुत्ववाद आखिर एक प्राचीन, इतिहास से अलग समाज के मिथक पर टिकी विचारधारा है। स्त्री ने इतिहास पढ़ना दो-तीन पीढ़ी पहले ही शुरू किया है, वह उसमें किसी मिथक की मिलावट कैसे सह सकती है। उधर सत्तासीन हिन्दुत्ववाद हर दरकती हुई स्थिति का हल मिथक को गौरव देने में ढूँढ़ता है।

'हिन्दुस्तान' के सम्पादकीय के अनुसार इस महाप्रयास में सती को भी नहीं बख्शा गया। सम्पादकीय कहता है कि मानव संसाधन विकास मन्त्रालय ने भारतीय महिलाओं की गरिमा को पुरस्कृत करने के लिए सती का प्रतीक चुना। जब सफाई देने की जरूरत आन पड़ी तो कहा गया कि सती के नकारात्मक पक्ष को दूर करके सकारात्मक पक्ष को उभारा जाना चाहिए। देखते हैं, पन्ना की कुट्टीबाई की राख में से कौन-कौन से पूजनीय तत्त्व निकाले जाते हैं और उन्हें पूजने इस बार कौन-कौन से मर्द सामने आते हैं।

प्रतियोगी बिहार

इस माह तीन हिन्दी प्रान्त एक बड़े राजनैतिक बदलाव से गुजरे हैं। यह बदलाव देश के लोकतन्त्र को किस दिशा में धकेलेगा, इस प्रश्न का उत्तर सोचने के लिए उपयुक्त शब्दावली ढूँढ़ना भी आज एक बड़ा काम बन गया लगता है। भाजपा संविधान और संस्कृति की पुनर्रचना करना चाहती है, यह कहकर हमारे पास उस प्रयास के लिए कोई अच्छा और आशाजनक नाम नहीं रह जाता जिसे करने में कांग्रेस और सपा, बसपा तथा वामदल असफल हो गए लगते हैं। पहले यही प्रयास पुनर्रचना कहलाता था, अब उसे प्रतिरोध कहते भी संकोच होता है क्योंकि प्रतिरोध में स्थायित्व और आत्मविश्वास होता है। परखचे उड़ने के बाद वह मध्य प्रदेश में बचा नहीं दिखता और केवल जोड़-तोड़ से पुनर्जन्म नहीं ले सकता। छत्तीसगढ़ और राजस्थान में सड़कों और बिजली की हालत उतनी बुरी नहीं जितनी मध्य प्रदेश में है, पर वहाँ भी भाजपा के विस्तार का प्रतिरोध टूटा हुआ नजर आता है।

ऐसे में कई लोग शेष हिन्दी प्रान्तों को देखें और टूटन से उबरना चाहें तो उन्हें फिलहाल बिहार ही नजर आएगा। 'इंडियन एक्सप्रेस' ने दिसम्बर के पहले सप्ताह में सातों दिन सत्येन्द्र दुबे की हत्या को सुर्खियों में रखा। एक गैर-राजनैतिक हत्या पर कभी इतनी अखबारी जगह खर्च की गई हो, याद नहीं पड़ता। चिट्ठियों का सिलसिला आज तक जारी है। माँग है कि हत्या की जाँच के अलावा एक नया कानून बनाया जाए जो भ्रष्टाचार की सूचना देनेवाले को सुरक्षा देने में सक्षम हो। सत्येन्द्र कानपुर आईआईटी से प्रशिक्षित इंजीनियर थे जिनकी नियुक्ति प्रधानमन्त्री की नई राष्ट्रीय राजमार्ग परियोजना के तहत बिहार में थी। सड़क निर्माण में बुनियादी खामियों और भ्रष्टाचार की सूचना प्रधानमन्त्री को देते वक्त सत्येन्द्र ने माँग की थी कि उनका नाम गोपनीय रखा जाए। उनका पत्र आम अफसरशाही तरीके से कई हाथों में गया और अन्ततः उसकी हत्या कर दी गई।

इकतीस वर्षीय सत्येन्द्र दुबे की आदर्शवादिता की जड़ें कहाँ ढूँढ़ी जाएँ ? बिहार के एक छोटे, पिछड़े गाँव से आईआईटी का रास्ता तय करके वह कई बच्चों के लिए प्रेरणा का स्रोत बना होगा, शायद हत्या के बाद भी रहेगा। पर बहुतों के लिए उसकी हत्या आज की व्यवस्था में आदर्शवाद की व्यर्थता का सबूत बनेगी। 'इंडियन एक्सप्रेस' को नेताओं की प्रतिक्रिया पाने के लिए इतना असाधारण जोर लगाना पड़ रहा है, यह भी दिखाता है कि व्यवस्था ढीठ हो चुकी है और ऐसी घटनाओं को हजम करने की आदी है। एक्सप्रेस में छपे कई पत्रों में अटल बिहारी वाजपेयी से यह व्यक्तिगत आशा जताई गई है कि वे कुछ करेंगे। इस तरह की व्यक्तिपरक आस्था का इतिहास लोकतन्त्र की कहानी का हिस्सा माना जाए या नहीं, यह कुछ लोगों के लिए बहस का विषय हो सकता है, पर संस्थायी उपायों का अभाव तो दिखाता ही है।

बिहार से ही एक दूसरा चेहरा इन्हीं दिनों रणजीत सिंह का उभरा। उसने प्रतियोगी प्रवेश परीक्षाओं के प्रश्न-पत्र लीक करने और पैसे लेकर परीक्षा-केन्द्र में नकल करवाने का प्रबन्धन करनेवाला माफिया बनाया। इस उद्योग से उपजे धन से उसने एक दवा कम्पनी चलाई जिसकी दवाएँ लिखनेवाले डॉक्टरों को अपने बच्चों को मेडिकल की प्रवेश परीक्षा में विशेष सहूलियत दी जाती थी। देश भर में फैला यह जाल एक बार पुलिस की लपेट में आकर छूट चुका था। अबकी बार मामला शायद कुछ गम्भीर सिद्ध हो क्योंकि लीक होनेवाले पर्चे आईआईएम की प्रवेश परीक्षा के थे। प्रबन्ध विज्ञान की शीर्ष समझी जानेवाली ये संस्थाएँ लीक किए हुए पर्चों पर आधारित प्रवेश से तो बच गई हैं, पर अब उनकी स्वायत्तता को लेकर चिन्ता जताई जा रही है क्योंकि सरकार को निगरानी के बहाने दखल का बहाना मिल गया है।

सत्येन्द्र कुमार दुबे की तरह रणजीत सिंह ने भी नैतिक रूप से थकी हुई हिन्दी पट्टी को झकझोर दिया है। दोनों युवकों ने अपने-अपने अलग तरीकों से व्यवस्था पर—उसकी विश्वसनीयता पर—अँधेरा फैलानेवाले सवाल उठाए हैं। सत्येन्द्र का साहसी आदर्शवाद और रणजीत का पारनैतिक यथार्थवाद बराबरी की हद तक अतिवादी लगते हैं। वे तुलनीय नहीं हैं, पर तुलना करके देखें तो हम पाएँगे कि दोनों दिखाते हैं कि सामान्य कितना सिकुड़ चुका। हम जिसे मुख्यधारा कहें, वह जिन्दगी कहाँ गई ? श्रीलाल शुक्ल का उपन्यास 'सूनी घाटी का सूरज' सत्येन्द्र के जीवन में चरितार्थ हुआ। हालाँकि औपन्यासिक प्रसंग स्थानीय था, सत्येन्द्र ने राष्ट्रीय प्रगति के राजमार्ग पर बलि दी है। रणजीत की महिमा किसी न किसी तरह सफल होने और पैसा कमाने के शास्त्र की उपज है और इस शास्त्र की

लोकप्रियता उस लम्बे कानूनी संघर्ष में रणजीत के काम आएगी जो अब शुरू हो रहा है। सत्येन्द्र और रणजीत दोनों की जिन्दगियाँ गाँव के मंच से उद्भुत हुई थीं और काफी कौतुक पैदा करके जी गईं।

बिहार के जीवन के ये दो रूप मैंने कई बार साक्षात देखे हैं। उजड़ते हुए बिहार में आज भी परिवार सक्रिय है और अभीप्सा की लौ जगाता है, पर राजनीति का जंगल बिहार के बच्चों को भरमाकर रख देता है। वे क्या बनें, क्या न बनें, यह दुविधा कइयों के अन्तस में वर्षों चलती है। ये लक्षण सांस्कृतिक रूप से जीवित समाज के हैं, पर अकेली संस्कृति लोकतन्त्र को नहीं चला सकती। हिन्दी पट्टी के दूसरे हिस्सों को जीतने के लिए भाजपा ने अपना सांस्कृतिक राष्ट्रवाद का मुखौटा उतारकर विकास का मुखौटा पहना और प्रयोग सफल रहा। इस प्रयोग की असली परीक्षा बिहार में ही होगी। प्रतियोगी परीक्षाओं में बिहार माहिर है, पर कौन-सी परीक्षा असली प्रश्न-पत्र पर आधारित है और कौन-सी नहीं, यह ज्ञान भी उसे विकसित करना होगा। विकास के प्रश्नों पर भाजपा द्वारा प्रायोजित प्रश्न-पत्र अब हिन्दी पट्टी के एक बड़े हिस्से में लीक हो चुका है इसलिए बिहार को सुविधा होगी।

तकनीक

सड़क पर आना

इराक पर हमला करने के अमेरिकी निश्चय के खिलाफ दुनिया के तमाम देशों में बहुत बड़े-बड़े प्रदर्शन हुए हैं। लन्दन में निकले जुलूस में लगभग पन्द्रह लाख लोग शामिल हुए जो ब्रिटेन के इतिहास में सड़कों पर निकलनेवालों की सबसे बड़ी संख्या है। इधर दिल्ली में निकले जुलूस में मुश्किल से तीन या चार हजार लोग थे। यह तुलना अवश्य एक बदलाव का संकेत है क्योंकि अभी तक यह माना जाता रहा है कि धनी देशों की लोकतान्त्रिक व्यवस्था के प्रति आम आदमी उदासीन हो चुका है जबकि हमारे यहाँ वह अपने समर्थन या विरोध की अभिव्यक्ति काफी जोर से करता है। इस मान्यता के पक्ष में वोट डालनेवालों के प्रतिशत का जिक्र किया जाता है जो यूरोप और अमेरिका में कई बार बहुत कम रहा है।

वैश्वीकरण के विरोध में जिस तरह की लोक-लहर धनी देशों से पिछले चार-छह सालों में उठी है, वह एक नई सामाजिक परिस्थिति की तरफ इशारा कर रही है। हालाँकि ज्यादातर विश्लेषक उसे 1960 के दशक की युवा चेतना के चौखटे में रखकर देखने पर आमादा रहे हैं। अब अमेरिकी आक्रामकता के विरुद्ध हो रहे प्रदर्शनों को भी वियतनाम युद्ध के विरोध की तरह एक भावनात्मक संघर्ष माना जा रहा है। यह कहनेवाले फिलहाल बिरले ही हैं कि धनी देशों का जनसामान्य अब शासकवर्ग को अपना प्रतिनिधि नहीं मान पा रहा है। टोनी ब्लेयर शायद इस बात को कुछ-कुछ समझने लगे हैं, पर बुश की बुद्धि भारी विनाश के बाद ही जागेगी।

भारत में जनसामान्य और शासक वर्ग के बीच की दूरी इतनी ज्यादा है कि उसकी समीक्षा करते रहना व्यर्थ माना जाता है। लोकतन्त्र की समीक्षा करनेवालों की कमी नहीं है, पर चुने हुए प्रतिनिधियों पर जन-चिन्ताओं का प्रभाव जाँचना उस समीक्षा के दायरे में नहीं आता। जब से रामजन्मभूमि का मसला राजनीति का केन्द्र बना, तब से साधारण स्त्री-पुरुषों की बात नेताओं के दिमाग से विदा

हो गई है। इस घटना के समान्तर वैश्वीकरण पर आधारित नीतियाँ चलीं जिनका ध्येय ही लोकदृष्टि में धूल झोंकना था। हर मुद्दे पर छले जाना साधारण लोगों की नियति बन गया।

जाहिर है, इस मोटे आकलन में कोई भारी कमी है। यदि आम आदमी इस कदर छला गया महसूस करता है तो वह वोट देने के प्रति अपना उत्साह कैसे बनाए रख सका है ? सम्भव है, 'आम आदमी' जैसी कोई श्रेणी अब सिर्फ हमारे दिमाग में बची हो, जिन्दगी की सामाजिक जमीन पर उसमें शामिल लोग धीरे-धीरे आम या लोकचेतना के घेरे से खिसकते जा रहे हों। इसका एक लक्षण जाति और धर्म के आधार पर बने समुदायों की वृद्धि और वैचारिक समुदायों का क्षरण है। लोक-चेतना के विकास का एक महत्त्वपूर्ण लक्षण व्यक्ति-पूजा का ह्रास होता है। हमारे यहाँ व्यक्ति-पूजा की जड़ें बहुत गहरी थीं। उनकी कटाई होती, इसके पहले उन्हें पोसनेवाला शक्तिशाली साधन टीवी के रूप में प्रकट हो गया। देखते ही देखते इस साधन ने शब्द से ज्यादा वजनी चेहरे को बना डाला। आम आदमी के मानस में भी आम से नफरत और विशेष से मोह पैदा हो गया।

आम और विशेष का यह हैरतअंगेज तमाशा सड़क पर उतरनेवाले को भी नहीं छोड़ता। इधर के जुलूसों में शामिल होनेवालों की तादाद इतनी कम होने के पीछे कम-से-कम एक कारण यह आशंका भी है कि जो जुलूस में शामिल है, अवश्य किसी न किसी प्रकार से विशेष होगा। सड़क पर चलता हुआ जुलूस अपने छज्जे से देख रही महिला को कैसा दिखता होगा, यह सवाल पोकरण के बम विस्फोटों के बाद यकायक मुझे समझ में आ गया था। वह जुलूस भी छोटा-सा था। दरियागंज के मोड़ से गुजरते एक परिवार को जुलूस में बँट रहा पर्चा मिला तो उसके सदस्य कुछ इस तरह मुस्कराए मानो कह रहे हों—'हमें क्यों देते हो ? ऐसे को दो जो यह सब समझ सके।' उस मुस्कान की रोशनी में देखा जाता तो पर्चा बेमानी लगता। परमाणु बम पर बात करने के लिए ऐसे शब्द और बिम्ब जुलूस के सदस्यों के पास नहीं थे जो बम के विरोध की एक बड़ी, साँझा वैचारिक संरचना बना सकते। सड़क पर चलते हुए हम लोग आम आदमी का विरोध दर्ज करने निकले थे पर हमारी बात ने हमें विशेष बना दिया था।

विरोध की बात अब सामान्य होने का लक्षण नहीं रही, यह निश्चय ही हमारे समय में लोकतन्त्र की सबसे बड़ी विसंगति या समस्या है। इसे बाजार का प्रकोप मानें या राज्य का ? दोनों विकल्पों में एक बड़ी जगह हमें प्रसार की टेक्नोलॉजी और उसके प्रताप से बनी सामाजिक मानस की डिजाइन के लिए छोड़ देनी होगी। जो ताकतवर है, पैसेवाला है, कामयाब है उसके विरोध की बात लोगों को एक

स्तर पर बेकार और एक दूसरे स्तर पर किसी न किसी तरह का धोखा नजर आती है। इराक पर अमेरिका के हमले का इरादा भारत में कोई बड़ा विरोध नहीं जगा सका है तो इसका मुख्य कारण अवश्य अमेरिका के ऐश्वर्य की धाक है। लेकिन एक गौण कारण यह भावना भी है कि अमेरिका जैसी एकछत्र ताकत का विरोध करनेवाले आम लोग नहीं हो सकते और यदि वे विशेष हैं तो फिर उनका सड़क पर उतरना जरूर एक धोखा होगा, हर कहीं धोखा देखनेवाले मानस को मनाने के लिए सड़क पर उतरना मात्र काफी नहीं है; पर जो सड़क पर आने को तैयार हैं, उनकी संख्या फिलहाल इतनी कम है कि उनमें से ऐसों की तलाश करना जल्दबाजी होगी जो सड़क पर आने के सिवाय भी कुछ करते रह सकेंगे।

विजेता का संगीत

कान का परदा बार-बार पड़ते जोरदार दबाव से फटने की हदों को किसी तरह सँभाले हिलता है। भीतरी कान में स्थित कुंडली के सूक्ष्म बाल ध्वनि के इस निरन्तर हमले से इस तरह बैठ जाते हैं जैसे कोई टाटा सफारी नरम घास को कुचलती हुई निकल गई हो। सामान्य स्थितियों में ये सूक्ष्म बाल हर कम्पन के बाद उठ खड़े होते हैं। आवाज के हमले से सहमी हालत में पहुँचकर वे मस्तिष्क को ध्वनि-सन्देश पहुँचाने का काम करने में कुछ देर के लिए असमर्थ हो जाते हैं। यह अनुभव जिन्दगी में बार-बार दोहराया जाए तो उनकी असमर्थता स्थायी बन जाती है। मस्तिष्क का वह हिस्सा, जो ध्वनि-सन्देशों की छानबीन के लिए बना है, अपंगता की ओर बढ़ जाएगा।

'दृश्यान्तर' में इस किस्म की पाठ्यपुस्तकीय जानकारी देना मुझे भी काफी अटपटा लग रहा है। पर क्या करूँ ? इस जानकारी पर गौर किए बिना एक बड़े सांस्कृतिक युद्ध की चर्चा नहीं की जा सकती जो आज शहरी मुहल्लों में लड़ा जा रहा है और कल या परसों गाँवों में भी पहुँचेगा। इस युद्ध में 'हम' लगातार हार रहे हैं। प्रश्न यही है कि हारनेवाले 'हम' कौन हैं ? इस सवाल का जवाब आप जिस भी तरह देंगे, आपकी राजनीति की पहचान तुरन्त कर ली जाएगी और बहस समाप्त मान ली जाएगी। बेहतर है कि जवाब टालकर जीतनेवालों की शिनाख्त की जाए।

संगीत के सहारे हैसियत का युद्ध रचनेवाली शाम कॉलेज के होस्टल में हो, शादी में या घर की छत पर, उसमें तीन तत्त्व अवश्य शामिल रहते हैं—अंग्रेजी माध्यम स्कूल की शिक्षा, बहुराष्ट्रीय कम्पनियाँ और लड़की की अवधारणा। तीनों तत्त्व उस 'धक-धक' में लगातार मथे जाते हैं जिन्हें इलेक्ट्रॉनिक बाजा नीची आवृत्ति यानी लम्बी ध्वनि-तरंगों की मदद से पैदा करता है। तीनों ही ताकतवाले तत्त्व हैं, फिर उन्हें मथकर जो घोल बनेगा, उसके कद्दावर नशे के आगे कौन-सी सामाजिक शक्ति खड़ी रह सकती है ? पब्लिक स्कूल के अहंकार को नैसकैफे और

पेप्सी जैसी विश्वविजयी कम्पनियाँ अपने आगोश में लिये हों, सोनी या वार्नर सरीखी कम्पनी ने धुन और शब्द रचे हों और उन पर कालेज की लड़की नाचे। आप इस नजारे का मुआयना करें और अन्त में कहें कि यह पूँजीवाद का नया हमला है तो आप निराश वामपन्थी कहलाएँगे; आप कहें कि यह पाश्चात्य फूहड़पन से भारतीय संस्कृति को नष्ट कर देने का प्रयास है तो आप बौखलाए हुए संघी कहलाएँगे; और सिर्फ इतना कहें कि भगवान जाने हम किधर जा रहे हैं, तो आप एक आम असहाय नागरिक होंगे।

तीन में से पहले दो तत्त्वों की परख के लिए विशेष औजार नहीं चाहिए, पर तीसरे का मामला पेचीदा है। लड़की का नाचना, मनचाहा संगीत सुनना और अपनी पसन्द के लड़के से प्रेम करना समता और स्वाधीनता की एक बड़ी लड़ाई के नाजुक हिस्से हैं। इस लड़ाई में एक तरफ 'वाटर' और वैलेंटाइन जैसे मसले हैं जिन पर सधी हुई कलम चलाना आसान है, तो दूसरी तरफ प्रीति श्रीवास्तव की हत्या जैसे मसले भी हैं जिन्हें समाज में बढ़ती हुई हिंसा कहकर खारिज कर देना एकदम गैरजिम्मेदाराना हरकत होगी। सरगुजा के चार लड़कों ने उसे अपनी जीप से निशाना बनाकर कुचला क्योंकि उसने उन्हें ठीक से गाड़ी चलाने को कहने की हिमाकत की थी। लड़कियाँ आज बाजार की शक्तियों से घेर दी गई हैं। ऐसा उन्हें एक चीज बनाकर ही सम्भव हुआ है। चीज बनकर वे लाख चीखें, हिंसा उन्हें सहनी ही होगी। इस तार्किक नियति से बेखबर वे चीज बनने की प्रक्रिया में खुश होकर हिस्सा लेती हैं तो 'नवभारत टाइम्स' जैसे अखबार कहते हैं कि समाज आधुनिकता की ओर बढ़ रहा है। पर आधुनिकता के दर्शन में पहली ही बात यह है कि बदलाव की दिशा, रफ्तार और इच्छा अपने हाथ में हो।

थर्रा देनेवाले हमलावर संगीत में लड़के-लड़कियों की समान भागीदारी को समाज के ताकतवर वर्गों ने अपनी पहचान का चिह्न बनाया है। उनकी देखादेखी कमतर हैसियत वाले तबके इस संगीत को लपक रहे हैं। संगीत क्या, वे हर ऐसे प्रतीक को ओढ़ रहे हैं जो उन्हें अपनी कमजोर हैसियत का अहसास भुलाकर विजेता वर्गों जैसा महसूस कराता हो। खानपान, मकान, उत्सव, शिक्षा और संगीत—हर दायरे में यह घटनाचक्र घूम रहा है। नई आर्थिक नीति के तहत इस दृश्य में जो गहनता आई है, उसे थोड़े से शब्दों में पकड़नेवाली एक कविता मैंने अभी हाल में पढ़ी : 'बदहवास लोग घायल थे/दर्द छिपाने में माहिर थे/सिरहाने सपने छोड़कर उठते/लुटते-लूटते गिरकर हँसते' (प्रगति सक्सेना)।

असहाय पड़ोसी की हैसियत से मैं पिछले हफ्ते की एक रात ग्यारह बजे पोस्ट ग्रेजुएट लड़कियों के होस्टल में घुसा। संगीत थोड़ा धीमा कराने की प्रार्थना मैं

दो-ढाई घंटे पहले वार्डन से कर चुका था। इस बार वे बोलीं कि जितना हो सकता था, उतना धीमा हो चुका, अब और सम्भव नहीं है। होस्टल यूनियन की अध्यक्ष बोली कि यह संगीत हमारा 'सोशल नार्म' बन चुका है, इस पर इतना आदर्शवादी नहीं बनना चाहिए। पुलिस अधिकारी बोला कि ये आपके ही बच्चे हैं, जब आप कुछ नहीं कर पा रहे हैं तो हम क्या कर पाएँगे। मैंने उन्हें हाल में घोषित कानून की याद दिलाई तो डरते-डरते वे नाचते हुए लड़के-लड़कियों की भीड़ में घुसे और संगीत थोड़ा-सा नीचा कराके निकले। उनके बाहर आने तक संगीत फिर चढ़ा दिया गया था। झपट-झपटकर जलनेवाली रोशनियों के बीच एमटीवी की शैली में चल रहा नाच अब एलिस के गीत पर हो रहा था जिसकी एक पंक्ति 'हू द फक इज एलिस' सेंसर कर दी गई है, इसलिए लड़कियों को खुद गानी पड़ती है। द्वार पर नैस्कैफे का बंदनवार लगा था और बाहर कारों की कतार चमक रही थी।

खिड़की के दायरे से

अम्बेडकर स्टेडियम से निकलते ही बस राजघाट से गुजरी। लाहौर जानेवाली पाकिस्तानी बस की खिड़की से राजघाट गुजरते हुए देखना मेरे लिए उन तमाम हृदयविदारक अनुभवों में से एक था जो अगले सातों दिन मेरे भाग्य में लिखे थे। आम तौर पर हृदयविदारक अनुभव क्षणिक नहीं होते। लेकिन भारतीय हृदय का वह हिस्सा जो पाकिस्तान, वह भी लाहौर, जाने के खयाल से स्पन्दित होता है, कुछ विशेष या कुछ अजीब ही है। वह और भी अजीब हो जाता है यदि आप आजादी के बाद आराम से जन्मे एक ऐसे भारतीय के दिल की बात कर रहे हों जिसके माता-पिता लाहौर में रहे हों और विभाजन के करोड़ों शरणार्थियों में शामिल रहे हों। वह पूरा दुःस्वप्न गेरे लिए एक कहानी ही है और रहेगा, मगर राजघाट के पास से गुजरकर पाकिस्तानी बस में लाहौर के लिए सुबह की ताजा हवा में प्रस्थान एक बड़ा रोमांच था जो दिल की अनेक अनजानी और कुछेक जानी सतहों को थोड़ा सख्ती से छूता था। इसीलिए उसे हृदयविदारक कहना एकदम गलत नहीं है हालाँकि यह सच है कि हृदयविदारक अनुभवों को कायदे से जीने के लिए वक्त चाहिए होता है जो अब आजादी के पचास लम्बे सालों के बाद न भारत के पास है, न पाकिस्तान के पास। इतना लम्बा अरसा दुश्मनों की तरह जीकर दो मूर्ख पड़ोसी उनतालीस सीटोंवाली बस चलाकर कहें कि हमने कमाल कर दिया, तो इस दावे को एक अभिमानी मजाक मान लेना ही उचित है।

ऐसी और कोई यात्रा मैंने पहले नहीं की जो इतिहास को इस तरह कुरेद-कुरेदकर दिखाती हो—लो, इसे नीचे तक सहन करो। राजघाट के बाद लालकिला, किले के बाद बस-अड्डा जिसका नाम अब राणाप्रताप कर दिया गया है, बस अड्डे के बाद मजनूँ का टीला—जैसे हर जगह का, हर नाम का सम्बन्ध इस बस से है, उस लम्बी कहानी से है जिसका हिस्सा मैं इस बस में बैठकर बना हूँ और हथियारबन्द पुलिस की उस जीप से है जो बस की सुरक्षा के लिए लगातार

आगे-आगे चलेगी। इंशाअल्ला हम नाश्ते के लिए पिपली, लंच के लिए सरहन्द शरीफ, चाय के लिए करतारपुर और शाम तक अटारी से गुजरकर वाघा चौकी रुकेंगे, और वहाँ रुक नहीं जाएँगे। लगता है जैसे पूरी सड़क आँसुओं से पखारी गई। दिल इस तरह बैठा है कि उठना नहीं चाहता। मैं शायद बस में अकेला हिन्दू हूँ। अल्पसंख्यक शब्द कहने से कोई गन्ध नहीं आती, कोई बेचैनी महसूस नहीं होती। न ही साम्प्रदायिकता नाम के शब्द से होती है। हमने अपनी भाषा को अपना सामाजिक दिल टटोलने के लिए इतना अक्षम क्यों बना डाला ? बस में पाकिस्तान के शहरों पर एक वीडियो के बाद एक लम्बी कामेडी शुरू हो गई थी जिसकी भाषा मैं समझ सकता था और जिसका हास्य चौंका देनेवाली आजादी और ताजगी से भरा था। एक चुटकुला था कि कराची में डेढ़ लाख लोगों ने नेत्रदान की घोषणा की है जिससे बिजली और नल का मीटर पढ़नेवालों को बेहतर आँखें दी जा सकें।

आप कह सकते हैं कि पूरा सफर क्या, पूरा सप्ताह इसी तरह रोते-हँसते बीत गया। लेकिन वाघा के पार जाते वक्त न हँसी आती है, न रुलाई। वहाँ तो दम घोंटनेवाला शून्य है जिसे रोज सूर्यास्त के समय दोनों देशों की तरफ से की जानेवाली भोंडी कवायद भरती है। कहते हैं, रातभर की विदाई लेने को सैनिक एक-दूसरे की तरफ हिटलरी चाल से बढ़ते हैं, बैंड बजता है, झंडे उतारे जाते हैं, दर्शक—जो तीस किलोमीटर दूर लाहौर से आए होते हैं—खुश होते हैं। यह नाटक बस गुजरने के थोड़ी देर बाद हुआ होगा। मेरे लिए फाटक के दोनों तरफ चमकते पीतल के अक्षरों से अंग्रेजी में लिखे उन दो देशों के नाम ही बहुत थे जिनके बन जाने पर लाखों लोग इसी रास्ते पर मारे गए। अटारी और वाघा के बीच की पट्टी को सैनिक ज़ुबान में 'नो मैंस लैंड' यानी आदमी वर्जित क्षेत्र कहते हैं। साहित्य ने इस रक्तरंजित जगह को एक बेहतर नाम दिया है। मंटो की एक कहानी में विभाजन के बाद दोनों देशों के पागलखानों में बन्द लोगों की अदला-बदली का प्रसंग है। टोबा टेकसिंह नाम के गाँव का एक पागल लगातार इस फिक्र में है कि उसका गाँव भारत को मिलेगा या पाकिस्तान को। कहानी में अन्त में अदला-बदली के समय वह वाघा को ही टोबा टेकसिंह बताते हुए वहीं ढेर हो जाता है। उसकी याद में अटारी और वाघा के बीच की निर्जन पट्टी पर दोनों देशों की सरकारें मिलकर 'टोबा टेकसिंह शान्ति संग्रहालय' बनाएँ तो पोकरण से उठी गर्म हवा कुछ ठंडी पड़ना शुरू हो।

जो देखो, यही जानना चाहता है कि भारत ने परमाणु बम क्यों फोड़ा। आम लोग खासकर बच्चे, बम और बस का जटिल समीकरण समझने से इनकार करते हैं। संयोग से जिस दिन मैं पाकिस्तान की सीमा में घुसा उसी दिन हमने, यानी भारत ने, यानी भारत सरकार ने अग्नि का सफल परीक्षण कर डाला। मैं एक आम यात्री था, पर विदेश में हर नागरिक राजदूत हो जाता है। अग्नि की गर्मी मुझे तब तक झेलनी पड़ी जब तक गोरी का परीक्षण न हो गया। उस दिन के अखबारों में हमारे नेताओं और अधिकारियों का जाना-पहचाना जुमला उद्धृत था कि हम दक्षिण एशिया में हथियारों की दौड़ नहीं चाहते। दोनों देशों का राष्ट्रवाद इस हद तक सामरिक हो चुका है कि उसे चैतन्य रखने के लिए लगातार महँगे धमाके चाहिए। वरना पश्चिम का चौंधियाता मीडिया, बहरा बना देनेवाला संगीत वहाँ भी है, यहाँ भी। इस हमले का जवाब धार्मिक राष्ट्रवाद से देने का आत्मघाती प्रयास वहाँ भी है, यहाँ भी।

सद्भाव की कसौटी ली जाए तो माधुरी दीक्षित और अजय देवगन ने हमारे राजदूतों और नेताओं से बेहतर काम किया है। मेरे होटल का युवा नौकर येन-केन प्रकारेण मुम्बई जाना चाहता है तो इसीलिए कि अजय से मिल सके। अजय के बहाने उसे हिन्दुस्तान से प्रेम हो गया है। एक और दो रुपए के भारतीय सिक्के मुझसे माँगकर बोला कि इन्हें कयामत के दिन तक अपने पास रखूँगा। फिल्मों के वीडियो और गानों के गैरकानूनी व्यापार ने जो करिश्मा आम लोगों के स्तर पर कर दिखाया है, बौद्धिक स्तर पर उसकी कोई परछाईं नहीं दिखती। विश्वविद्यालयों और किताबों की दुकानों में अमेरिकी-ब्रितानी किताबें और पत्रिकाएँ ही नजर आती हैं। विज्ञान और वाणिज्य जैसे विषयों में भारत की सस्ती पाठ्य-पुस्तकें पढ़ी जाती हैं, पर समाज-विज्ञानों, साहित्य और पत्रकारिता के मामले में दोनों सरकारों द्वारा डाला गया लोहे का पर्दा अभेद्य सिद्ध हुआ है। यह सोचकर हैरानी और एक मासूम-सी बेचैनी होती है कि लाहौर की गाल रोड़ पर या अपने कनाट प्लेस में आप 'टाइम' या 'न्यूजवीक' खरीद सकते हैं, पर 'इंडिया टुडे' या 'हेरल्ड' की सूरत भी नहीं देख सकते। आजादी के बावजूद औपनिवेशिक विश्वतन्त्र कायम रहने का इससे सरल सबूत क्या होगा ? मगर यह विधान जनता का नहीं है, सरकारों का है, अफसरशाही और राजनीति का है, यह कहकर पल भर की तसल्ली उन्हें भी मिलती है, हमें भी। शायद इसी तसल्ली का एक रूप वह शोर है जो फैज की गजलों के कैसेट में दर्ज है। इकबाल बानो की स्वाधीन

आवाज में लोग जब 'ताज उछाले जाएँगे और तख्त गिराए जाएँगे, हम देखेंगे...' सुनते हैं तो दिल को सँभाल नहीं पाते। लाहौर में यह बात कहते हुए मुझे एक निराला गर्व महसूस हुआ कि आपके यहाँ फैज के नाम पर कुछ नहीं है, दिल्ली में एक सड़क है।

फिल्मी करिश्मे का एक दूसरा पहलू भी है। वे लोहे के पर्दे के पार जाती हैं और हमारे खूबसूरत चेहरे और उनकी अदाएँ ले जाती हैं। मगर साथ में हिंसा और अश्लीलता से मढ़ी हमारे समाज की एक निहायत भ्रामक तस्वीर भी ले जाती हैं। शायद अनेक पाकिस्तानी दर्शकों को उस तस्वीर के केन्द्र में अधनंगी लड़कियाँ नजर आती हैं। क्या भारत में ऐसी लड़कियाँ आम हैं ? वापसी की यात्रा में बगल की सीट पर बैठे एक युवा व्यापारी ने मुझसे यह सवाल पूछा। उसकी समझ का फोकस इतना सँकरा था कि वहाँ एक विशाल, विविध, गैर-सरकारी समाज की नेक छवि चन्द घंटों में बना देना नामुमकिन था। भारत में सेक्स खुला है, बाल ठाकरे की चलती है, हिन्दू मस्जिदें गिराते हैं, गरीबी सर्वत्र फैली है, बिजली-पानी की तंगी है, इतनी सारी बातों में छुपी बातें एक ऐसे परदेसी को समझाना मुश्किल है जो टीवी के बिम्बों और खबरों के शब्दों के घेरे से निकलकर दो हफ्ते में भारत की असलियत समझने आया है। हमें उसकी जिज्ञासा का स्वागत करना चाहिए और शाम को बस जब अम्बेडकर स्टेडियम पहुँचे और अधनंगी लड़कियाँ नाचकर उसका स्वागत करने को उपस्थित न हों तो उसकी निराशा का मजाक उड़ाने से बचना चाहिए। आखिर यह सच है कि उसके देश में शराब आम नहीं और मीडिया व विज्ञापन की सम्मोहक दुनिया में स्त्रीदेह का इस्तेमाल नहीं किया जाता।

लाहौर में अपने हफ्ते में मैंने कुल एक औरत बुरके में देखी। लेकिन सार्वजनिक जीवन में स्त्री की उपस्थिति वैसी नहीं है जैसी अपने यहाँ है। लाहौर के नवधनिक बाजारों की बात और है। उस वर्ग का पश्चिमीकरण किसी मायने में हमारे नवधनिकों से कम नहीं है। उनके लड़के-लड़कियाँ कहने को ही पाकिस्तान में रहते हैं; उनकी कल्पना के सन्दर्भ लन्दन और न्यूयॉर्क में हैं। ये भारत-पाक शत्रुता को अपनी जिन्दगी के लिए प्रासंगिक नहीं मानते यद्यपि 'बॉर्डर' जैसी फिल्म देखकर चौंकते जरूर हैं। उनसे कई कदम नीचे वह वृहत्तर समाज है जिसके बच्चों के दिमाग बाकायदा बन्द किए जाते हैं। पर यह शिकायत करनेवाले हम कौन होते हैं जब हम भी शिक्षा का इस्तेमाल मन की खिड़कियाँ बन्द करने के लिए करने में माहिर हैं। दरअसल हम दोनों ही अतीतजीवी देश हैं।

ललक भी, घिन भी

कभी-कभी तो ऐसा लगता है कि यदि छूट दे दी जाए तो कम-से-कम महानगरों की मध्यमवर्गीय कालोनियाँ तो एकदम खाली हो जाएँगी और प्रान्तीय शहरों में रहनेवाला मध्यमवर्ग भी काफी घट जाएगा। खाते-पीते परिवारों के दस-बारह साल के बच्चों के मुँह से यह वाक्य सुनकर उनके माँ-बाप को अटपटा नहीं लगता—'यहाँ क्या रखा है ?' एक होड़-सी लगी है। हर कोई पश्चिम जाकर वहाँ बस जाना चाहता है।

अमेरिकी दूतावास के बाहर लगी लाइन देखते ही बनती है। खुले आकाश के नीचे हर मौसम में खड़े वीसा चाहनेवालों में से अनेक चेहरों में उस अदम्य लालसा के सुलगते चिह्न पढ़े जा सकते हैं जिसे हमारे समाज की अनेक संस्थाएँ रोजाना जगाती हैं।

पश्चिम के प्रति आकर्षण पहले भी था, पर लालसा का रूप उसने सत्तर के दशक की शुरुआत में लिया। उपनिवेशवाद के विरोध की लड़ाई तब तक मानसिक रूप में भी शान्त हो चुकी थी। मध्यमवर्ग अपने इर्द-गिर्द फैले गरीबी के महासागर से उकताने और अपना ठिकाना कहीं और ढूँढ़ लेने की फिक्र में जीने लगा था। आपातकाल की विफलता और लोकतान्त्रिक राजनीति की असंख्य विवशताओं से दग्ध मध्यमवर्ग का कमजोर मन लगातार ऊब और दहशत में जीता रहा है। अपनी सन्तान को मानसिक सुरक्षा की जगह उसने कभी न घटनेवाली बेचैनी और परिवेश के प्रति वितृष्णा ही दी है। इस बुनावट में कहीं धार्मिक उन्माद तो कहीं पलायन के धागे देखे हैं—धार्मिक उन्माद अतीत के मिथकों में शरण ढूँढ़ता है, परिवेश से विरक्ति पश्चिम की चकाचौंध की ओर खींचती है।

आज व्याप्त विमर्श में लोग पहले को देशभक्ति और दूसरे को सांसारिक बुद्धि का नाम दे बैठते हैं। यह वर्गीकरण कितना व्यर्थ है, इसका सबसे पुख्ता प्रमाण उस प्राणी का दिमाग और दैनिक व्यवहार है जिसे अनिवासी भारतीय या 'एनाराई' कहते हैं। मनीऑर्डर तो वह भेजता ही रहता है, हर छह-आठ महीने

में चक्कर भी लगा जाता है और दूर-दराज के हर रिश्तेदार को ढूँढ़कर एहसान और उपहारों से लादकर चला जाता है।

पीछे छोड़ जाता है बच्चों और किशोरों के मन में यह विश्वास कि उनके जीवन की सफलता का अन्तिम साधन और पैमाना पश्चिम जाकर पैसा बनाने में है। राव-सिंह सरकार की कृपा से हुआ रुपए का भयानक अवमूल्यन भी बच्चों को यही सन्देश देता है। रात-दिन चलनेवाला टी.वी. का विज्ञापन-राग भी युवा कानों में पश्चिम की पुकार घोलता रहता है। एक विशाल स्टीरियो टाइप में से सैकड़ों-हजारों छवियाँ निरन्तर निकलती रहती हैं। ये छवियाँ उस औरत की होती हैं जिसे कोई मर्यादा या वर्जना रोक नहीं सकती, उस व्यापार की होती हैं जिसे किसी कानून या लाइसेंस की दरकार नहीं है और जो लक्ष्मी की सेवा में निर्द्वन्द्व जुटा है, उस घर की होती हैं जहाँ धूल का कतरा नहीं होता, सुबह से संगीत बजना शुरू हो जाता है और शैम्पू करती हुई लड़कियाँ कॉफी पीती हैं, होनहार युवक की कमर में हाथ डालकर नाचती हैं और हमेशा जवान रहती हैं।

कल्पना के इस स्वर्ग में कौन नहीं जा बसना चाहेगा ? पश्चिम की चाह में भारतीय मन की अनेक परतें सोई रहती हैं और किसी-किसी की जीवनयात्रा में तो बरसों नहीं जागतीं। एक परत है वह, जिस पर भारत को आध्यात्मिक और पश्चिम को भौतिकवादी मानने की कुंठा सोई है। यही वह कुंठा है जो खा-पीकर अघाए अनिवासी भारतीय को गणेश के दुग्धपान की योजना बनाने को प्रेरित करती है। एक और परत है जिस पर पश्चिम की सांस्कृतिक विविधता के प्रति अज्ञान फैला है। इस अज्ञान का दायरा इतना व्यापक है कि उसमें अमेरिका और इंग्लैंड के बीच फर्क नहीं किया जा सकता, पुर्तगाल और मैक्सिको की क्या बिसात।

भारत से फूट लो, फिर कहीं भी जाकर खाओ, पियो, मौज करो—यह मस्त हविश इसी परत में से जन्म लेती है। फिर एक और परत है जिस पर पश्चिम की राजनैतिक और सामरिक शक्ति का आतंक फैला पड़ा है। अपनी कमजोरी का दुर्वह एहसास और किसी तरह अणुबम बना लेने की इच्छा इसी परत में निवास करती है। टोह में हम इसी तरह बढ़ते जाएँ तो पाएँगे कि पश्चिम के प्रति आकर्षण और लालसा के विराट आवरण में छिपी है एक बहुत गहरी घिन जो इतनी गहरी है कि आतंकित करके छोड़ती है और अपना अस्तित्व स्वयं परिभाषित करने की स्वाभाविक मानवोचित चाह को एकदम झिंझोड़कर रख देती है। इस चाह के न रहने पर आत्मसमर्पण ही एकमात्र विकल्प रह जाता है।

इधर के वर्षों में पश्चिम के प्रति ललक का विस्तार मनोवैज्ञानिक स्तर पर

इस घिन का विस्तार ही है। अपनी हर समस्या और विफलता का दोष पश्चिम की संस्कृति या राजनीति और कूटनीति पर मढ़ देने की प्रवृत्ति लगातार बढ़ती जा रही है। विश्लेषण के औजार हमें अपने भीतर झाँकने ही नहीं देते। एक राष्ट्रीय समाज के रूप में जैसे कोई निर्णय अब हम खुद नहीं ले रहे।

एक आँधी है जो हमें बहाए लिये जा रही है और हमारी आर्थिक नीतियों से लेकर कश्मीर और शिक्षा नीति तक हर क्षेत्र में हमें अपनी अकल से बरी कर चुकी है। परिवार और व्यक्तिगत निर्णयों के स्तर पर भी यही हाल है। ऐसा लगता है कि गुलामी की विरासत ने एक बार फिर जोर मारा है। हम मालिक से मालिक जैसा व्यवहार करने का मौका चूक गए हैं, उसके प्रति भक्ति और घृणा के द्वेष में जकड़े रह गए हैं। पश्चिम की ज्ञान परम्पराएँ, वहाँ के सामाजिक संघर्ष और उनकी विरासत सभी कुछ हमारे लिए बेमानी हो चुकी है। सिर्फ लालसा बची है जो आत्मग्लानि की जरूरत को दबाए रखती है और एक भ्रामक दिशाबोध हमारे जीवन में बनाए रखती है।

गाड़ी में गुस्सा

रेलगाड़ी लगातार हमारे समाज की खलबली का अखबार बनी हुई है। पिछले दिनों एक न्यायाधीश ने प्लेटफॉर्म पर अदालत लगाकर स्टेशन के अधिकारी को इस कारण माफी माँगने के लिए मजबूर कर दिया कि न्यायाधीश का नाम प्रतीक्षा सूची से निकलकर पक्की जगहवालों की सूची में नहीं आ पाया था। न्यायाधीश की निराशा और नाराजगी की मूल वजह रेल विभाग की यह व्यवस्था है कि हर गाड़ी में वीआईपी कोटा गाड़ी चलने के दो घंटे पहले तक खाली रहेगा। इसी व्यवस्था के चलते ऊँचे अधिकारी और ऐसे लोग जिनका कोई दोस्त या रिश्तेदार सरकार में ऊँचे पद पर है, रेल यात्रा को लेकर इतने आश्वस्त रहते हैं। वे भीड़ की परवाह किए बगैर टिकट लेकर प्रतीक्षा सूची में शामिल हो जाते हैं, फिर 'सही' रास्ते से वीआईपी कोटे में दाखिल हो जाते हैं। कुछ समय पूर्व तक यह इन्तजाम अचूक सिद्ध होता था। अब कभी-कभी इसलिए काम नहीं करता कि वीआईपी लोगों और उनसे जुड़े लोगों की आबादी बहुत बढ़ गई है। शायद इसलिए न्यायाधीश का नाम प्रतीक्षा सूची से आगे नहीं बढ़ सका।

एक लोकतान्त्रिक समाज में वीआईपी कोटा है ही क्यों, यह सवाल छेड़ा जाए तो रेल के ढाँचे को समाज के ढाँचे से जोड़नेवाली कई नसें फूलकर सामने आ जाएँगी और कुछ ही देर में हम एक ऐतिहासिक थकान में डूब जाएँगे। साहित्य समाज का दर्पण हो न हो, रेलें जब से चली हैं, भारतीय समाज का सजीव दर्पण बनी हुई हैं। समता और न्याय की लड़ाई के साथ विषमता की जिद के हजारों एकांकी रेल के डिब्बों में रोज खेले जाते हैं। इज्जत और लिहाज के लिए रेल में उतनी ही जगह है जितनी ऐंठ और क्रूरता के लिए। इन नाटकों में सिर्फ यात्री नहीं, रेल के कर्मचारी और अफसर भी शामिल होते हैं। रेलवे के नीतिकारों की भूमिका भी कम नहीं जो वे साधारण डिब्बे की सुविधाओं को 1920 के आसपास बनाए रखकर ऊँचे दर्जे के आराम को इक्कीसवीं सदी में खींच लाए हैं।

न्यायाधीश ने ट्रेन नई दिल्ली से चलने पर रोकी, कुछ वर्ष पूर्व सांसद बनने

पर फूलन देवी ने शताब्दी एक्सप्रेस एक छोटे स्टेशन पर रुकवा ली थी। उस घटना पर हंगामा कुछ ज्यादा मचा था। अभी-अभी ताकत या हैसियत पानेवालों की अकड़ से लोग जरा जल्दी नाराज हो जाते हैं। एक और चर्चित घटना में रेल के अधिकारी ने यह मानने से इनकार कर दिया था कि एक नौकरानी के पास आरक्षित डिब्बे का वास्तविक टिकट हो सकता है।

औरत सिर्फ उड़िया बोलती थी। उस घटना की स्मृति ने मेरे मन में यह विश्वास पैदा कर दिया है कि यदि एक अनपढ़ ग्रामीण औरत फॉर्म भराकर शताब्दी एक्सप्रेस की खिड़की पर खड़ी हो जाए तो क्लर्क यही कहेगा कि कोई सीट खाली नहीं है।

शताब्दी और राजधानी जैसी गाड़ियाँ हैसियत के चलते-फिरते किले हैं। जब वे गुजरती हैं तो छोटे क्या, मँझोले स्टेशन भी थर्रा जाते हैं। कहने को इन किलों में प्रवेश का अकेला आधार पैसा है, पर विषमता के जटिल सांस्कृतिक व्यूह को पैसा अकेला कब और कहाँ तोड़ पाया है ? हैसियत की प्राचीन चट्टानें हमारी समाज-व्यवस्था के हरेक स्तर पर खिसक रही हैं। और उनके खिसकने से आनेवाले भूचाल रोज सबके धीरज की परीक्षा लेते हैं। प्लेटफॉर्म पर अदालत लगानेवाले जज ने एक रेल अधिकारी को नीचा दिखाकर छोड़ा तो इससे न्यायपालिका की साख भले थोड़ा-सा दरकी हो, जज का रोब देखनेवालों में रोब का मूल्य और आकर्षण अवश्य बढ़ा होगा। एक-दूसरे को नीचा दिखाने की तमन्ना स्टेशन की इमारत में घुसते ही जाग जाती है और गाड़ी चलने पर चौकन्नी हो जाती है। शुरू में कोई किसी का लिहाज नहीं करता, फिर थोड़ी देर बाद कुछेक लोग लिहाज की मुद्रा अपनाकर एक नई तरह की हैसियत प्राप्त करते हैं।

बात यह है कि सफर में आदमी अपनी सामाजिक स्थिति के सारे स्थायी परिचित-चिह्न ढोकर नहीं चल सकता। कपड़े, सामान और बोलचाल ही साथ रह जाते हैं। रेलगाड़ी जगह ही ऐसी है जहाँ सामान अपनी पूरी विविधता के साथ उपस्थित रहता है। कौन आपके साथ या सामने की सीट पर होगा, कोई नहीं कह सकता। श्रेणियों के बीच किराए और सुविधाओं का अन्तराल सजाकर रेलवे ने हैसियतवाले यात्री का असमंजस कुछ घटाया है, पर चिन्ता तो बनी ही रहती है। सरकारी और मिलिट्री अफसर को डिब्बे के भीतर बिठाकर छोड़ने आए चपरासी की एक भूमिका यह भी होती है कि गाड़ी चलने के समय अफसर की पहचान स्थापित हो जाए। पर सफर चीज ही ऐसी है कि उसमें कुछ भी स्थायी नहीं रहता।

नौजवान लोग अक्सर सोचते हैं कि वे रेल में बिना टिकट घुसकर उस ढाँचे को मसलेंगे जिसे वे रोजाना के सामाजिक जीवन में नहीं छू पाते। यात्रियों,

खासकर स्त्रियों को सताकर वे कुछ सन्तोष हासिल करते हैं। थोड़ा भी विरोध उन्हें बर्दाश्त नहीं होता। उनकी जबर्दस्ती के आगे आम मध्यमवर्गीय नागरिक झुककर चुप्पी साध लेता है, पूर्व प्रधानमन्त्री चन्द्रशेखर के अंगरक्षकों को गोली चलानी पड़ी। युवा मन के क्षितिज आज किस कदर बेगाने हो गए हैं और समाज का राजनैतिक नेतृत्व किस कदर असहाय और असफल, यह कोई इस घटना में पढ़े। पहले के क्रुद्ध युवा शायद आज के युवाओं से ज्यादा पढ़ते थे। वरना कोई न कोई युवा संगठन रेल में युवकों के दैनिक व्यवहार पर अवश्य टिप्पणी करता और उस क्रोध की याद दिलाता जो एक रेलगाड़ी में पैदा होकर अन्ततः ब्रितानी साम्राज्यवाद की जड़ें खोदकर रख देने में कामयाब हुआ।

अपना भरोसा

साइकिल के प्रति मेरा आदर यह जानकर ताजा हो गया कि अमेरिकी राष्ट्रपति बुश साइकिल से गिरकर थोड़ी चोट खा गए। उनका चोट खाना महत्त्वपूर्ण नहीं है, न ही यह कि वे साइकिल क्यों चला रहे थे। अपनी रैंच पर छुट्टी मनाने गए बुश को साइकिल पर चढ़ने से मना तो नहीं, पर आगाह अवश्य किया गया। लेकिन इस बात में भी कोई महत्त्व नहीं है कि बुश को साइकिल की सवारी करने से रोका नहीं जा सका। मेरे लिए इस समाचार में महत्त्व की बात इतनी ही है कि संसार के सबसे ताकतवर देश का सर्वोच्च पदधारी भी साइकिल की सवारी करते समय पूर्णतः सुरक्षित नहीं रह सकता।

यह विशेषता साइकिल की डिजाइन और मशीनरी की है कि उस पर चढ़कर आप सिर्फ अपने भरोसे रह जाते हैं। घोड़े से लेकर कार तक तमाम अन्य वाहन मनुष्य के शरीर के कुछेक अंगों का सामंजस्य माँगते हैं। साइकिल हमारी समूची देह का समर्पण चाहती है। शरीर, दिमाग, बुद्धि और मूड साइकिल में समा जाते हैं। आप होते हैं या फिर सड़क होती है। यानी साइकिल आपका पर्याय बन जाती है। आपकी वरिष्ठता, हैसियत और मर्द या औरत होना बेमानी हो जाता है। बात इतनी-सी रह जाती है कि आप साइकिल को सँभालने में कितने कुशल हैं।

इस तरह साइकिल का व्यक्तित्ववाद, वयस्क मताधिकार की भाँति लोकतन्त्र का एक बुनियादी प्रतिबिम्बन ठहरता है। साइकिल बनाने में भारत की काबिलियत उसके लोकतन्त्र को जाँचने का पैमाना मानी जा सकती है। इस पैमाने का इस्तेमाल करें तो सामने उभरनेवाले नतीजे हमें चौंकाते नहीं हैं। हम पाते हैं कि उत्पादन की मात्रा के हिसाब से भारत साइकिल उद्योग में काफी बढ़ा-चढ़ा है, पर साइकिल की टेक्नोलॉजी के विकास की दृष्टि से पिछड़ा हुआ है। निर्यात में हम बहुत सफल हैं, पर हमारी साइकिल अधिकांशतः वही है जो आधी सदी पहले थी और जापान या यूरोप में बन रही साइकिलों से होड़ लेने में हम फिलहाल असमर्थ हैं। उन साइकिलों का वजन हल्का है, गियरों की संख्या व चुस्ती और इस कारण रफ्तार

हमारी साइकिलों से कहीं ज्यादा है। हम ऐसी साइकिलें क्यों नहीं बना पाते ?

यह सवाल मैं हर नवम्बर में व्यापार मेले में साइकिल निर्माता कम्पनियों से पूछता हूँ। व्यापार मेले की भीड़ में दोपहरी गँवाने के पीछे एक क्षीण प्रेरणा यह रहती है कि शायद इस बार कोई उन्नत मॉडल दिख जाए। निराशा सिर्फ परिचित साइकिल देखकर नहीं होती, यह उत्तर सुनकर होती है कि यदि कोई भारतीय कम्पनी हल्की-फुल्की, तेज रफ्तारवाली आधुनिक साइकिल बनाए तो उसे खरीदने वाले नहीं मिलेंगे, क्योंकि उसका मूल्य काफी अधिक होगा। हमारे देश में महँगी से महँगी साड़ी और कार की कीमत देनेवाले हैं, पर साइकिल का लोकतन्त्र सीमित और औकात से घिरा है। औकात जैसे ही बढ़ती है, साइकिल हट जाती है। उसका स्थान स्कूटर या मोटरसाइकिल, फिर कालान्तर में कार ले लेती है।

इस कठोर समाजशास्त्रीय सत्य में युवजन भी अपवाद नहीं रच पाते। खाते-पीते, अघाए घरों के लड़के जिन महँगी-महँगी चीजों से मस्ती करते हैं, उनमें साइकिल शामिल नहीं हो सकती। हैसियतवाले कालिजों की सड़क पर कारों की लाइन रहती है। साइकिल स्टैंड बाबुओं और चपरासियों के लिए होता है। लड़कियाँ साइकिल पर चढ़कर आजादी महसूस करती हैं, पर भयभीत भी रहती है, अतः वे भी हैसियत होने पर साइकिल छोड़ देती हैं। इस तरह कम्पनीवालों का नजारा एक विभाजित समाज की वही तस्वीर बनाता है जिससे हम कई अन्य सन्दर्भों में परिचित हैं। आठ हजार रुपए की साइकिल खरीदनेवाले भारतीय बिरले होंगे। जो होंगे, वे जापान से मँगवा लेंगे।

जापान अपने औद्योगिक विकास की चोटी पर पहुँचकर भी साइकिल-प्रेमी बना रहा है, पर चीन और भारत दोनों कार के दीवाने हैं। सांस्कृतिक क्रान्ति के प्रभाववश चीन में साइकिल फैली थी, पर इधर के दशकों में चमचमाती कारें ही प्रगति का प्रतीक मानी जाती रही हैं। भले फिलहाल साइकिल का चलन युवाओं में बहुत नहीं घटा है। हमारे यहाँ साइकिल के सुधार और विस्तार युग से पहले ही कार युग आ पहुँचा है। भले एक-तिहाई जनता गरीबी की सरकारी रेखा से नीचे बसर करती है और बेरोजगार करोड़ों में हैं। साइकिल की संगत मामूली हैसियत और पैसे की तंगी से बैठ चुकी है। उसे टेक्नोलॉजी की दृष्टि से सुधार दिया जाए, तो भी उसकी कीमत हजारों में रहेगी और अब समृद्धि का पैमाना हजारी नहीं रहा। कीमत के अलावा ताकत का भी सवाल है। कार की रफ्तार उसकी ताकत दिखाती है, पर साथ में कार इस बात का डर भी जगाती है कि वह किसी पैदल को निर्णायक रूप से कुचल सकती है। ऐसी हिंसक शक्ति साइकिल में नहीं है। किसी से टकराने के पहले साइकिल अपने ही सवार को गिराने लगती है, भले वह कितना ताकतवर हो।

लत के धनी

दुनिया में कोई बीस करोड़ लोग मोबाइल फोन का इस्तेमाल कर रहे हैं। इनमें से दस-बारह लोग मेरे दोस्त हैं। उनकी सेहत और जिन्दगी की चिन्ता मुझे रहती है। कोई सम्पादक है जिसके लिए मैं लिखता हूँ, कोई मेरी माँ का डॉक्टर है, कोई मेरे छात्र का पिता है, कोई पुराना दोस्त भर है। सब अपनी दुनिया में मस्त हैं, सफल हैं और यह मानकर स्फूर्तिपूर्वक अपने काम किए जा रहे हैं कि उनके इर्द-गिर्द फैली विज्ञान और टेक्नोलॉजी की दुनिया, उद्योग और विकास की दुनिया शराफत से चल रही है। सम्भव है, जॉर्ज कार्लो का बयान पढ़कर भी वे न चौंकें, फिर भी मुझे यह अपना कर्तव्य लगता है कि इस बयान को उन तक पहुँचाऊँ। कार्लो के बयान की खबर 'गार्जियन वीकली' ने 21 अक्टूबर के अंक में छापी है।

जार्ज कार्लो स्वयं मोबाइल फोन उद्योग की तरफ से कराए जा रहे एक बहुत बड़े शोध कार्यक्रम का नेतृत्व कर रहे थे। कार्लो ने कहा है कि इस शोध से यह काफी पहले प्रमाणित हो चुका था कि हाथ से पकड़े जाने-पहचाने मोबाइल फोन से दिमाग की बाहरी सतह पर रसौली बनने की आशंका बढ़ जाती है। छह वर्ष या इससे अधिक समय तक मोबाइल फोन का प्रयोग करते रहनेवाले आदमी के लिए यह खतरा काफी बड़ा है। अपने बयान में कार्लो ने कहा है कि उन्होंने ये बातें फरवरी में कही थीं और तब से अब तक सिर्फ अमेरिका में डेढ़ करोड़ नए फोन बेचे जा चुके हैं। शोध कार्यक्रम अब समेटा जा चुका है और कार्लो के अनुसार इस शोध के नतीजे छिपाए जा रहे हैं।

इस किस्म की बात पढ़ने पर मेरे दोस्तों की क्या प्रतिक्रिया होगी, यह अन्दाज लगाना मेरे लिए मुश्किल नहीं है। कुछ कहेंगे कि ऐसे खतरे तो हर चीज में हैं, कोई कहाँ तक बच सकता है। खतरा तो सड़क पार करने, कार चलाने, यहाँ तक कि एक गिलास पानी पीने में भी है। पंचतन्त्र की कहानी के हिसाब से देखें तो यह यद्भाविष्यो नाम की मछलीवाली प्रतिक्रिया है। इस प्रतिक्रिया का दायरा,

अपनी सदी में काफी तेजी से बढ़ा है और इधर के दस-पन्द्रह वर्षों में फिक्र और आम विवेक की एकदम बाहरी हदें पार करके नवभाग्यवाद के हरे-भरे जंगल में विलीन हो गया है। नवभाग्यवाद अत्यन्त पढ़े-लिखे, सफल, व्यस्त लोगों की विचारधारा है। वे आज के विश्वतन्त्र के कई अन्तर्विरोधों से परिचित हैं, पर उनका बोझ अपनी छाती पर नहीं लेना चाहते।

दूसरी मछली यानी प्रत्युत्पन्नमति का रुख लेनेवालों की प्रतिक्रिया होगी कि मोबाइल के खतरे से बचे रहने, फिर भी उसका फायदा उठाते रहने की तरकीब बताओ। एक तरकीब, जो वे खुद सोच लेंगे, मोबाइल का इस्तेमाल कम से कम करने की है। इस तरकीब के अनुसार फोन यदि गुसलखाने में आता है तो साबुन लगाए खड़े-खड़े बतियाने की जगह कह दिया जाए कि मैं इस वक्त गुसलखाने में हूँ, आप थोड़ी देर बाद करें, जब मैं खाना खाता या गाड़ी चलाता मिलूँ। दूसरी तरकीब मोबाइल उद्योग खुद सुझा रहा है, यद्यपि भारत में यह सुझाव अभी प्रचार का विषय नहीं है। सुझाव यह है कि आप मोबाइल फोन को हाथ से न पकड़ें, उसे सामने रखकर माइक से अपनी बात कहें और कान में प्लग लगाकर दूसरे की बात सुनें। यह हल बिस्तर, संडास और सड़क सरीखी कितनी जगहों पर अमल में लाया जा सकता है, यह तय करने के लिए अभ्यास और अनुभव चाहिए। प्रत्युत्पन्नमति को संकट से बचने के अभ्यास का शौक है। वह किसी भी हालत में भय से दूर रहना चाहती है, इसलिए खतरे का आकार-प्रकार जाँचकर चतुर निर्णय लेने में यकीन करती है।

अनागतविधाता यानी तीसरी मछली मोबाइल फोन के उपभोक्ताओं में फिलहाल शामिल नहीं है। मगर सिगरेट पीनेवालों की दुनिया में अनागतविधाता के मिजाजवालों की संख्या बढ़ती रही है। सम्भव है, अब और बढ़े क्योंकि विश्व की सबसे फैशनेबल सिगरेट कम्पनी मार्लबोरो ने अभी हाल में अपनी लम्बी जिद छोड़कर यह मान लिया है कि धूम्रपान कैंसर और दिल के दौरे जैसी बीमारियों से मौत का कारण है।

पिछले तीस साल से कम्पनी इसी बात से इनकार कर रही थी। अब उसने इंटरनेट पर एक नया वेबसाइट खोलकर बाकायदा लोगों को सिगरेट की लत से आगाह करने का अभियान शुरू किया है। ऐसा उसने मौत के मुँह में पड़े उपभोक्ताओं द्वारा चलाए गए कुछ बहुत महँगे मुकदमे हार जाने के बाद किया है। कुछ मुकदमे अभी चल रहे हैं। अवश्य मार्लबोरो सिगरेट के निर्माता सोचते हैं कि सिगरेट पीने के खतरों की निस्संकोच स्वीकृति उनकी सदाशयता का विज्ञापन बनेगी।

यदि उनकी यह नई नीति कामयाब होती है तो अनागतविधाताओं की जगह प्रत्युत्पन्नमतियों की संख्या ही बढ़ेगी। पीनेवाले अपनी बीवियों से पहले भी कहते रहे हैं कि उन्हें खतरे का अन्दाज है, इसलिए वे सिगरेटों की दैनिक संख्या घटाने की कोशिश कर रहे हैं। मार्लबोरो के नए सन्देश में लिखा है कि सिगरेट चीज ही ऐसी है जो आदत नहीं लत डालती है। पर यह सन्देश पाकर यदि लोग सिगरेट से दूर रहने लगें तो मार्लबोरो का क्या होगा ? पीनेवालों को यदि एक जवाबी सन्देश देना हो तो यह यही हो सकता है कि आप अपनी शराफत जता चुके, अब कृपया सिगरेट बनाएँ और बेचे चले जाइए, ताकि हम पीते रह सकें। आप इतना ध्यान रख रहे हैं, हम भी रखेंगे मगर क्रान्ति जैसी कोई चीज नहीं होनी चाहिए।

बच्चों की शिक्षा में सन्नद्ध मेरे एक अजीज दोस्त की पत्नी हर बार मिलने पर कहती हैं कि सिगरेट की लत तो तकदीर का खेल है, वरना उनके पति अब तक लत से मुक्त हो चुके होते। वे हर तर्क सुन चुके, खतरे के शुरुआती लक्षण देख चुके, पर सिगरेट पीकर जो सुख उन्हें मिलता है, वह और किसी तरह नहीं मिलता। कुछ ऐसी ही हालत मोबाइल के अनुरागियों की है। उनके लिए न जगह का महत्त्व है, न बात के विषय का।

अभी नेशनल स्कूल आफ ड्रामा ने गोर्की का 'तलघर' दिखाया। पहले संवाद की रोशनी पड़ी ही थी कि मेरे पास बैठी महिला बोल उठी–'तुम खाने के लिए मेरा इन्तजार मत करना।' उनका यह सार्वजनिक संवाद इतना संक्षिप्त न होता तो शायद एक छोटा-मोटा गदर मचता जिसकी बदौलत नेशनल स्कूल आगे से दर्शकों को अपना मोबाइल बाहर छोड़ने को कहता। बहरहाल, ऐसा कुछ नहीं होगा। वैसे भी वह मोबाइल ही क्या जो साथ न हो।

आरामी जमात

ऊनो कोई दिखावटी गाड़ी नहीं है। यदि कारों को धन, ताकत और हैसियत के हिसाब से अनुसूचित किया जाए तो ऊनो का स्थान काफी नीचे पड़ेगा। वैसे भी कारों का समाजशास्त्र इधर के वर्षों में इतना डाँवाडोल रहा है कि आप किसी एक समय यकीनन नहीं कह सकते कि फलाँ कार मुख्यतः किस बात की प्रतीक है। पाँच-छह साल पहले यह सम्भव था। तब यह समझना सम्भव था कि नैना साहनी की लाश को अशोक यात्री निवास के तन्दूर तक मारुति में रखकर ही क्यों ले जाया गया, एम्बेसडर या फिएट में क्यों नहीं ! मारुति अपने शुरुआती वर्षों में एक उभरती हुई जमात की हड़बड़ी की प्रतीक थी। वैसी हड़बड़ी अब किसी कार के लिए नहीं रही। स्वयं मारुति इन दिनों देर से आनेवाले के विनय का प्रतीक बन चुकी है। जिन्हें विनय कतई नहीं भाता, वे जेन ले चुके हैं। जो अब अकड़ और विनय के द्वन्द्व से निपट चुके, वे एस्टीम की तरफ मुड़ चुके।

मारुति परिवार की इन तीन प्रमुख गाड़ियों में आज के उदीयमान प्रभु वर्ग को समेटने की सामर्थ्य नहीं रही। इस वर्ग का मन मचला हुआ है; उसे कोई खास गाड़ी, पोशाक या बस्ती अपने आपमें अभिव्यक्त नहीं कर सकती। किससे, कितनी और कैसी तमीज की अपेक्षा की जाए, यह तय करना मुश्किल हो गया है। मैंने यह मुश्किल एक ऊनो के साथ महसूस की जो इटली मूल के फिएट परिवार की छोटी-सी गाड़ी है। ऊनो पद्मिनी की तरह फिएट के भारतीय नातेदार प्रीमियर मोटर्स की गाड़ी नहीं है, न ही उसमें पद्मिनी की ढीली सुघड़ता है।

वह जिस गली में खड़ी थी, उसकी ज्यादातर दुकानें अभी खुली नहीं थीं। अन्दाजन कहा जा सकता था कि ऊनो में बैठकर आया आदमी किसी दुकान के खुलने की प्रतीक्षा में है। गाड़ी के शीशे वह उठाए रहा। शीशे स्याह थे—इतने स्याह कि अन्दर बैठे शख्स की आकृति के बारे में इतनी बुनियादी कल्पना करना भी सम्भव नहीं था कि वह आदमी है या औरत। इस तरह के शीशे गैरकानूनी हैं और कई बार दिल्ली पुलिस की साप्ताहिक मुहिम का विषय बन चुके हैं। एक

बार यह मुहिम इतनी तेज थी कि टाइम्स ऑफ इंडिया को स्याह शीशों के समर्थन में पूरा सम्पादकीय लिखना पड़ा था। मुहिम के इतना आक्रामक होने का कारण कुछ दिन पूर्व घटी चलती गाड़ी में बलात्कार किए जाने की घटना थी। घटना कनाट प्लेस में घटी थी जहाँ हर मोड़ पर पुलिस रहती है, पर स्याह शीशों की वजह से अँधेरे में रही।

शीशे चढ़ाकर भीतर बैठा ऊनोवाला लगातार इंजन को चालू किए रहा। शुरू के एक-दो मिनट निकल गए, इसके बाद भी इंजन चालू रहना यह दिखाता था कि बन्दा गाड़ी से बाहर नहीं आना चाहता क्योंकि उसे गर्मी लगने का डर है। गाड़ी के अन्दर काले शीशों से घिरा ठंडी-ठंडी हवा का एक छोटा-सा संसार है जो तभी तक ठंडा है जब तक एयर कंडीशनर चल रहा है। उसे चलाए रखने के लिए ही इंजन चालू रखना पड़ता है। ऊनो का इंजन कोई आधे घंटे चलता रहा। गली ज्यादा चौड़ी नहीं थी। वह दस ही मिनट में धुएँ से भर गई थी। आधे घंटे में घुटन होने लगी थी। तभी आखिरकार वह दुकान खुली जिसके सामने ऊनो खड़ी थी। सबने शुक्र किया कि घुटन अब घटना शुरू होगी। ऐसा भी नहीं है कि किसी ने उस परिस्थिति को बदलने की कोई कोशिश नहीं की। पास की दुकान के मालिक ने कोई पन्द्रह मिनट धुआँ सहकर ऊनो के ड्राइवर के शीशे पर दस्तक दी थी, पर दस्तक का कोई असर नहीं हुआ।

जाहिर है, वह दस्तक ऐसी नहीं थी जिससे शीशा चटक जाए या उँगलियाँ खून से तर हो जाएँ। वह एक मामूली और लगभग औपचारिक दस्तक थी। दुकानदार ने दस्तक देने के पहले ही कह दिया था कि दस्तक देना बेकार है। फिर भी उसने अपनी दुकान से निकलकर ऊनो तक जाकर दस्तक दी। उसके इस प्रयास से संसद का वह सत्र याद आता था जिसमें डंकल प्रस्ताव पर बहस हुई थी।

ऊनो जिस काम से उस गली गें आई थी, उसकी खातिर अन्ततः जब अन्दर बैठा आदमी बाहर आया तो यह कहना कठिन था कि वह ऊनो का मालिक है या ड्राइवर। वह न पूरी तरह मालिक लगता था, न ड्राइवर। उरागें न अकड़ थी न विनय। उसे देखकर सिर्फ इतना कहा जा सकता था कि उसका हाल और हुलिया वही है जो एयर कंडीशनर की लत लग जाने पर भतेरों का हो जाता है। ऐसे लोगों की संख्या इतनी तेजी से बढ़ रही है कि कई बार लगता है कि हमें उनके लिए पूरी गलियाँ एयरकंडीशन करनी होंगी।

कुछ साल पहले दिल्ली में कुल एक एयरकंडीशंड स्कूल था। उसके गलियारे तक ठंडे रखे जाते थे। घर से बच्चों को लानेवाली बसें भी एयरकंडीशंड थीं।

एयरकंडीशंड जगह में जो कष्टप्रद उमस हो जाती है, उससे बच्चों को बचाने के लिए बस की हरेक सीट के ऊपर पंखे की व्यवस्था की गई थी। अब यह स्कूल अपनी निराली हैसियत खो बैठा है। इस बार की गर्मियों में पूर्णतः एयरकंडीशंड स्कूलों के कम से कम दस विज्ञापन निकले हैं। कई पुराने और नामी स्कूल भी एयर कंडीशनर रहे हैं। उनकी फिक्र आसानी से समझी जा सकती है। यदि उनकी हैसियत के अन्य स्कूल एयरकंडीशंड हुए तो कौन से माँ-बाप अपने बच्चों को जुलाई-अगस्त की उमस और दिसम्बर-जनवरी की ठिठुरन सहने भेजेंगे ?

वैसे भी अब कई शिक्षाविद् इस बात पर जोर देने लगे हैं कि शिक्षा पाने की प्रक्रिया में बच्चों को कोई कष्ट नहीं होना चाहिए। बाल-केन्द्रित शिक्षा का यही सार्वजनिक अर्थ मुकर्रर हुआ है। कहना न होगा कि यह अर्थ इस समय निर्माणाधीन भारत के लिए पूरी तरह प्रासंगिक है। उसे अमल में लाने के लिए आधा लीटर पेट्रोल और गली की हवा बर्बाद हो जाए तो यह कीमत कोई ज्यादा नहीं है।

लोहा काटने की मशीन

भरी दोपहरी में नंगे बदन हथठेले पर कूलर, फ्रिज या एयर कंडीशनर ढोते मजदूर को आपने जरूर देखा होगा। ड्राइंगरूम का फर्नीचर हो या रंगीन टीवी, इस तरह का सामान कम्पनी के गोदाम से किसी मध्यवर्गीय घर तक पहुँचानेवाला मजदूर क्या सिर्फ दी गई भूमिका निभा रहा होता है ? रेलवे स्टेशन का कुली तो अब रूढ़ हो चुका है, पढ़े-लिखों के मानस में 'कुली' शब्द सुनकर या बोलकर कोई सामाजिक इतिहास करवटें नहीं लेता। 'कुली' उपन्यास लिखनेवाले मुल्कराज आनन्द सौ पार कर चुके। अब हम विश्वास के साथ कह सकते हैं कि मध्यमवर्ग एक वर्गीय मानसिकता का कवच पूरी तरह पहन चुका है। उसे अब भीख माँगते बच्चे, पत्थर तोड़ती औरत, हाँफता हुआ रिक्शाचालक या सीवर में उतरकर सफाई करनेवाले कर्मचारी की परिस्थिति देखकर कोई जेहनी परेशानी नहीं होती। इन लोगों की जिन्दगी में गरिमा की कल्पना आज लोकप्रिय देशप्रेम की भावना का हिस्सा नहीं है। मध्यमवर्ग ने मान लिया है कि आम मेहनत-मजदूरी करनेवाले लोगों की जिन्दगी की कोई कीमत नहीं है।

मध्यमवर्ग की इस सामूहिक मानसिकता को शायद एक झटका राजधानी एक्सप्रेस की दुर्घटना से लगा हो। दुर्घटना अपने आपमें बड़ी थी, पर उससे ज्यादा बड़ी घटना मरनेवालों और घायलों के साथ घटी। इस दूसरी वाली घटना से मालूम होता है कि कीमत अब मध्यमवर्ग के खाते-पीते यानी उच्चतर हिस्से की जिन्दगी जीनेवाले आदमी की भी नहीं है। 'टाइम्स ऑफ इंडिया' के संवाददाता अब्दुल कादिर ने विस्तार से बताया है कि राजधानी में फँसे लोगों पर क्या बीती। दुर्घटना वाली जगह गया स्टेशन से कुल चालीस मिनट की दूरी पर है, पर घायलों को लानेवाली गाड़ी दुर्घटना के ग्यारह घंटे बाद गया पहुँची। इलाज के लिए तड़पते लोगों से भरी इस गाड़ी को तीसरे नम्बर के प्लेटफॉर्म पर भेजने के लिए समय बर्बाद इसलिए किया गया कि पहले नम्बर का प्लेटफॉर्म रेल विभाग के उच्च अधिकारियों की विशेष गाड़ी के लिए उपलब्ध रहे।

कुचले हुए डिब्बों की धातु काटकर घायलों को निकालने का काम किस तरह किया गया, यह तो आकाशवाणी के कुशल संवाददाता भी नहीं छिपा सके। एक बुलेटिन में बताया गया कि डिब्बा काटनेवाली मशीन एक लड़की को इसलिए नहीं निकाल पाई, क्योंकि उसका हाथ फँसा हुआ है। कई घंटे बादवाले बुलेटिन में बताया गया कि बारिश होने से डिब्बा काटने का काम रोक देना पड़ा है। मेरी तरह आकाशवाणी का रिपोर्टर भी जानता था कि बारिश हमारे देश में एक बड़ी, लगभग अस्वाभाविक घटना मानी जाती है—उससे बड़े-बड़े शहरों में यातायात ठप हो जाता है, विश्वविद्यालयों और मन्त्रालयों में हाजिरी घट जाती है, स्कूल इस डर से बन्द कर दिए जाते हैं कि वे ढह न जाएँ। पर राजधानी एक्सप्रेस की एक मुसाफिर को बचाने के लिए लोहा काटनेवाली मशीन भी बारिश की वजह से बन्द हो जाए, यह बात संवाददाता को नागवार लगी। उसने मशीन चला रहे कारीगर से पूछा। जवाब कुछ गोलमाल था—कि बारिश में काम बन्द कर देना पड़ता है। रेडियो के श्रोता को इस दुविधा से सन्तोष करना पड़ा कि बारिश मशीन को ज्यादा परेशान करती है या मशीन चलानेवाले कारीगर को।

अब्दुल कादिर ने लिखा है कि इन मशीनों को धनबाद से दुर्घटनास्थल तक पहुँचने में पन्द्रह घंटे लग गए जबकि यह दूरी करीब चार घंटे की है। समय के इस अन्तर को पाटने के लिए हमें चाहिए कि मशीनों के गोदाम की कल्पना करें। बाबा आदम के जमाने में खरीदी गई मशीनों को कामचलाऊ बनाने के लिए कई छोटी-बड़ी मरम्मतों से गुजरना पड़ा होगा। उन्हें ट्रेन तक लाने और डिब्बों में जमाने का काम नंगे बदन मजदूरों ने किया होगा। कोई सुपरवाइजर छुट्टी पर होगा क्योंकि उसके बच्चे को मलेरिया था, कोई डरकर काम करने का आदी होगा।

अन्ततः कम से कम साठ या सत्तर घायल यात्री इस कारण मरे कि राहत में देरी हुई। तीसरे दिन तक अखबार भी थकने लगे थे। खाली घोषित कर दिए डिब्बे में पाँचवें दिन भी किसी स्वैच्छिक संस्था को दो लाशें मिलीं। इस तरह की खबरों के लिए जगह निकालना ज्यादातर अखबारों के लिए पहले ही मुश्किल हो गया था, टीवी पर तो एकदम गुंजाइश नहीं थी। संयोग देखिए, इसी बीच भारत नाम की नवोदित विश्वशक्ति ने मौसम की खोज-खबर रखनेवाला उपग्रह पूरी तरह अपने बूते पर अन्तरिक्ष में स्थापित कर दिया था। नेताओं ने कहा था कि हमें अपने वैज्ञानिकों और इंजीनियरों पर गर्व है।

इधर विश्वविद्यालय में गेंती-फावड़े के सहारे लम्बी-गहरी नालियाँ खोदनेवाले मजदूर सारा-सारा दिन काम पर लगे रहे। इन नालियों में इंटरनेट का केबल

बिछाया जाना है। अन्तिम उद्देश्य शोधकार्य में तेजी लाना है। केबल को सड़क के नीचे से ले जाने के लिए ठेकेदार छेद बनाने की मशीन लाया। सीवर लाइन कमजोर थी, इसलिए वह मशीन चलने से टूट गई और जो दलदल बना, उसमें मशीन खुद डूब गई और इस समय बीस फुट की गहराई पर है। दलदल में मजदूर कच्छा पहनकर उतरे, मशीन का हुक न ढूँढ़ सके। एक बार फिर संयोग देखिए, यह सब गांधीभवन के सामने हुआ। दो अक्टूबर को उनकी जयन्ती के दिन लोग याद करेंगे कि गांधी ने टेक्नोलॉजी के विकास और सामाजिक बराबरी लाने के काम में सन्तुलन बनाने को कहा था।

बेघर की डाक

नई सूचना प्रौद्योगिकी कई अनोखी सुविधाएँ लाई है, तो कई अनोखे सुखों को छीन भी रही है। चिट्ठी पाने का सुख इनमें से एक है। बन्द लिफाफे में रखी चिट्ठी न तो फैक्स की तरह निर्वस्त्र आती है, न उसे पाने के लिए ई-मेल की तरह कम्प्यूटर के सामने बैठकर अपने खास पते, गुप्त कोड और जहाँ ये दोनों दर्ज हैं—उस वेबसाइट को खोलने के झंझट से गुजरना पड़ता है। उल्टे एक भरोसा होता है कि दोपहरी ढलने को आई है, अब डाकिया भी आने को होगा। चिट्ठी दरवाजे के नीचे से खिसकाई जाएगी और आप उसे इत्मीनान से उठाकर, खोलकर आराम से न केवल पढ़ सकेंगे, बल्कि उसी रूप में रख भी सकेंगे जिसमें वह लिखी गई थी।

उन्नीसवीं सदी के उत्तरार्ध में हुए क्रान्तिकारी सामाजिक परिवर्तनों में एक यह भी था कि चिट्ठी के सफर का खर्चा पानेवाले की जगह भेजनेवाले से लिया जाने लगा। कहानी कुछ यों बताई जाती है कि एक गरीब बुढ़िया ने चिट्ठी पाकर उसका खर्चा देने में असमर्थता ही नहीं, अनिच्छा भी जता दी क्योंकि चिट्ठी का मजमून वह सुन चुकी थी। तब से यह नियम शुरू हुआ कि पत्र लिखनेवाला उसकी यात्रा की कीमत दे। डाक टिकटों की रंगीन प्रथा इसी तरह शुरू हुई। निश्चय ही यह सारी कहानी एक आधुनिक मिथक है जिसकी गहराई में सम्बन्ध बनाने के लिए जरूरी पहल की पुरानी समस्या छिपी है। मगर डाक व्यवस्था एक बार शुरू हुई तो मामला सिर्फ पहल का नहीं रह गया। चिट्ठी भेजना और पा सकना इतना सस्ता और आम बन गया कि इस सुख से वंचित रहना कई बड़े दुखों का प्रतीक बन गया। इनमें से दो दुख तो आधुनिक सभ्यता की पहचान बन गए। एक था निरक्षर होने का दुख और दूसरा बेघर होने का।

दोनों दुख अक्सर साथ-साथ पाए जाते हैं और उनसे ग्रस्त लोगों की संख्या करोड़ों में है। उनमें से थोड़े-से लोग अब चिट्ठी पाने का सुख पा सकेंगे। डाक विभाग ने दिल्ली में एक नई सेवा की शुरुआत की है जिसके तहत बेघर लोगों

के लिए एक पोस्ट बॉक्स नम्बर होगा। उनके नाम आई चिट्ठियाँ वहाँ सुरक्षित पड़ी रहेंगी और जिस डाकखाने में यह बक्सा होगा, वहाँ चिट्ठी पढ़कर सुनानेवाले और उसके जवाब का इमला लिखनेवाले भी उपलब्ध होंगे। जिनका कोई निश्चित पता नहीं है, काम की तलाश में दिन और फर्श के अनिश्चित टुकड़े पर रात बितानेवालों के लिए डाकखाना एक ठिकाना बनेगा। इस खबर को पढ़कर जिस घरवाले नागरिक को थोड़ा-बहुत रोमांच न हो आया हो, उसे एक स्थायी पते का अधिकार नहीं है। जिन्दगी भर डाक पाते-पाते वह होश खो बैठा है, प्रमादी तो होगा ही।

ऐसा नहीं है कि डाक विभाग ने इस किस्म की सेवा पहली बार सोची है। डाक का संसार दुनिया के कोने-कोने में फैला है और आज भी वह इंटरनेट से ज्यादा बड़ा है। पीठ पर सामान लादकर संसार का सफर करनेवाले युवा यात्रियों के लिए 'पोस्ट रैस्तान्त' नाम की सेवा एक जमाने से है। 'रैस्तान्त' का फ्रेंच में अर्थ है—ऐसी डाक जो आपका इन्तजार कर रही है। तमाम बड़े शहरों के केन्द्रीय डाकघर में 'पोस्ट रैस्तान्त' के पते पर आनेवाली चिट्ठियाँ काँच के रैक पर रखी रहती हैं। थका हुआ यात्री अजनबी शहर में पहुँचता है, अपनी पहचान बताता है तो चिट्ठी उसे दे दी जाती है। सम्भव है, यह सुविधा अब बहुत दिन न चले। इंटरनेट का संसार तेजी रो फैल रहा है, भतेरे युवाओं के लिए डाकखाने का स्थान साइबर कैफे ने ले लिया है। फिर भी तस्वीरवाले पोस्टकार्ड बिकते हैं और दुनिया के किसी भी देश ने डाक टिकट छापना नहीं छोड़ा है। वीडियो आने के समय कई हड़बड़पसन्दों ने सिनेमा की, और इंटरनेट के सार्वजनिक होने के क्षण में (पहले वह सेना की बपौती था) किताब की विदाई लिख डाली थी। सिनेमा वापस आया और किताब का तो कोना भी नहीं मुड़ा।

डाक की विदाई निश्चित माननेवाले भी कम नहीं हैं। धनी लोगों और देशों की डाक अब ज्यादातर विज्ञापन और बिल या रसीदें लाती है। सूचना और भावनाएँ—वे जितनी भी बकाया हैं—फोन या ई-मेल से सफर करती हैं। कई देशों में डाक सेवा का निजीकरण कर दिया गया है। हमारे यहाँ भी डाक की व्यवस्था को कई तरह के झटके सहने पड़े हैं और जल्दबाजी में जीनेवाले प्रभावशाली लोगों की डाक के प्रति हेठी उनकी संख्या के साथ बढ़ती जा रही है। छोटे शहरों और कस्बों की डाक अब पहले के मुकाबले देर से पहुँचती है क्योंकि रेल विभाग ने डाक के डिब्बे पर सब्सिडी जारी रखने से इनकार कर दिया है। यह दुर्घटना घटे वर्षों हो गए, पर रेल मंत्रालय को तो रोज एक दुर्घटना चाहिए। वह जमाना चला गया जब चलती हुई ट्रेन में डाक की छँटाई होती थी और रास्ते के स्टेशनों पर

ताजे छँटे थैले छूटते जाते थे। उस व्यवस्था के अन्त ने बड़े और छोटे शहरों की विषमता को और बढ़ा दिया। मुझे उम्मीद थी कि प्रान्तीय भारत कभी तो इस अन्याय के प्रति जागेगा, बोलेगा। जाहिर है उसके नेताओं ने भी डाक को पिछड़ेपन का प्रतीक मान लिया है। तंगदिमागी का एक लक्षण हर बदलाव को क्रान्तिकारी मान लेना है। डाक एक स्थायी क्रान्ति लाई थी और उसे हटानेवाली क्रान्ति अभी नहीं जन्मी है।

स्मृति की उड़ान

राइट बन्धुओं ने सौ साल पहले इसी महीने अपने सीमित साधनों से एक सीधा-सादा हवाईजहाज बनाकर पहली बार कोई तीस मीटर की दूरी उड़कर पार की थी। उस दिन की स्मृति में आयोजित कार्यक्रम में अमेरिका के राष्ट्रपति बुश शामिल हुए। पर मुख्य घटना नहीं घट पाई। अमेरिकी अन्तरिक्ष विभाग ने आधुनिक नाप-जोख और तकनीक की मदद से ओरविल और विलबर राइट के सादे विमान की हूबहू नकल बनाई थी, पर जब उसे उड़ाया गया तो विफलता ही हाथ लगी और दोष मौसम को दिया गया। बुश ने अवसर का लाभ उठाने की शैली में कहा कि राइट बन्धु और उनके सहयोगी यदि मुश्किलों से निराश हो गए होते तो आज हम उन्हें याद न करते। अभिनेता जान ट्रेवोल्टा ने कहा कि वे इस आदमी (यानी बुश) को न केवल अपना वोट देते हैं, बल्कि उसके चन्द्रमिशन में स्वयं शामिल भी होना चाहेंगे। इस नए, महत्त्वाकांक्षी मिशन को अभी सरकारी स्वीकृति नहीं मिली है, पर ट्रेवोल्टा ने जिस तरह उसका जिक्र किया, उससे साफ जाहिर था कि पूरा विमर्श राजनैतिक है और उसकी लपेट से राइट बन्धुओं का सादा विमान मुक्त नहीं हो सकता।

फिर भी उस विमान को विज्ञान का चमत्कार मानने का चलन है। उस पहली, लड़खड़ाती उड़ान को मानव मात्र की कामयाबी की तरह देखकर एक वैश्वी इतिहास रचा जाता है। राइट भाइयों के प्रयोग के पीछे यूरोप और अमेरिका के औद्योगीकरण का लम्बा और जटिल इतिहास तो था ही, अनेक छोटे-बड़े अन्वेषकों की छोटी-छोटी, मगर उनके लिए रोमांचक रही कहानियाँ भी थीं। पक्षियों का बारीक अवलोकन एक तरफ और मैकेनिकल जुगाड़ का एक विस्तृत अराजक संसार दूसरी तरफ। यह संसार इस अर्थ में अराजक था कि उसकी रचना स्कूल और विश्वविद्यालयों जैसी वैचारिक संस्थाओं ने नहीं की थी। इंजीनियरी का पश्चिमी इतिहास अनगिनत लुहारों, मोचियों, घड़ीसाजों और तरह-तरह के सामान की मरम्मत करनेवाले कारीगरों ने बनाया जो अपनी कल्पना और जरूरत से नई

चीजें गढ़ते और एक महत्वाकांक्षी मध्यमवर्ग के बाजार को जमीनी स्तर की विविधता देते थे। पूँजीवाद के विकास-क्रम में विज्ञान और टेक्नोलॉजी का योगदान पश्चिमी समाजों के आन्तरिक बदलाव के समान्तर चला। शिक्षा और राज्य का सहारा तो उसे बहुत बाद में मिला।

राइट बन्धु हाईस्कूल पास नहीं थे और साइकिलों की दुकान चलाते थे–यह बात हम भारतीयों को कुछ अटपटी-सी लगना स्वाभाविक है। साइकिल की टेक्नोलॉजी को एक नए रूप में इस्तेमाल करके कोई हवाईजहाज बना ले, यह बात आसानी से हमें समझ नहीं आ सकती। हवाईजहाज का डिजाइन बीसवीं सदी के पहले पचास सालों में जितने बड़े रूपान्तरण से गुजरा, उसकी तह में दो विश्व युद्धों का हिंसक, विध्वंसक उत्साह भी छिपा है। युद्ध की जरूरतों के दबाव ने हवाईजहाज को विश्व पूँजीवाद के सबसे गतिशील उद्योगों में से एक बना दिया। पर्यटन उद्योग उसका शान्तिवादी मुखौटा बन गया। करोड़ों गरीब बच्चे, जिनकी जिन्दगी में चीलगाड़ी पर सवारी क्या, उसे पास से देखना भी नहीं लिखा था, स्कूल के फर्श पर कमर झुकाए विज्ञान के इस चमत्कार पर अनुच्छेद लिखने लगे। इस तरह आधुनिक विज्ञानवाद की विचारधारा का जन्म हुआ।

उधर साइकिल कभी एक विराट उद्योग नहीं बन सकी। उसकी तकनीक में विकास अवश्य हुआ, पर विकसित साइकिल को तीसरी दुनिया की सड़कों पर लानेवाली कोई बोइंग कम्पनी नहीं जन्मी। आज भारत साइकिल उद्योग में बढ़ा-चढ़ा बताया जाता है। भले ही डिजाइन और सामग्री के लिहाज से हम पिछड़ी हुई साइकिल ही बनाए और बेचे जा रहे हैं।

इसका एक बड़ा कारण यही है कि साइकिल गरीबों का वाहन है। जो आदमी गरीबी से उबर जाता है, महँगी या तकनीकी रूप से बेहतर साइकिल की जगह स्कूटर या कार की कल्पना करता है, हवाईजहाज में सफर का आकांक्षी हो जाता है। साइकिल की सवारी भारत के लोकतन्त्र में हैसियतवाले वर्ग, यहाँ तक कि उस वर्ग के युवाओं से भी नहीं जुड़ सकी। चीन की सांस्कृतिक क्रान्ति ने साइकिल को सामाजिक और राजनैतिक परिवर्तन का प्रतीक बना दिया, पर यह देश आज उस क्रान्ति को भूलने में व्यस्त है। इसीलिए बीजिंग की सड़कों पर कारों की संख्या बढ़ने को प्रगति का प्रतीक मान लिया गया है। केवल जापान को देखकर लगता है कि वह साइकिल की हैसियत का सम्मान करता है और दुनिया की बेहतरीन साइकिलें बनाता है।

अवश्य कहीं साइकिल और अहिंसा में एक गहरा सम्बन्ध है। जापान के प्रधानमन्त्री अपने देश को इराक युद्ध में शामिल होने के लिए मनाने में असमर्थ

सिद्ध हुए हैं। उन्हें आशा थी कि दो जापानी राजनयिकों की हत्या के बाद जनमानस बदलेगा, पर अणुबम की पीड़ा का एकमात्र अनुभवी समाज युद्ध के प्रति आकर्षित नहीं हो पा रहा। उधर, सद्दाम हुसैन को पकड़कर बुश अपने देश में फिर लोकप्रिय हो चले हैं। उनकी आक्रामक राजनीति में पश्चात्ताप की गुंजाइश कभी नहीं थी। पर अब इतना हौसला लौट आया है कि वे मानव की पहली उड़ान की सौवीं सालगिरह पर निराशा को दूर रखने का सन्देश दे रहे हैं। उनका आशावाद विश्व की अधिकांश मानवता को निराश ही करेगा। बुश की आशा उनकी साम्राज्यवादी राजनीति का आवरण है।

सद्दाम हुसैन के निर्दयी शासन और बमबारी करके इराक को लोकतान्त्रिक बना देने की अमेरिकी सैन्य-योजना में कोई बुनियादी अन्तर देख सकना मुश्किल है। यह भी एक तथ्य है कि सद्दाम हुसैन की ताकत बढ़ाने और उसे ईरान पर चढ़ाई के लिए तैयार कराने में तीन अमेरिकी राष्ट्रपतियों की सक्रिय भूमिका थी। इतिहास की इस जमीन को अमेरिका की प्रशासनिक रणनीति पीछे छोड़ देना चाहती है। अमेरिका उड़ानप्रिय देश है और अतीत के किए-कराए में उलझा नहीं रहना चाहता। इतिहास से उबरना अच्छी बात है, पर इतनी ज्यादा हड़बड़ी कुछ खटकती है। आशा यही करनी चाहिए कि सद्दाम के कारनामों की कानूनी सुनवाई में अमेरिका से उसकी दोस्ती का इतिहास भी खुलेगा।

रंगभूमि

प्रधानमन्त्री की बहन के नाती मनीष मिश्र की हत्या के मामले में पुलिस के सौभाग्य से एक सुराग स्वयमेव उभरा है। मुमकिन है कि अब यह घटना सिर्फ न्यायिक रुचि का विषय रह जाए, उसका सामाजिक चेहरा भुला दिया जाए। वैसे भी छोटी घटनाओं में छिपा सामाजिक इतिहास नए प्रसार माध्यमों के प्रवाह में एक-दो दिन से ज्यादा नहीं टिक पाता। मनीष की हत्या तीन-चार बार खबर बन सकी, इसका एक कारण हमारी संस्कृति में गहरे बैठी ओहदापरस्ती है और दूसरा कारण मनीष के साथ ट्रेन से फेंके गए युवक राकेश का संयोगवश जीवित बच जाना है।

अखबारों में छपी सूचनाएँ पढ़कर लगता है कि मनोज और उसके माता-पिता का जीवन उस सादगी का उदाहरण है जो आज भी, महत्त्व और रोब की अथक दौड़ के बीच इधर-उधर हरी घास की तरह दिख जाती है। समाचारों के अनुसार मनीष के पड़ोसी प्रधानमन्त्री को मोहल्ले में आया देखकर ही उनकी रिश्तेदारी जान पाए। मनीष जब घर नहीं पहुँचा तो उसके पिता पुलिस में रिपोर्ट लिखाने के लिए सारी रात मथुरा और कोसी के थानों में भटकते रहे। सुबह होने तक उन्होंने हार मान ली और प्रधानमन्त्री के कार्यालय से मदद ली।

तब जाकर पुलिस का हरकत में आना हमारे लोकतन्त्र का जबरदस्त उपहास है, पर हिन्दी प्रान्तों की चेतना को ऐसे उपहासों की आदत है। मनीष एक साधारण युवक था और छत्तीसगढ़ एक्सप्रेस के साधारण डिब्बे में सवार लड़कियों के साथ बदतमीजी की साधारण घटना का विरोध कर रहा था। वह अपने इस साहस के कारण नहीं, मरने के बाद प्रधानमन्त्री के नाती के रूप में पहचाने जाने के कारण असाधारण माना जा सका। मनीष की मदद कर रहा राकेश एक मजदूर का बेटा है। उसका इलाज और महत्त्व भी प्रधानमन्त्री पद की छाया की देन है। अब आई ताजा खबर यह है कि मनीष को चलती ट्रेन से फेंक देनेवाले शराबी ने भी कहा है कि उसे मनीष की प्रधानमन्त्री से रिश्तेदारी नहीं पता थी।

कहानी का उम्दा समापन करने के लिए ट्रेन के उस डिब्बे में सवार लोगों और बगल के डिब्बे में दो कांस्टेबलों सहित यात्रा कर रहे रेलवे मजिस्ट्रेट का वक्तव्य आना चाहिए। ये लोग कह सकते हैं कि वे कुछ न कुछ अवश्य करते—और कुछ न सही तो जंजीर खींचकर ट्रेन रुकवा देते—अगर उन्हें कोई बता देता कि मनीष कौन है यानी किसका रिश्तेदार है। यह बात उनसे छिपी रह गई, इस बात का यत्किंचित दर्द उन्हें अखबार पढ़कर या टीवी देखकर हुआ हो, ऐसा सम्भव है। उन्हें इस तरह सोचने का सांस्कृतिक हक है कि रेल के डिब्बे की दर्शक-दीर्घा से उन्हें एक सामान्य बर्बर फिल्म यह बताए बिना दिखाई गई कि हीरो कौन है। इसी कारण उनके वे उदात्त मानवीय संस्कार सोते रहे जिन पर भारतीय संस्कृति को आत्म-गौरव प्रदान करने की जिम्मेदारी है।

रेलगाड़ी कोई साधारण टेक्नोलॉजी नहीं है। उसके बारे में यह दावा गलत नहीं है कि उसने भारत के समाज को झकझोरा है। डेढ़ सौ बरस का रेल इतिहास जाति, धर्म, वर्ग और लिंग के संस्कारी दायरे टूटने की असंख्य घटनाओं का साक्षी है। ब्रितानी साम्राज्यवाद पर गांधी का अनोखा क्रोध भी रेल के डिब्बे में जागा था हालाँकि रेलगाड़ी दक्षिण अफ्रीका की थी। आज भी हमारे सामाजिक मूल्यों और व्यवहार का, साहित्य और फिल्मों से कई गुना साफ दर्पण रेलवे का प्लेटफॉर्म है। स्वयं रेलगाड़ी अब पहले से ज्यादा वर्गविभाजित है और उसमें घटित होनेवाले सामाजिक संघर्ष की रंगभूमि को जबरन सिकोड़कर इंजन या गार्ड के पास वाले जनरल डिब्बे में ठूँस दिया गया है।

रेलों में सुरक्षा की गुहार लगानेवाले यह नहीं बताते कि सुरक्षा को खतरा किससे है। चलती ट्रेन में आतंक का श्रेय किसी विचारधारा को नहीं दिया जा सकता। अपने ओहदे, समुदाय या परिचितों का अभाव ही सफर के एकान्त में आतंक बन जाता है। नेता और अफसर को डिब्बे में छोड़ने आनेवाले मध्य युग के हरकारों की भूमिका बखूबी निभाते हैं। बड़े नेता पुराने नवाबों या वाइसराय की तरह समूचे डिब्बे पर काबिज होकर चलते हैं। रेलों ने सचमुच बहुत कुछ बदला है। पर चलती हुई रेल याद दिलाती है कि अभी बहुत कुछ बदलना बाकी है।

बीमारी का देशज अधिकार

यदि आप अंग्रेजी दवा खाए बगैर ठीक हो जाएँ तो लोगों को यह मानने में दिक्कत होती है कि आप सचमुच बीमार थे। उनकी इस दिक्कत में कई व्यक्तिगत मान्यताओं के अलावा कुछ सामूहिक पूर्वग्रह और प्रायोजित अज्ञान के खेल भी छिपे रहते हैं। अव्वल तो बीमारी के नाम का ही सवाल है। यह जानने की इच्छा आश्चर्यजनक रूप से बलवती होती है कि बीमारी ठीक-ठीक क्या थी। इस इच्छा का शमन करने की अनेक विधियाँ हैं। सबसे प्रभावशाली विधि के अनुसार आपको लेरिंजाइटिस, फेरिंजाइटिस या ब्रांकाइटिस जैसा कोई ग्रीक नाम लेना चाहिए। इन सभी का सम्बन्ध गले और साँस से है पर इन नामों की जगह यह कह देने से काम नहीं चलेगा कि आपका गला खराब था या खाँसी थी।

और बुखार ? तबियत खराब होने जैसी सामान्य बात की सामाजिक हैसियत बुखार का जिक्र करने पर यकायक बढ़ जाती है। मगर बुखार की दुनिया के मानक वैज्ञानिक हैं। यदि आप डिग्रियों की बात नहीं करते तो बुखार हुआ न हुआ बराबर है। यह ज्ञान लोकप्रिय नहीं है कि बुखार किसी भी रोग के अतिक्रमण से जूझती हुई देह की सामान्य प्रतिक्रिया है। बुखार होते ही उसे नापना और धर दबोचना जरूरी माना जाता है। इस काम के लिए उपलब्ध दवाएँ घरों में नमक-चीनी की तरह रखी जाती हैं। ये दवाएँ बुखार के कारण का इलाज नहीं कर सकतीं। वे तो बस बुखार को नीचे लाने के लिए खाई जाती हैं। लेकिन यदि बुखार फिर भी बना रहे तो ?

यहाँ से एक पेशेवर सिलसिला शुरू होता है। अच्छा एलोपैथ हुआ तो खून की जाँच की माँग कर सकता है, गले से ली गई थूक का परीक्षण करा सकता है। साधारण डॉक्टर सीधे एंटीबायटिक लिख देगा। कई लोगों की निगाह में एंटीबायटिक खाए बिना ठीक होना ही कायदे से ठीक होना है। यह जानी-मानी बात है कि एंटीबायटिक दवाएँ बैक्टीरिया यानी जीवाणु से पैदा हुई बीमारी ही दूर कर सकती हैं। लेकिन वायरस यानी विषाणु से आए बुखार में भी एंटीबायटिक

देनेवालों की कमी नहीं है। वैसे भी 'वायरल फीवर' की एक अलग हैसियत है। यदि आप बताएँ कि आपको बुखार था तो कई दोस्त यह जानना चाहेंगे कि क्या बुखार वायरल था ? वायरस को देखना सामान्य सूक्ष्मदर्शी की मदद से भी असम्भव है, किसी परीक्षण के जरिए भी वायरस की उपस्थिति या उसके प्रकार का सबूत नहीं पाया जा सकता। लेकिन वायरल फीवर की बात एक तरह का सुकून देती है। सुकून इस बात का होता है कि आप समाज के रोगविषयक रीति-रिवाजों का निर्वाह कर रहे हैं। डॉक्टर को इस बात की तसल्ली रहती है कि अभी तक पढ़े-लिखे रोगी भी यह नहीं जान पाए हैं कि वायरस पर कोई अंग्रेजी दवा काम नहीं करती।

जब अंग्रेजी दवा को भी दिक्कत है तो आयुर्वेद, होम्योपैथी या यूनानी दवा की क्या बिसात है कि वह बुखार उतार दे ? वायरस तो वायरस ठहरा, बैक्टीरिया से पैदा हुए बुखार में भी इन पद्धतियों से इलाज कराना एक सनक माना जाता है। अंग्रेजी यानी एलोपैथी पद्धति का ऐसा आतंक समूची चिकित्सा प्रणाली पर है—और इसमें मेडिकल शिक्षा शामिल है—कि बाकी पद्धतियों को हाशिए से ज्यादा इज्जतदार जगह नहीं मिल सकती। ऐलोपैथी की दसियों दुकानों के बाद आयुर्वेद की एक दुकान दिखती है और दिल्ली के कई बाजारों में तो एक भी दुकान नहीं है। धन्य हैं पुदीनहरा और सुआलीन जैसे आविष्कार, जो सामान्य मेडिकल दुकानों के विजातीय संसार में घुसकर अपनी पहचान बना सके हैं।

होम्योपैथी का मामला और भी बुरा है। मीलों चलकर कोई दुकान मिलती है। होम्योपैथी की दवा कितना ही मशहूर डॉक्टर दे, दवा की शक्ल देखकर आम मरीज को एतबार नहीं आता कि ये नन्ही सफेद, मीठी गोलियाँ उसकी बीमारी से लड़ सकेंगी। होम्योपैथिक प्रणाली को लेकर अज्ञान का विस्तार देखते ही बनता है। कई लोग उसका मूल भारत में मानकर नव-गांधीवादी अन्दाज में होम्योपैथी को पाश्चात्य सभ्यता के विकल्पों के खाते में डाल लेते हैं। उन्हें बताया जाए कि होम्योपैथी जर्मनी में जन्मी, तो वे मानने से इंकार कर देते हैं। होम्योपैथी का सामान्य ज्ञान स्कूली शिक्षा के पाठ्यक्रम से भी बहिष्कृत है। जल जाने पर या चोट खा जाने जैसी आम परिस्थिति में प्राथमिक उपचार के क्रम में कैंथेरिस या आर्निका जैसी दवाओं का परिचय स्कूल नहीं देता। होम्योपैथी डॉक्टरी की शिक्षा देनेवाले कॉलेजों में भी ज्यादातर वही छात्र पहुँचते हैं जो पीएमटी में असफल रहते हैं।

पूरा नजारा देखकर यदि कोई कहे कि मनुष्य का स्वास्थ्य एक विराट रणभूमि है जिसमें बड़े-बड़े दमनास्त्र और षड्यन्त्र काम आते हैं तो यह कहना गलत न

होगा। ऐलोपैथी विश्वव्यापार तंत्र का हिस्सा बन चुकी है। उसकी वैधता का सिक्का अतिशिक्षित धनियों से लेकर ग्रामीण निरक्षर तक मानता है। इंजेक्शन, चीरफाड़ और ग्लूकोज की बोतल की महिमा आज गाँव-गाँव पहुँच चुकी है। लोग इलाज के लिए इस तरह पैसा जुटाते हैं, गोया कोई धार्मिक अनुष्ठान हो। इंजेक्शन लगवाना, ऑपरेशन कराना–अपने और अपने परिजनों के स्वास्थ्य की फिक्र के प्रमाण माने जाते हैं। ये मान्यताएँ और इनसे जुड़ी तत्परताएँ एक दिन में नहीं उपजीं, वे हमारी राष्ट्रीय जलवायु का हिस्सा हैं। आम नागरिक हो या सरकार, सभी ने मान लिया है कि इलाज एक महँगी चीज है। उसका एक वैज्ञानिक रूप हैं, शेष रूप सान्त्वना के लिए हैं। यह भी मान लिया गया है कि खराब पानी, हवा में धूल और मिलावटी खाना भारतीय जिन्दगी के अनिवार्य तत्त्व हैं, इन्हें लेकर स्वास्थ्य की चर्चा करना वक्त की बर्बादी है।

इस वैचारिक आबोहवा में किसी से यह कहते अटपटा लगता है कि मुझे जो हुआ, इंटरनेट और मेट्रो के लिए की जा रही खुदाई की धूल से हुआ। मेट्रोवाली कम्पनी तो चादरें लगाकर अपने विशाल गड्ढे छिपाती चलती है, इंटरनेट के नए केबल बिछानेवाली कम्पनी पूरी शान से मिट्टी का पहाड़ सड़क पर छोड़कर जाती है। वैसे भी अब दिल्ली की कई सड़कों और गाँव की गलियों में फर्क नहीं रहा। राजधानी में बीमार पड़ना सुविधाजनक पहले भी नहीं था, अब वह गाँव की स्मृति ताजा रखने का जरिया बन गया है। इस स्मृति का सबसे प्यारा अंग वह है जिसमें तबियत के उतार-चढ़ाव मौसम से जोड़े जाते हैं। हिमाचल में बर्फ गिरी, राजधानी का तापमान झटके से गिरा, ठंडी हवा चली तो गला, जुकाम, बुखार, खाँसी जरूरी थे। मौसम बदलता है तो बीमार पड़ना एक अधिकार बन जाता है। इस देशज अधिकार को सम्मान वे भी देते हैं जो देशज दवाओं पर हँसते हैं।

धूल के बावजूद चाँद

बुद्ध पूर्णिमा मई में पड़ती है, इसलिए स्कूल या कॉलेज में मनाए जा सकनेवाले त्योहारों की सूची से बाहर रहती है। इस बार मुझे जीवन में पहली बार बुद्ध पूर्णिमा के एक आयोजन में भाग लेने का सौभाग्य मिला। कोई सत्तर या अस्सी लोग रहे होंगे। शान्तम् सेठ ने आयोजन का नेतृत्व किया। वे प्रसिद्ध वियतनामी दार्शनिक-भिक्षु तिक् न्हात हन्ह के शिष्य और साथी हैं और विक्रम सेठ के भाई हैं। बुद्ध पूर्णिमा की शाम उन्होंने दो तरह के सामूहिक ध्यान का नेतृत्व किया—बैठकर और पैदल। तिक् न्हात हन्ह अपनी हरेक पुस्तक में बुद्ध के दर्शन की व्याख्या ध्यान के सन्दर्भ में करते रहे हैं। अन्याय, विषमता और हिंसा के विरुद्ध संघर्ष में ध्यान का अभ्यास हौसले के एक विशिष्ट ऐतिहासिक स्रोत की तरह रखना एक बड़े दार्शनिक के लिए ही सम्भव है। वरना इस तरह की कई साधनाओं में घबराहट और पलायन के बीज देखते ही देखते उग आते हैं।

वह शाम बहुत ही गर्म थी। सारा आकाश धूल से ढँका था। मई से लेकर जुलाई और कभी-कभी अगस्त तक दिल्ली में हवा का दबाव कई-कई दिन इतना कम रहता है कि धूल के बारीक कण लगातार लटके रहते हैं। बुद्ध पूर्णिमा की शाम यह दृश्य इतना सघन था कि लगता था जैसे चाँद दिखेगा ही नहीं। आखिर सूरज भी धूल से कहाँ निपट सका था ? लटकी हुई धूल किसी भी ऋतु में निराशा का भाव बढ़ाती है, पर गरमी में विशेष सफल होती है। वैसे भी दिल्ली अपने असंख्य कष्टों से गरमी को असह्य बनाने के लिए बदनाम रही है। गरमी का अन्त भी दिल्ली में नाटकीय ढंग से नहीं आता क्योंकि मानसून यहाँ मध्य प्रदेश या बिहार की तरह नहीं फटता, थकाकर और खुद अधेड़ होकर पहुँचता है। इसलिए उसकी प्रतीक्षा भी ग्रीष्म को सहनीय नहीं बना पाती। असुविधाओं और बेचैनी की निरन्तरता कई क्षणों में बुनियादी सवालों की तरफ मन को मोड़ने में सफल होती है।

इस बीच पीपल अपने पत्ते पूरी तरह गिराकर नए पत्तों से घिर चुका होता

है। यदि आप जनवरी से मई तक पीपल को देखें तो उसमें आए परिवर्तन आपको लगभग रोज चौंकाएँगे। अव्वल तो पत्तों का सम्पूर्णतः जाना, फिर धीरे-धीरे रंगों का संश्लिष्ट क्रम लिये आना—पीपल के इस व्यक्तित्व ने गौतम के अन्तिम, लम्बे और निर्णायक ध्यान में एक उद्दीपक पृष्ठभूमि की हैसियत निभाई होगी। वैसे भी पीपल की संवेदना निराली है। हवा का हर झोंका उसके पत्तों में अलग तरह से बजता है। तुलसी ने भी पीपल में यह विशेषता देखी थी कि उसका हर पत्ता अलग यानी स्वतन्त्र डोलता है, नीम की तरह समूह में नहीं। तभी कैकेयी की माँगों के सामने दशरथ के मन को 'पीपर पात सरिस' बताया है। खासकर गरमी के अन्धड़ों में पीपल के पत्तों की स्वायत्तता जैसा विरागी संगीत पैदा करती है, वह किसी और पेड़ के बस की बात नहीं।

बुद्ध हमसे विराग की माँग करते हैं तो इसलिए कि हम समझने से कतराना छोड़ सकें। बौद्ध दर्शन और साहित्य की किसी भी श्रेणी के सम्पर्क में आना तुरन्त समझ के कौशलों का अभ्यास बन जाता है। कोई रहस्य नहीं, न पहेली। रूपक और कहानी बार-बार अमूर्त को सँवारने के लिए हैं। राहुल सांकृत्यायन की तरह तिक् न्हात हन्ह भी रूपकों की विवेचना में बेहद रस लेते हैं। उनका एक सुन्दर निबन्ध साँप पकड़ने के सही तरीके पर है। बुद्ध की सोच में ज्ञान और कौशल, सन्तोष और चुनौती के द्वन्द्व के कई कोने इस रूपक से चमक उठते हैं। शायद सबसे बड़ी चमक इस प्रश्न में है कि यदि आपको साँप पकड़ने का ज्ञान हासिल हो गया है तो क्या आप उसे इस्तेमाल में ला रहे हैं या यूँ ही सहेजकर रखे हुए हैं ?

प्रश्न उठाने के साहस को लेकर आज हिन्दी-पट्टी एक गहरी फिक्र में पड़ी हुई नजर आती है। पर इसी पट्टी में ढाई हजार साल पहले गौतम ने प्रश्नों के जरिए भूचाल पैदा किया था। प्रोफेसर रविन्दर कुमार, जो अप्रैल के शुरू में अचानक नहीं रहे, अक्सर इस ऐतिहासिक सच्चाई का जिक्र करते थे। उनका कहना था कि बनारस से पटना के बीच बुद्ध इतनी बार पैदल घूमे थे कि वे शायद वहाँ रहनेवाले हर आदमी को नाम से पहचानते होंगे। रविन्दर कुमार को स्वयं प्रश्नों का व्यसन था। नेहरू म्यूजियम और लाइब्रेरी के निदेशक के रूप में उन्होंने समाज विज्ञानों की हर धारा के लोगों को आमने-सामने लाकर प्रश्न करने का मौका दिया।

संवाद में सीधे प्रश्न पूछ सकना इतना दुर्लभ क्यों हो गया है, यह बात मुझे कभी ठीक से समझ नहीं आई। लोग गोष्ठियों में प्रश्न पूछने खड़े होते हैं और वक्तव्य दे डालते हैं। प्रश्न पूछने की असमर्थता नई नहीं है। मरहूम कृष्णानन्द

गुप्त ने 'हंस' के एक शुरुआती अंक में पत्र लिखकर कहा था कि प्रश्न उठाने का माहौल बनाना काफी मुश्किल काम है। उस बात को एक अरसा हो गया, पर माहौल कोई खास नहीं बदला है। बुद्ध पूर्णिमा की शाम उनकी जिन्दगी के मुख्य प्रसंग बताए जाने के दौरान चाँद उगा। धूल के मारे परेशान था, पर पूर्णिमा की कोशिश भी बेकसर होती है। उस शाम देर से घर लौटते हुए बुद्ध का उठाया हुआ एक प्रश्न रास्ते भर खटखटाता रहा—सही आजीविका क्या है, कौन-सी है ?

सड़क के साहसी

रेड़ी पर फल बेचनेवाले को देखते ही पुलिसवाले के चेहरे पर जो भाव आता है, उसे हबीब तनवीर ही दिखा सकते हैं। उसे शब्दों में व्यक्त करने की कोशिश व्यर्थ है। यही स्थिति खोमचा रखनेवालों और किसी हद तक रिक्शा चलानेवालों की है। सड़क पर किसी दिन यदि सैकड़ों रिक्शों की लड़ी बनाकर हाँकी जाती नजर आए तो समझ लेना चाहिए कि पुलिस हरकत में आई है। हम यानी रिक्शे पर बैठनेवालों को लगता है कि ऐसा कभी-कभार ही होता है। पर यदि हम एक दिन के लिए रिक्शा चलानेवाले बन जाएँ तो हमें लगेगा कि गाज एक न एक बहाने से कभी भी गिर सकती है।

सुबह घूमने निकलकर थोड़ी ही देर में धुन्ध चीरता कोई रिक्शेवाला न दिखे तो आशंका होती है कि शहर में कोई हादसा तो नहीं हो गया। ऐसी ही विडम्बना पपीता बेचनेवाले के साथ है। हर पल असुरक्षा और अनिश्चय में जीनेवाले इन लोगों की सड़क पर उपस्थिति हमें शहर के कुशल-क्षेम का बोध कराती है। फेरीवालों की आवाजें भारत के शहरी जीवन का सबसे भरोसेमन्द प्रतीक रही हैं। इनमें से कई आवाजें अभी जीवित हैं, पर कई शायद हमेशा के लिए बन्द हो चुकी हैं। चाकू तेज करनेवाले और रुई धुनकनेवाले अब नहीं आते। बहादुरशाह जफर मार्ग पर अन्तर्राष्ट्रीय डाकघर के सामने खोमचे पर बिस्किट बनानेवाले को देखकर मुझे हमेशा विस्मय होता है। सौ ग्राम बिस्किट खरीदने का लालच हो जाता है क्योंकि मैं जानता हूँ कि ऐसे बिस्किट कहीं नहीं मिलते। लालच के अलावा यह डर भी मुझे तुरन्त खरीदने के लिए प्रेरित करता है कि शायद आज इस नन्हें व्यवसाय का आखिरी दिन हो।

पिछले माह डाक में इन कामों पर दो व्यवस्थित पुस्तिकाएँ देखकर सुखद आश्चर्य हुआ। 'लोकायन' द्वारा स्थापित फेरी-रिक्शा-रेड़ी पंचायत और जागृति महिला समिति ने इन पुस्तिकाओं में मूल्यवान सामग्री दी है। सामग्री का एक आधार 'मानुषी' पत्रिका की ओर से कराया गया दिल्ली के रेड़ी और पटरीवालों का सर्वेक्षण है। सर्वेक्षण बताता है कि राजधानी में लगभग पाँच लाख फेरीवाले

बिना लाइसेंस अपना काम करते हैं। लाइसेंस बीस हजार के पास है। लाइसेंस ही वह औजार है जिसकी मदद से कानून और व्यवस्था के नियामक इन कामगारों की दैनिक जिन्दगी को अपनी गिरफ्त में रखते हैं। लाइसेंस बनाने, उसकी जाँच करने और नुक्स निकालकर नया जारी करने के बहाने अधिकारी नकद किराया वसूलते हैं। 'मानुषी' के सर्वेक्षण के अनुसार इस तरह वसूली जानेवाली राशि पचास करोड़ रुपए प्रति माह के आसपास है। इस अनुमान पर दिल्ली के किसी अधिकारी या मन्त्री की टिप्पणी सुनने को अभी तक नहीं मिली है।

जिन बहानों से पटरीवाले सताए जाते हैं, उनमें सफाई यानी कि गन्दगी का बहाना सबसे रोचक है। भेलपुरी लेकर चहलकदमी करते हुए खानेवाले लड़के-लड़कियों को कभी गन्दगी फैलाने के जुर्म में नहीं पकड़ा जाता, भले कोई भी देख सकता है कि भेल खाकर कागज की प्लेट वे सड़क पर गिराए जाते देखे जा सकते हैं। मूँगफली के छिलके सीलो और एक्सेंट जैसी कारों की खिड़की से गिरा देते हैं। राह चलते थूकना और कागज या छिलके फेंकना मध्यमवर्गीय जीवन का अभिन्न अंग हैं। ये काम करते हुए हमें यह भरोसा रहता है कि सफाई के लिए लोगों को नौकरी दी गई है। हमारा अधिकार है गन्दगी फैलाना, उनकी मजबूरी है सफाई करना। यह मानस इतना व्यापक है कि पटरी या रेड़ीवालों के सन्दर्भ में गन्दगी और प्रदूषण की बात कभी ग्राहकों को घेरे में रखकर नहीं उठाई जाती।

सफाई के इस सँकरे विमर्श का आधार अवश्य ज।ति है। गंदगी की अवधारणा परम्परानुसार निचली जातियों से जुड़ी रहती है। स्कूली शिक्षा और आधुनिक प्रसार माध्यम इस जुड़ाव को ध्वस्त करने में एकदम असमर्थ रहे हैं। शायद ध्वस्त करने का इरादा भी नहीं था। नगरपालिका के वे कर्मचारी जो सड़कों की सफाई के लिए तैनात हैं, प्रायः उन्हीं जातियों के होते हैं जो परम्परा में सफाई के कामों से जुड़ी थीं। गन्दगी से ज्यादा नफरत हमें इन कामों से है और इसलिए उन लोगों का काम बढ़ाने में हमें संकोच महसूस नहीं होता जो ये काम करते हैं।

तौर-तरीकों और अवधारणाओं का यह दुष्चक्र शहरी जीवन की संस्कृति में समाया हुआ है। रेड़ीवाले इस संस्कृति की उथल-पुथल में जीने के आदी रहे हैं, पर उनकी असुरक्षा उदारीकरण के गहराने से बहुत तेजी से बढ़ी है। पिछले जाड़े में परिस्थिति कुछ ऐसी हो गई थी कि सब्जी और फलवाले भी छिपकर आते थे मानो वे कोई अपराध करने पर आमादा हों। सुप्रीम कोर्ट वषो ॅ पहले कह चुका है कि फेरी लगाना, पटरी पर चीजें बेचना, आदि काम आजीविका कमाने के अधिकार के अन्तर्गत आते हैं। पर कोर्ट की बात अपनी जगह है, सड़क पर खड़े होना अलग बात है।

सहमति की घुटन

देश को परमाणु शक्ति होने का दर्प देनेवाले प्रान्त में हजारों लोग भूख और लाखों प्यास से बेहाल हैं। यह स्थिति अनुमानित थी, फिर भी अनिवारित रही। अनुमान की गम्भीरता और तारीख पर विवाद हो सकता है, पर पिछला साल पूरा होते-होते यह बात छिपी नहीं रह गई थी कि केन्द्रीय भारत और राजस्थान इस बार भयानक सूखे की चपेट में आएँगे। पानी का इन्तजाम अचानक नहीं किया जा सकता, पर खाने की बात अलग है। भारतीय खाद्य निगम के गोदाम हर जगह भरे हैं, राजस्थान में भी भरे हैं। पर सरकार सस्ता या मुफ्त अनाज नहीं देना चाहती और लोगों के पास अनाज खरीदने के लिए पैसा नहीं है। उन्हें अनाज खरीदने लायक पैसा कमाने के लिए आपातकालीन रोजगार भी सरकार उतनी मात्रा में नहीं दे पा रही जितनी जरूरत है। रोजगार के साधन भी घट गए हैं। पूरे राजस्थान में इंटरनेट की सेवाएँ तेज बनाने के लिए फाइबर आप्टिक का केबल बिछ रहा है, पर उसके लिए खुदाई का काम महँगी, आयात की गई मशीनें कर रही हैं, इसलिए मजदूरों की जरूरत नहीं है।

इंटरनेट और भूख के बीच बँटे समाज का यह चित्र रजनी बख्शी ने 'हिन्दू' में खींचा है। यह चित्र राजकिशोर के सम्पादन में 'आज के प्रश्न' शृंखला के अन्तर्गत छपी 'विनाश को निमन्त्रण' शीर्षक पुस्तक की याद ताजा करता है जिसका विषय नई आर्थिक नीति था। इस पुस्तक में किशन पटनायक के लेख में उदारीकरण के नारे के तहत किए गए निर्णयों के जो परिणाम बताए गए थे, वे सामने आने लगे हैं। उनके विवेचन की सच्चाई का राजस्थान से ज्यादा विश्वसनीय प्रमाण आन्ध्र प्रदेश से आनेवाली खबरें दे रही हैं। एक तरफ आन्ध्र के मुख्यमन्त्री चन्द्रबाबू नायडू सूचना-क्रान्ति का ग्लैमर और भविष्य का स्वर्णिम सपना दिखा रहे हैं, दूसरी ओर बेरोजगारी, निराशा और आत्महत्या आन्ध्र से आने वाले समाचारों पर लगातार छाई रही हैं। कपास उगानेवाले किसानों के बाद अब ये खबरें हथकरघा कारीगरों के बारे में हैं।

इन खबरों पर आन्ध्र के नेताओं की थोड़ी-बहुत चिन्ता इसलिए अभिव्यक्त हुई है कि खबरें 'फ्रंटलाइन' जैसी राष्ट्रीय पत्रिका में विस्तार से छपीं। इस पत्रिका ने उत्तरी आन्ध्र के दुबक्का और सिरसिला कस्बों के आत्महत्या करनेवाले कई कारीगरों की पारिवारिक कहानी बताई है। पैंतालीस साल के केशवुलु बन्दिनी साड़ियाँ बनाते थे। बन्दिनी की कला आजकल टाइ-एंड-डाइ के नाम से जानी जाती है। छोटी-छोटी गाँठों में कंकड़ बाँधकर कपड़े की रँगाई की जाती है। गाँठें खोलने पर सिलवटें स्वयं विन्यास बन जाती हैं जो कपड़े के हर हिस्से में थोड़ा-थोड़ा अलग लगता है। पूरा काम इतनी मेहनत और धीरज माँगता है कि खरीदार कभी कारीगर के साथ न्याय नहीं कर सकता। केशवुलु की साड़ियाँ स्थानीय सहकारी समिति के जरिए प्रान्तीय सहकारी संगठन की बिक्री में शामिल होती थीं। तीन-चार वर्ष पहले तक केशवुलु पन्द्रह सौ रुपए महीना कमाते थे। पिछले वर्ष यह सीमित आय भी दूभर हो गई क्योंकि प्रान्तीय संगठन ने साड़ियाँ उठाना बन्द कर दिया। कर्जा लेकर जीते-जीते केशवुलु तंग आ गए और अन्ततः अपनी जान ले बैठे।

इस दारुण कथानक का स्रोत राष्ट्रीय करघा नीति बताई जा रही है जो अस्सी के दशक के उत्तरार्ध में एक बुनियादी अर्थ में बदल गई। जहाँ पहले रोजगार पर थोड़ा-बहुत जोर था, वहाँ उत्पादकता ही एकमात्र ध्येय बन गई। इस बदलाव के कारण हथकरघों और बिजली के करघों के बीच चली आ रही स्पर्धा पर काबू रखना सम्भव नहीं रह गया। रही-सही कसर उदारीकरण ने पूरी कर दी। धागा, रंग, किराया जैसी हर चीज महँगी हो गई और हथकरघा उद्योग हाँफने लगा। वैसे भी सिंथेटिक कपड़े के सामने करघे पर बने सूती कपड़े का बाजार लगातार उखड़ता और सिमटकर समृद्धतर वर्गों और निर्यात पर निर्भर होता गया है। इस ऊँचे बाजार का लाभ कुछेक बड़ी सुनियोहित संस्थाओं व उनके तहत काम करनेवाले कारीगरों को ही मिल पाया है। हथकरघा उद्योग से गुजारा करनेवाले लाखों कारीगर दो बार भोजन जुटाने में भी असमर्थ होते गए हैं।

वैश्वीकरण के नारे की आड़ में शुरू की गई नीतियों को लेकर इस तरह के परिदृश्य न दस वर्ष पहले अनजाने थे, न अब हैं। फिर भी इन परिदृश्यों को इकट्ठा करके कोई राष्ट्रीय या प्रान्तीय नेता यह नहीं कहना चाहता कि नई नीतियाँ भारत की ज्यादातर आबादी के लिए हानिप्रद सिद्ध हुई हैं। यह एक सच्चाई है कि वैश्वीकरण एक विचारधारा बन गया है। जब कोई विचारधारा बन जाए तो उस पर निष्पक्ष बहस नहीं हो सकती। हमारे लोकतन्त्र के इस समय गुजरते इतिहास की ट्रेजडी ही यह है कि वैश्वीकरण पर आधारित नीतियों को

लागू करने का जिम्मा एक ऐसे दल के नेतृत्व में चल रही सरकार पर आन पड़ा है जो स्वयं विचारधारा के प्रति पूर्ण निष्ठा के सिद्धान्त पर आधारित है। हिन्दुत्व की विचारधारा और वैश्वीकरण की विचारधारा एक-सी मानसिक संरचना की माँग करती हैं। निष्ठा की यह संरचना लोकतन्त्र के सामने एक बड़ी चुनौती है क्योंकि लोकतन्त्र में पुनर्विचार की आजादी सर्वोपरि रहनी चाहिए। नई आर्थिक नीति के प्रतिदिन स्पष्टतर होते दुष्परिणामों को देखकर नीति पर पुनर्विचार की माँग क्यों नहीं उठ रही, यह सवाल फिर भी रह जाता है। क्या इसका यही एक जवाब रह गया है कि दुष्परिणामों की मार गरीब, विशेषकर ग्रामीण गरीब सह रहे हैं और उनकी आवाज आज न नेता उठाता है, न न्यायालय, न अधिकारी, न प्रेस ? जिसे मध्यमवर्ग कहा जाता है वह उदारीकृत अर्थव्यवस्था के ताने बाने में लपेट लिया गया है। चूँकि आवाज और असहमति के साधन ज्यादातर इसी वर्ग के हाथों में हैं, इसलिए ये साधन उदारीकरण से लहूलुहान जनजीवन की तस्वीर दिखाने के काम नहीं आ रहे।

उऋण होने के लिए

कागज में छेद करनेवाली मशीन मेरे पास शुरू से रही है। बचपन में मशीन से ज्यादा आकर्षण कागज की टिकुलियों का होता था जो मशीन के पेंदे में इकट्ठा हो जाती थीं। पेंदे पर लगे ढक्कन को खोलकर एक साथ सैकड़ों टिकुलियाँ हवा में उड़ाकर फर्श पर बिखराने में बड़ा मजा आता था। बाद में छात्र जीवन में मशीन की सही उपयोगिता समझ में आई। कुछ वर्ष पहले मुझे ज्यादा बड़ी पंचिंग मशीन खरीदनी पड़ी क्योंकि जीवन में कागजों की संख्या बढ़ गई थी और दो-दो कागज करके छेद करने का धीरज घट गया था।

नई मशीन में एक बार में आठ-दस कागज छेदने की क्षमता थी। दुर्भाग्य, इसी क्षमता की बदौलत मशीन पर बहुत जोर पड़ा और वह दो-तीन साल चलकर भोथरी हो गई। एकाध वर्ष बहुत जोर लगाने पर कामयाबी की स्थिति रही, बाद में वह भी जाती रही—या यूँ कहिए कि जोर की जरूरी मात्रा इतनी बढ़ गई कि हर बार आवश्यकता पड़ने पर यह भरोसा न रहा कि मशीन काम कर लेगी।

इस हालत में मशीन एक कोने में पड़ी-पड़ी धूल खाने लगी। उसे फेंकना या कबाड़ी को दे देना भी ठीक न लगता था क्योंकि इस बात की क्षीण आशा अभी बनी हुई थी कि बहुत ताकत लगाने पर मशीन छेद करेगी। मरम्मत का सवाल नहीं था क्योंकि मशीन में पेंदे के सिवा ऐसा कुछ नहीं था जिसे खोलकर ठीक किया जा सके। भोथरे हो गए डंडे को तराशना मशीन तोड़कर ही सम्भव होता। डंडे में अब इतनी ही धार बची थी कि कागज में छेद का निशान बना दे। ऐसा एक-दो बार हुआ कि मैंने आधे-अधूरे छेद या छेद के प्रतीक को पेंसिल गड़ाकर खोला। इस कामचलाऊ उपयोगिता के कारण मशीन को फेंकने की नौबत टलती रही।

अब अचानक मुझे इस मशीन का एक नया उपयोग सूझा है। अमेरिकी राष्ट्रपति के चुनाव के सिलसिले में छपी और सुनाई गई ढेरों खबरों के बीच

अचानक मैंने जाना कि फ्लोरिडा में उठी समस्या का कारण मेरी जैसी भोथरी मशीनें थीं। कुछ मशीनें लगभग सौ वर्ष पुरानी हो चुकी थीं, फिर भी काम में लाई जा रही थीं। मतदाता अपनी पसन्द के उम्मीदवार के नाम के सामने छेद बनाने की कोशिश करता था। छेद कभी बनता था, कभी सिर्फ उसका निशान बनता था। वोट देने की मशीनें पुरानी और घिसी हुई थीं, पर वोटों की गिनती कम्प्यूटरों से की गई। कम्प्यूटर ने पूरी तरह बने हुए छेद को वैध मत माना, पर आधे-अधूरे छेदों को अवैध मत मानकर गिना ही नहीं। इसीलिए परिणाम आने के बाद हाथ से गिनती करने की माँग उठी।

हाथ से गिनने की कठिनाई यह बताई गई कि एक-एक वोट को उठाकर रोशनी के सामने रखकर देखना पड़ेगा—तभी मालूम चलेगा कि मतदाता ने किस उम्मीदवार के नाम के सामने छेद बनाने का प्रयास किया है। यह काम इतना धीमा था और इसके परिणामस्वरूप चुनाव के नतीजे में परिवर्तन की सम्भावना इतनी ज्यादा थी कि कम्प्यूटर द्वारा की गई गिनती को ही अन्तिम मान लेना ज्यादा सुविधाजनक होता। अमेरिकी सुप्रीम कोर्ट ने भी अन्ततः यह रुख लिया कि कानूनी औपचारिकताओं की पूर्ति—जैसे अन्तिम तारीख से पहले चुनाव-प्रक्रिया की समाप्ति—ज्यादा महत्त्वपूर्ण है बनिस्बत वोटों की सही गिनती के। इस तरह बुश जीते, गोर हारे।

पूरी बात पढ़कर मुझे लगा कि दुनिया में अभी ऐसी एक जगह है जहाँ मेरी भोथरी पंचिंग मशीन इज्जत के साथ रह सकती है। यदि मैं अपनी मशीन फ्लोरिडा के चुनाव अधिकारी को दान में दे दूँ तो वह अपने जैसी अन्य सैकड़ों भोथरी मशीनों के बीच पहुँच जाएगी और अगले चुनाव में काम आएगी। अमेरिकी मतदाता जान चुका है कि मतदाता को बेहतर छेद बनानेवाली मशीन दी जाए या फिर पुरानी मशीन से बनाए गए छेद के कटाव को कायदे से देखा और गिना जाए। फ्लोरिडा के सुप्रीम कोर्ट ने यह जताने की कोशिश की कि मतदाता सर्वोपरि है, पर देश के सुप्रीम कोर्ट ने इस बात को मानने से इनकार कर दिया। उसका निर्णय पढ़कर लगता है कि वोट एक औपचारिकता भर है, अधिकार या अस्त्र नहीं।

यह नया राजनीति विज्ञान पढ़कर मुझे लगा कि अब उस कृपा से मुक्त होने का वक्त आ पहुँचा है जो मेरे बचपन में अमेरिका भारत पर करता था। स्वतन्त्रता और गणतन्त्र दिवस पर स्कूल में बूँदी के लड्डू या गुलाब जामुन बाँटने का रिवाज था। साठ का दशक शुरू होते-होते मिठाई का स्थान पाउडर के दूध ने ले लिया। एनसीसी की परेड के बाद मिलनेवाले नाश्ते का भी यही हश्र हुआ। बच्चों को

इस बात की जानकारी थी कि दूध का पाउडर अमेरिका से मुफ्त आता है। शायद इसी कारण हमें पुड़िया खोलकर दूध के पाउडर को फूँक से उड़ा देने में मजा आता था।

मगर साठ के दशक का मध्य आते-आते स्थिति ज्यादा गम्भीर हो गई। पीएल-480 नाम के अमेरिकी कानून के तहत गेहूँ आने लगा। परीक्षा में 'भारत की खाद्य समस्या' पर लेख (यद्यपि उसे 'निबन्ध' कहा जाता था) में इस कानून का जिक्र करने से नम्बर ज्यादा मिलते थे। 1966 तक आते-आते इस कानून के तहत गेहूँ के दान का इस्तेमाल अपने राजनीतिक दबाव के लिए करने में अमेरिका माहिर हो गया। भारत जैसे तमाम विकासशील कहलानेवाले देशों की अर्थ और राजनैतिक व्यवस्थाओं में छेद करना उसका कर्तव्य बन गया। उसके बनाए छेदों की संख्या गिनने चलें तो काफी धीरज और हौसला लेकर चलना होगा।

विवेक की नींद

ऐसी चीजों की आलोचना करते भी बुरा लगता है। बुलानेवाले सोचते हैं कि अपनी तरफ से वे बेहतरीन इन्तजाम कर रहे हैं। कुछ वर्ष पहले तक ऐसे इन्तजाम के विकल्प आसानी से मिल जाते थे, पर अब यह कठिन हो गया है। होटल हो या रेलगाड़ी या फिर मन्त्री अथवा अफसर का सभाकक्ष ही क्यों न हो–सत्ता की संस्कृति में एयर कंडीशनर अनिवार्य रूप से भनभनाता रहता है। वह कितना ही उम्दा हो, एक खास तरह की सन्नाहट उसमें से निकलती ही है। गांधी के 'हिन्द स्वराज' पर आयोजित गोष्ठी में बुलाए जाने का मतलब यही था कि भोपाल के 'पलाश' होटल में यह सन्नाहट रात भर बर्दाश्त की जाए। आयोजक निश्चय ही मानकर चले होंगे कि यह इन्तजाम बेहतरीन था, और सचमुच था भी। 'एसी' कमरा आज के भारत में आराम, हैसियत, सुरक्षा–सभी का प्रतीक हो चुका है।

एक जमाना था–जो दरअसल अभी पन्द्रह-बीस बरस पहले तक था–जब हैसियतवाली जगहों में खिड़की खोलना सम्भव था। फर्स्ट क्लास के डिब्बे में सफर करनेवाले को गाँव और कस्बों के दृश्य साफ दिखाई देते थे। फिर रेल मन्त्रालय ने तय कर लिया कि फर्स्ट क्लास खत्म कर देंगे; हैसियतवालों को मजबूर किया जाएगा कि वे एयरकंडीशन डिब्बे में बैठें। इन डिब्बों की खिड़की धूप के चश्मे की तरह होती है जिससे बाहरवाले अन्दर नहीं झाँक सकते और अन्दर वाले को बाहर की दुनिया साफ नहीं दिखती; आवाज और हवा तो खैर बन्द हो ही जाती है। बाहरवाले को रहस्य और अन्दरवाले को अज्ञान में रखना वातानुकूलित रेलयात्रा का निहितार्थ बन गया। जल्दी ही यह निहितार्थ इतना प्रखर हो उठा कि पूरी की पूरी गाड़ी वातानुकूलित की जाने लगी।

रेल के समानान्तर ऑफिस और होटल में भी एयर कंडीशनर का चलन बढ़ा। पाँच सितारा होटल तो शुरू से सम्पूर्णतः 'एसी' हुआ करते थे, देखते ही देखते अब सरकारी होटल और रेस्ट हाउस की खिड़कियाँ सील होने लगीं। संयुक्त सचिव स्तर के अधिकारी का ध्यान खिड़की से घुस आनेवाली गौरेयों द्वारा तोड़ा

जाना बन्द हो गया। बैंक के मैनेजर, अखबार के सम्पादक, छोटी-छोटी कम्पनियों के मालिक–सभी अँधेरे बन्द कमरों में बैठने लगे। व्यवस्था को चलाने के लिए बिजली का खर्च कई गुना बढ़ गया। कारें पेट्रोल ज्यादा खाने लगीं क्योंकि उनके इंजन के बटाईदार के रूप में एयर कंडीशनर स्थापित हो गया। 'ए.सी.' सत्ताधारी वर्ग का क्रेज बन गया। यह मान लिया गया कि यदि एयर कंडीशनिंग की सुविधा नहीं है तो नेता, अधिकारी और उद्योगपति कहीं जा नहीं सकता, न आराम से सो सकता है, न खा सकता है, और कोई काम तो बिल्कुल ही नहीं निपटा सकता। निरक्षरता उन्मूलन की मीटिंग हो या रामहित में रथयात्रा–एयर कंडीशनर के बिना किसी भी राष्ट्रीय उद्यम की कल्पना असम्भव हो गई।

महात्मा गांधी पर बहस के लिए सरकार एयर कंडीशनर मुझ पर भी थोपेगी, इस बात की आशंका थी, फिर भी 'पलाश' होटल के उस कमरे में प्रवेश करते हुए मेरा दिल कुछ भीग-सा गया। 'ए.सी' कमरों में विशेष तरह की बास होती है, उसके लिए भी मैं तैयार था; कमरे में एक भी कायदे की खिड़की नहीं होगी, सिर्फ एक छेद होगा जिसे खोल देने से हवा नहीं, मच्छर भीतर आएँगे और मच्छरदानी नहीं होगी, गुसलखाना बिजली चले जाने पर एकदम अँधेरा हो जाएगा–ये सारी बातें मैं जानता था। फिर भी भोपाल के उस कमरे ने मुझे चौंका दिया। होटल का कर्मचारी बाकायदा एयर कंडीशनर को चला गया था। सब कुछ निस्पन्द था उस कमरे में, रात भर चली वातानुकूलित गाड़ी की सवारियों की तरह ठंडा और श्लथ। माहौल में कुछ हरकत लाने के इरादे से मैंने कोने में रखा टीवी चला दिया। उस पर स्टार चैनल आ रहा था।

पर्दे पर प्रकटी लड़की अंडे का सलाद बनाना सिखा रही थी। उसने मेयोनीज बनाने की हिदायत दी पर यह नहीं बताया कि मेयोनीज भारत की जलवायु में यदि कुछ घंटे भी रखा जाए तो सड़ जाता है, लेकिन सड़ा हुआ दिखता नहीं है। इसीलिए अंडे का सलाद खानेवाले थोड़ी देर में घुटन और बेचैनी महसूस करने लगते हैं।

कुछ ऐसी ही भावनाओं से ग्रस्त होकर मैंने होटल के मैनेजर से कहा कि वह मुझे बिना एयर कंडीशनर वाले कमरे में रख दे तो अच्छा होगा। उसने दो कारणों से असमर्थता जताई : एक यह कि आयोजकों ने मुझे 'ए.सी.' वर्ग में रखा है और यह वर्गीकरण बदला नहीं जा सकता; दूसरा यह कि कोई 'नॉन-ए.सी.' कमरा खाली नहीं है। शाम को मेरी मित्र तेजी ग्रोवर ने बताया कि इनमें से एक भी कारण सच नहीं था। सचाई यह थी कि बिना एयर कंडीशनर वाले कमरों के कालीन फटे रहते हैं, बिस्तर का गद्दा जर्जर होता है, गुसलखाने में नल टपकता

है और 'पलाश' का प्रशिक्षित मैनेजर मुझे इस सत्यदर्शन से बचाना चाहता था। वैसे यह स्थिति अकल्पनीय कतई नहीं थी। पूरी तरह वातानुकूलित रेलों के चलने से साधारण रेलगाड़ियों की यही दशा हुई है।

अब जनवरी के शुरू में भोपाल में सुभद्रा कुमारी चौहान की स्मृति में स्त्रीत्व के शिल्प पर गोष्ठी है। इस बार मुझमें हिम्मत नहीं है कि मैं 'पलाश' की उस निर्जीव हवा का सामना कर सकूँ। गांधी के 'हिन्द स्वराज' पर कोई विचार उस कमरे में सोकर रखना दूभर था तो सुभद्रा कुमारी चौहान को याद करके आज की संस्कृति में स्त्री की दशा पर कुछ सोचना कम दूभर न होगा। दिक्कत यह है कि भोपाल में अब शायद ही कोई ऐसा सरकारी स्थान बचा हो जहाँ खुली खिड़कियाँ हों, कौए का बोलना सुनाई देता हो और हवा आराम से आती-जाती हो। भोपाल में रहनेवाले मेरे पुराने सहपाठी और कवि नवीन सागर ने कई वर्ष पहले लिखा भी था–

'जालीदार बना दी खिड़की
बिल्ली तक न आती।'

मामला अब जाली से आगे बढ़ चुका है और भोपाल का है भी नहीं। एयर कंडीशनर एक बड़ी चीज है जो हमारे राष्ट्रीय विवेक को सुला गई है।

हिंसा के घेरे में मेधा पाटकर

कोई डेढ़ वर्ष पहले इसी स्थान पर 'मेधा पाटकर का कठिन सच' शीर्षक लेख लिखते समय मैंने कल्पना भी नहीं की थी कि उनका कठिन सच सुनने का धैर्य समाज में इस हद तक घट जाएगा कि मेधा पाटकर को सशरीर दबाने की जरूरत एक के बाद एक घटना में उभरे। अगस्त के अनुभव बताते हैं कि मेधा पाटकर के नैतिक संघर्ष को हिंसापूर्वक कुचल देने की राजनैतिक तैयारी हो चुकी है। इस तैयारी का रंग दलीय नहीं है, न ही उसकी रंगत उस तरह स्थानीय है जिस तरह शंकर गुहा नियोगी की हत्या की थी। उदार होती अर्थनीति और संकीर्ण होती जा रही राजनीति के आपसी करार में ऐसी अनेक तैयारियाँ छिपी हैं जो हिंसा के पात्र और अवसरों की विविधता का ऐसा शक्तिशाली भ्रम रचती हैं कि हमें हर हत्या एक दुर्घटना या संयोग नजर आती है। इन तैयारियों के चलते असहमति के स्वरों को अनसुना कर देना या पूँजीचक्र के निरन्तर बढ़ते शोर में दबा देना आम हो गया है। इस शुरुआती ज्यामिति में राज्य और प्रसार माध्यम मिलकर काम करते हैं। राज्य कोई बात सुनकर उसे समझने का अभिनय करके अन्ततः अनसुनी कर देता है, उधर प्रेस में और टीवी राज्य के इस छल को आधी-अधूरी खबरों के जंगल में छिपाने का काम करते हैं। जब इस प्रारम्भिक ज्यामिति से काम नहीं चलता यानी असहमति का स्वर बुलन्द बना रहता है तो फिर पुरुष और महिला पुलिस के बाज़ुओं, डंडों और उन्हें चलवानेवाले अफसरों के झूठे बयानों की उच्चतर ज्यागिति की बारी आती है।

अगस्त की शुरुआत में नर्मदा बचाओ आन्दोलन की ओर से सरदार सरोवर क्षेत्र के आदिवासियों का धरना दिल्ली में आयोजित किया गया था। उमस से लदी हवा और कीचड़ बनती जन्तर-मन्तर की जमीन पर भीली, भिल्लाली, पावरी, मराठी, गुजराती और हिन्दी बोलनेवाले तीन राज्यों के स्त्री-पुरुष पाँच सौ के करीब रहे होंगे। जो पाठक सरदार सरोवर क्षेत्र के भूगोल से व्यक्तिगत रूप से परिचित नहीं हैं, वे किसी भी तरह यह अन्दाज नहीं लगा सकते कि ये स्त्री-पुरुष कितना

कष्ट सहकर दिल्ली पहुँचे होंगे। मेरा ख्याल है कि दो अगस्त की सुबह साढ़े सात बजे जब यह जनसमूह प्रधानमन्त्री निवास के भीतर लगी हरी घास पर बिछी दरी पर बैठा तो प्रधानमन्त्री भी मन ही मन समझ गए थे कि ये कोई आम अथवा भाड़े के प्रदर्शनकारी नहीं हैं। शायद इसी एहसास के प्रभाव से उस सभा के विसर्जन के समय प्रधानमन्त्री ने यह घोषणा कर डाली कि वे 16 अगस्त को सरदार सरोवर परियोजना से वास्ता रखनेवाले चार राज्यों के मुख्यमन्त्रियों की एक और बैठक बुलाएँगे और इस बैठक में मेधा पाटकर के साथ-साथ बाँध से प्रभावित लोगों के प्रतिनिधियों को भी शामिल करेंगे। जुलाई की बैठक इन लोगों को बहिष्कृत रखकर हुई थी, इस कारण प्रधानमन्त्री की घोषणा बेमानी हो गई। गुजरात के मुख्यमन्त्री ने कह दिया कि वे मेधा पाटकर के साथ किसी बैठक में भाग नहीं लेंगे। देश को भाजपा का विकल्प देनेवाली सरकार के प्रधानमन्त्री ने गुजरात के मुख्यमन्त्री के इसकी सूचना पाते ही पाँच सौ आदिवासियों के सामने घोषित बैठक स्थगित कर दी।

इस बीच गुजरात में मेधा पाटकर और नर्मदा बचाओ आन्दोलन के खिलाफ ओछे प्रचार की मुहिम चल उठी थी। इस मुहिम को थोड़ा थामने के इरादे से मेधा पाटकर ने 17 अगस्त को एक प्रेस कांफ्रेंस अहमदाबाद में बुलाई। प्रेस कान्फ्रेंस न हो गई, अपराध हो गया। गुजराती के प्रसिद्ध लेखक अश्विनी भट्ट के घर, जहाँ मेधा ठहरी हुई थीं, पुलिस सुबह नौ बजे जा पहुँची। पुलिस अधिकारी ने उन्हें पहले मशविरा, फिर आदेश दिया कि प्रेस कान्फ्रेंस रद्द कर दी जाए। वाणी के अधिकार, संविधान, वगैरह की चर्चा के जवाब में अधिकारी ने कहा कि मेधा पाटकर को गिरफ्तार करना जरूरी है। मकान के बाहर भाजपा कार्यकर्ता भद्दे नारे लगा रहे थे, और पुलिस जब मेधा को जीप में बिठाकर निकली तो जीप पर पत्थर भी बरसे। दस किलोमीटर दूर स्थित एक कोतवाली में कुछ समय रुककर जीप मेधा को पहले गोधरा ले गई, फिर सारा दिन उन्हें पीछे की सीट पर कान्स्टेबलों के बीच बिठाए-बिठाए रात को बड़ौदा पहुँची। तब जाकर उनकी रिहाई हुई। जुर्म क्या था ? यही कि वे गुजरात के सबसे बड़े औद्योगिक नगर में अखबारवालों के सामने अपना पक्ष रखना चाहती थीं ?

तीन दिन बाद उन्हें मध्य प्रदेश में जबलपुर के पास बने बरगी बाँध के विस्थापितों के साथ धरने पर बैठना था। बाँध बने कई साल हो चुके, पर विस्थापितों के पुनर्वास का इन्तजाम सरकारी फाइलों में ही सुन्दर नजर आता है। सिवनी जिले के बीजासेन गाँव की डूबी हुई जमीन पर सत्याग्रह हर साल अगस्त में होता रहा है, इस अगस्त में भी था और मुख्य माँग यह थी कि बरगी बाँध

में पानी 418 मीटर (समुद्र तल से) नीचे रखा जाए ताकि उजाड़े गए लोग खेती कर सकें। धरना देनेवाले ग्रामीण स्त्री-पुरुषों पर 18 अगस्त के दिन सिवनी के जिलाधीश और पुलिस अधीक्षक की मौजूदगी में लाठीचार्ज हुआ और उसमें बच्चों को भी नहीं बख्शा गया। जमना बाई, गोपाल भाई और कमलेश गिरि समेत तेरह सत्याग्रहियों के दस्तखतों से जारी बयान कहता है कि जिलाधीश ने स्वयं एक महिला पर बेंत चलाया और गालियाँ दीं। जमना बाई पचहत्तर वर्ष की हैं।

लाठीचार्ज के दो दिन बाद धरने पर बैठी मेधा पाटकर को सिवनी की पुलिस किस तरह घसीटकर ले गई, यह कथानक लाखों पाठकों की तरह मेरे लिए भी अमूर्त बना रहता यदि मैंने उनकी गिरफ्तारी के क्षण में लिया गया एक फोटोग्राफ न देखा होता। आज के भारत में राजसत्ता का चरित्र और सत्ता के रूबरू खड़े सत्य के आग्रही का हश्र इस चित्र में बहुत साफ अंकित हुआ है, भले ही चित्र का हर विवरण हिंसक हलचल के उस क्षण में एकदम साफ नहीं उतरा है। यह चित्र मैंने उस समय नहीं देखा था जब मेधा पाटकर की गिरफ्तारी की आधी-अधूरी खबर अखबार में पढ़कर 21 अगस्त की रात मैंने अपने पुराने प्रशासक मित्र और इन दिनों मध्य प्रदेश की सरकार के मुख्य सचिव शरदचन्द्र बेहार को फोन किया। चित्र शायद उन्होंने भी तब तक नहीं देखा था, पर उनकी आवाज बौखलाई हुई थी। उनकी बौखलाहट का प्रमुख कारण मुझे यही लगा कि मध्य प्रदेश सरकार तो मेधा पाटकर की पक्षधर रही है, फिर उसी से लड़ने वे बरगी क्यों गईं। बेहार का कहना था कि गिरफ्तारी उनकी जान बचाने के लिए की गई—यानी यदि मेधा बन्दी न बनाई जातीं तो नर्मदा में डूबकर आत्मघात कर लेतीं। अपने मित्र की यह दलील मानना मेरे लिए नामुमकिन था। मेधा ने 1993 के अपने जल समाधि अभियान के बाद अभी तक उस रीति से सत्याग्रह की बात नहीं दुहराई है। बरगी में वे धोखे से आत्महत्या करेंगी, यह बात कोई डरा या बौखलाया हुआ अधिकारी ही सोच सकता था।

ऐसा भारतीय ढूँढ़ना कठिन होगा जिसे मेधा पाटकर की गिरफ्तारी के चित्र को देखकर महाभारत की याद न आए। पर चित्र की संरचना महाभारत के किसी प्रसंग से ज्यादा जटिल है। चित्र के पीछे की ओर बीजासेन गाँव की डूब के स्मृतिचिह्न की तरह एक उजड़ा-सा टीला खड़ा है। स्थिर, निर्विकार गवाह की तरह खड़ा यह टीला बादलों से लदे आसमान तले एक बहरी सुनवाई करता प्रतीत होता है। टीले के नीचे उससे कुछ दूर धरने पर बैठे लोगों का झुंड है, जो अब खड़े हो गए हैं। कैमरे के लैंस ने उनके चेहरे धुँधला दिये हैं, जो सही भी है क्योंकि उनकी नेता खींचकर उनसे दूर ले जाई जा रही है। जमीन पर उथला पानी है

जिसमें, चित्र के फोकस में चार महिला पुलिसकर्मियों की कसी पकड़ और झपट में स्तब्ध मेधा खड़ी हैं। वे अपनी बाँहों से किसी प्रकार अपने साथ हो रही जबरदस्ती का प्रतिरोध कर रही हैं और कोई बीस-पच्चीस पुरुष पुलिसकर्मी एकदम सटे खड़े मेधा पाटकर की विवशता, उनका अकेलापन और नृशंस दमन एक नजारे की तरह देख रहे हैं। एक महिला पुलिसकर्मी दाँत भींचकर मेधा को धकेल रही है। चित्र दिखाता है कि उनके बाल और कपड़े पुलिस के बाजुओं की शक्ति झेल चुके हैं। वे जिस नाव में जबरन बिठाकर ले जाई जा रही हैं, उस पर सवार एक पुरुष पुलिसकर्मी चित्र के क्षितिज पर छाया हुआ है। उसकी कमर में बँधा चमड़े का चौड़ा बेल्ट इस तरह चमक रहा है जैसे चमड़ा ही चमक सकता है। अगस्त जाते-जाते मध्य प्रदेश के हाईकोर्ट ने यह माना कि मेधा पाटकर की गिरफ्तारी गैरकानूनी थी। उन्हें और कोई डेढ़ सौ सत्याग्रहियों को भी बिना शर्त छोड़ा गया। इनमें से कई को अगले दिनों में चढ़ते पानी में तब तक रहने दिया गया था जब तक वे डूबकर मर जाने के करीब न पहुँचे थे। सरकार का इरादा साफ दिखता था—कि लोगों का मनोबल तोड़कर रख दिया जाए। मुख्यमन्त्री दिग्विजय सिंह कहते रहे हैं कि पंचायती राज का उद्देश्य लोगों में मनोबल पैदा करना है। नर्मदा बचाओ आन्दोलन के साथ सरकार ने अब तक समझौता कर लिया है कि बरगी का पानी दिसम्बर के मध्य तक घटा दिया जाएगा और पुनर्वास का अबकी बार पुख्ता बन्दोबस्त होगा। इस समझौते से शासन और आन्दोलन दोनों को कुछ सन्तोष भले मिला हो, पर पूरे प्रसंग से सत्ता और आन्दोलन के बारे में मिलनेवाली समझ अभी तक सभी से दूर नजर आती है।

सत्ता का चरित्र हम अक्सर उन चेहरों से जाँचने की भूल करते हैं जो सत्ता के पदों पर रोजमर्रा के भाव लिये बैठे होते हैं। इसी भूल के कारण हम इस समूचे प्रसंग से शरदचन्द्र बेहार और दिग्विजय सिंह के दोस्ताना चेहरों को अलग नहीं कर पा रहे। मेधा पाटकर की गिरफ्तारी का चित्र दिखाए जाने पर मुख्यमन्त्री ने 'हिन्दू' के संवाददाता से कहा भी कि मुख्य सचिव मेधा की बड़ी इज्जत करते हैं। प्रशासन के सर्वोच्च पद पर बेहार के रहते मेधा घसीटकर, शारीरिक रूप से बाकायदा दबाई जाकर बन्दी बनाई जाएँगी, फिर दस दिन अकेली रखी जाएँगी—यह सब मेरे मन में बेहार साहब की बतौर शिक्षा सचिव के पड़ी उन स्मृतियों से चीखकर अलग होने की माँग करता है जिनमें वे शिक्षकों के बीच जमीन पर बैठकर उनसे बतियाते थे। आज वे सिवनी के जिलाधीश और पुलिस अधीक्षक की भूमिकाओं की विवेचना ऐसी शब्दावली में कैसे कर पाएँगे जो 18 अगस्त को लाठी का शिकार बने लोगों को विश्वसनीय लगे और मेरे सरीखे हजारों अकर्मण्य

बुद्धिजीवियों को यह दिलासा दे कि सब कुछ फिर ठीक हो गया है। आजादी से अब तक के पचास वर्षों में शायद एक भी ऐसा सरकारी बयान नहीं लिखा गया होगा जो मार खाए लोगों के बयान से मोटे तौर पर भी मिलता-जुलता हो।

उधर आन्दोलन के लिए भी समझ में यकायक उभर आए सीमान्त कम जटिल नहीं सिद्ध होंगे। हमारे वक्त के कितने ही आन्दोलनों में नेतृत्व एक प्रतीक में बदल गया। प्रतीक बन जाने पर नेता हिंसा के उस दायरे में खुद ब खुद खिंचा चला आता है जिसमें घेरकर व्यवस्था तन्त्र उसे खत्म करना चाहता है। अगस्त की झाँकी काफी साफ है—मेधा पाटकर जहाँ खड़ी होने की कोशिश करती हैं, उन्हें एक झपटदार धक्के से गिराने का इन्तजाम तैयार होता है। अहमदाबाद में अभिव्यक्ति का दमन सहकर वे सिवनी में शरीर का दमन झेलती हैं, फिर एकाकी बन्दीगृह में मानसिक यातना। अन्ततः वे सफल होती दिखती हैं और उनका प्रतीक मूल्य और बढ़ जाता है। उनके नाम पर नर्मदा बचाओ आन्दोलन की निर्भरता और स्वार्थतन्त्र से जुड़े सत्ताधारियों के लिए उनका खात्मा रोजाना के तरीकों से कर दिए जाने की सम्भाविता साथ-साथ बढ़ रही है। प्रतीक में सिमट रहे आन्दोलन की ऊर्जा उस काया की ऊर्जा से ज्यादा नहीं हो सकती जिसके विश्राम के लिए कोई सेवाग्राम नहीं है। सेवाग्राम भी एक प्रतीक है, उस युग की राजनीति का जब आन्दोलन में नेतृत्व की थकान और मनुष्यता की स्वीकृति पहले से शामिल रहती थी।

घबराए का एकान्त

प्लास्टिक की गुड़िया, जिसकी एड़ी में सीटी लगी हो, बीसवीं सदी के पूर्वार्द्ध में ही अपनी धाक जमा चुकी थी और अभी तक, कम से कम गाँव के साप्ताहिक बाजार में जमी हुई है। उसे दबाने पर आवाज निकलती है। दबाने की पहल बच्चे को करनी होती है। गुड़िया का पहला सन्देश यही है कि 'मैं अपने हाथों से कुछ करूँगा तो कहीं कुछ होगा।' गुड़िया के साथ जीने और खेलने के भतेरे अन्य सुख और सूक्ष्म सन्देश हैं (स्थूल सन्देश तो किताबों में रहते हैं), पर यह सन्देश प्राथमिक है कि मैं गुड़िया को दबाऊँगा तो आवाज निकलेगी।

पूँजी की सभ्यता के चरम की ओर बढ़ते समाज ने छोटे बच्चे के नाम गुड़िया का यह सन्देश मिटा देने का फैसला कर लिया है। ज्यादातर चुप रहनेवाली गुड़िया का स्थान अब शोर मचानेवाले खिलौने ले रहे हैं और उनमें से कई का शोर तो बाकायदा हिंसक है। पर मामला सिर्फ शोर का होता तो भी कुछ बात थी। शोर का मुकाबला हम शान्ति से कर सकते हैं। लेकिन उकसाए बगैर बरसी हिंसा से बच्चा कैसे बचे ? प्रश्न उन जूतों से उपजा है जो चलते समय चूँ-चूँ बोलते हैं। आवाज इतनी ऊँची होती है कि सड़क पर हर किसी को सुनाई देती है। माता-पिता यह सोचकर ऐसा जूता खरीदते हैं कि ढाई-तीन साल के बच्चे को मजा आएगा। शायद पहले दिन तो थोड़ा-बहुत मजा आता भी है। मगर इसके बाद उसकी मानसिक स्थिति पर जूते की दुर्निवार्य चूँ-चूँ क्या असर डालती है, इसका अनुमान लगाना सरल नहीं है।

इतनी कम उम्र के बच्चे को जूता पहना दिए जाने पर यह अहसास ज्यादा देर तक नहीं रहता कि जूता पैर से अलग है। जूता पैर से जुड़ जाता है। हर कदम रखने पर जूते की आवाज यह सवाल पैदा करती है कि मैं कुछ नहीं कर रहा हूँ, फिर भी यह आवाज आ रही है। चलना बच्चे की स्वाभाविक क्रिया है, कोई प्रयास नहीं। चुपचाप चलना, बड़ों की नजर से छिप सकना छुटपन के कई आनन्दस्रोतों में से एक है। बोलनेवाला जूता इस स्रोत को नष्ट कर देता है। पर मामला यहीं

खत्म नहीं होता। लगातार बोल-बोलकर जूता चिढ़ाता है, बच्चे को लगातार असहाय बनाता है।

एक तरफ वह गुड़िया थी जो कहती थी–जब तुम मुझे दबाओगे, तभी मैं बोलूँगी। इधर यह जूता कहता है–तुम चाहो या न चाहो, मैं बोलूँगा, हर कदम की इत्तला दुनिया भर को और तुम्हारे पापा को दूँगा; चलना छोड़कर खड़े हो जाओ, तभी मैं रुकूँगा, चलते-चलते तुम लाख चाहो, मुझे रोक नहीं सकते। जूते की यह लम्बी इबारत एक ऐसी सभ्यता का आलेख है जो हर किसी को लपेटने पर आमादा है। इस सभ्यता को अपने सन्देश सुनाने के लिए शिलालेखों की जरूरत नहीं है, नन्हे बच्चों के पैर काफी हैं। यह सभ्यता कहती है–तुम निष्क्रिय हो जाओ, तभी बच सकते हो, तुम जरा भी सक्रिय हुए तो पहचान लिए जाओगे। इस लम्बे, आतंककारी सन्देश में यह चेतावनी भी निहित है कि निष्क्रिय होकर बच रहना एक अस्थायी उपाय ही है, चूँकि चलना एक अनिवार्यता है, इसलिए अन्ततः तुम पकड़ में आकर रहोगे।

बच्चे के कोमल मन पर दैनन्दिन पड़नेवाली छापों का विश्लेषण करना आसान नहीं होता, पर ऐसे प्रभाव, जो उसे दुर्बल बनाते हैं या उसकी निर्बलता का नाजायज लाभ उठाते हैं, साफ दिखाई दे जाते हैं। हावड़ा के एक स्कूल में तीन बच्चियों को कागज के जलते हुए गोले हाथ में रखने के लिए विवश करने की घटना मध्ययुगीन नृशंसताओं की याद दिलाती है। जिस शिक्षक ने चोरी पकड़ने के लिए यह तरीका चुना, उसकी समझ और संवेदना पर अलग से तरस खाना इसलिए व्यर्थ है क्योंकि तीन अन्य अध्यापक यह नजारा देख रहे थे और उन्होंने बीच में पड़ना जरूरी नहीं समझा। जिस शिक्षक ने दस वर्ष की बच्चियों से एक मामूली घटना का सच उगलवाने के लिए यह भयानक विधि चुनी, वह कोई युवा या अनुभवहीन व्यक्ति नहीं था, अड़तालीस वर्ष का परिपक्व अधेड़ था। सम्भव है, ऐसी निर्ममता उसने पहले भी कई बार दिखाई हो और किसी ने ध्यान न दिया हो। हिंसा सहनेवाले बच्चों का एकान्त बड़े समझ ही नहीं सकते। कागजी गोला जब हथेली में रखकर जलाया गया तो दो लड़कियों ने तो उसे घबराहट के मारे नीचे गिरा दिया (जो इस परीक्षा में उनके झूठ का प्रमाण माना जाता था), पर तीसरी की हथेली घबराहट के कारण ही भिंच गई। बुरी तरह जली यह बच्ची शिक्षा की राह पर आगे बढ़नेवाली अपने कुटुम्ब की पहली सदस्या थी। वह अब इतनी आतंकित हो गई है कि स्कूल वापस नहीं जाना चाहती।

यह घटना न मीडिया पर छा सकी, न संसद का ध्यान खींच सकी। ये बच्चियाँ घबरा जो गईं, जबकि प्रिंस गड्ढे में गिरकर घबराया नहीं। हमारे समाज की मानसिक गहराइयों में डार्विन का सिद्धान्त पैठा हुआ है। हिम्मत को हैरतअंगेज बनाने की प्रवृत्ति का ही दूसरा पहलू है कमजोर से कन्नी काट लेना। निर्बल का साथ देने की नसीहत जिस भारत में दी जाती थी, वह अवश्य कोई और ही देश रहा होगा। मगर सबल का महत्त्व मुख्यतः इसीलिए है कि वह उपभोक्ता है जिसे पता नहीं है कि वह दरअसल इतना कमजोर बना दिया गया है कि वह जूता पहनकर सड़क पर चले या गड्ढे में गिर जाए, हर स्थिति में वह दूसरों को करोड़ों कमाने का साधन दे रहा होगा।

बोल

उस चेहरे का नशा

अल्बर्तो कोर्डा ने यह तस्वीर चालीस साल पहले खींची थी। हथियारों से लदे बेल्जियम के एक जहाज के डूबने से हुई सौ मल्लाहों की मौत पर एक बड़ी शोकसभा हवाना में आयोजित की गई थी। क्यूबा ने इस घटना के लिए अमेरिका-समर्थित उन तत्त्वों को दोषी ठहराया था जो क्यूबा में हुई वाम-क्रान्ति को पलटने में लगे हुए थे। 5 मार्च 1960 को हुई इस शोकसभा में क्यूबा की क्रान्ति के नायक फिदेल कास्त्रो–जो चार दशक बाद भी डटे हैं और लोकप्रिय हैं–तो थे ही, सार्त्र और सिमोन बुवा जैसी साहित्यिक हस्तियाँ भी थीं।

कोर्डा को एक अखबार के लिए इस घटना की तस्वीरें लेनी थीं। जल्दी में बनाए गए लकड़ी के मंच पर मशहूर लोगों की भीड़ जमा थी। इसी भीड़ में कास्त्रो के पीछेवाली पंक्ति में चे ग्वेवारा खड़े थे। वे शायद भीड़ का नजरा देखने एक क्षण के लिए मंच के सामनेवाले हिस्से में आए और कोई तीन-चार सेकंड बाद लौट गए। इसी अवधि में नीचे खड़े अल्बर्तो कोर्डा ने चे की वह तस्वीर ले ली जो दुनिया में आज तक उनकी एकमात्र तस्वीर है।

आज के नौजवान पाठक शायद तस्वीर से परिचित न हों, पर साठ का दशक खत्म होते-होते वह चित्र दुनिया भर में युवा मन के मंथन और आदर्शवाद का प्रतीक बन चुका था। आज के नौजवान पाठक शायद चे ग्वेवारा के नाम से भी परिचित न हों, पर यह स्थिति नई और निराली है। एक स्वप्नदृष्टा युवा क्रान्तिकारी के रूप में चे का यश घटा नहीं है, भले ही सोवियत विखंडन के बाद वाम-क्रान्ति की कल्पना कई सुखी लोगों को व्यर्थ लगने लगी हो। यह चे ग्वेवारा की विश्वव्यापी लोकप्रियता का ही सबूत है कि अभी हाल में स्मिरनौफ नाम की वोदका शराब बनानेवाली कम्पनी ने अपने विज्ञापन में चे की उसी तस्वीर का इस्तेमाल किया जो कोर्डा ने चालीस साल पहले खींची थी।

कोर्डा को यह बात नागवार गुजरी और उन्होंने विज्ञापन बनानेवाली बहुराष्ट्रीय कम्पनी लो लिंटास और चित्र मुहैया करानेवाली कम्पनी रैक्स फीचर्स के खिलाफ

मुकदमा ठोक दिया। बहत्तर वर्ष के कोर्डा अपने इस चित्र के इस्तेमाल को लेकर यकायक इस कदर गुस्से में आ गए, यह बात आज के विज्ञापन युग में बहुतों को विचित्र लग सकती है। विज्ञापन बनानेवाली कम्पनियों ने किसे बख्शा है ? धर्म हो या इतिहास, लिंकन हों या गांधी, द्रौपदी के अपमान से लेकर कारगिल की लड़ाई तक कोई बिम्ब ऐसा नहीं है, जिसका प्रयोग उपभोक्ता को लुभाने के लिए न किया जा सके। कौन-सी कम्पनी इस बात की परवाह करती है कि ताजमहल का चित्र चाय या गुटका बेचने के लिए इस्तेमाल करने से पहले भारतीय पुरातत्त्व सर्वेक्षण विभाग की इजाजत ले ले ? मजे की बात यह है कि पुरातत्त्व विभाग को स्वयं यह होश नहीं है कि वह ताजमहल के बिम्ब पर अपना कॉपीराइट स्थापित करे और उसका व्यावसायिक इस्तेमाल करनेवालों से मोटी फीस ले ताकि देश के तमाम स्मारकों की बेहतर देखरेख की जा सके। आखिर यह एक खुली सच्चाई है कि पुरातत्त्व की गिनती सरकार के सबसे दरिद्र विभागों में है।

स्वयं कोर्डा ने इन चालीस वर्षों में अपने चित्र के व्यापक इस्तेमाल की कभी चिन्ता नहीं की थी। खींचे जाने के कई साल बाद तक वह तस्वीर कोर्डा के स्टूडियो में धूल और धुआँ खाती रही। हवाना की उस शोकसभा के कुछ ही महीनों बाद चे ग्वेवारा बोलीविया के जंगलों में मार डाले गए। उनकी मौत पर शीतयुद्ध के संचालकों ने चैन की साँस ली। उस साँस का शब्द-चित्र देखना हो तो आप जॉन बर्जर का वह लेख पढ़ें जो उन्होंने चे के शव का परीक्षण करते डॉक्टरों का चित्र देखकर लिखा था। चे की मौत के साथ लातीनी अमेरिका का इतिहास एक नए दौर में पहुँच गया, पर एक विफल शहीद के रूप में चे की कीर्ति दुनिया भर के युवा संगठनों की प्रेरणा का प्रतीक बन गई। सन 1968 में पेरिस विश्वविद्यालय से शुरू हुआ छात्र विद्रोह, जिसने यूरोपीय और अमेरिकी उच्च शिक्षा के सरमायेदारों को हिलाकर रख दिया, चे की प्रेरणा के गिर्द इकट्ठा हुआ। उस आन्दोलन ने चे ग्वेवारा की रक्तरंजित रोमांटिक गाथा को दुनिया भर में युवा आक्रोश की अभिव्यक्ति से जोड़ दिया, इस जोड़ में विचारधारा या कार्यक्रम के स्तरों पर कोई तारतम्य नहीं था।

चे की इस विशृंखल मशहूरी के चलते एक इतालवी प्रकाशक को हवाना में घूमते हुए कोर्डा के स्टूडियो में लगी तस्वीर देखकर उसे खरीदने की इच्छा हो आई। कोर्डा ने तस्वीर मुफ्त दे दी और देखते ही देखते एक अमूर्त प्रेरणास्रोत को एक चेहरा मिल गया। छात्र संगठनों के कार्यालयों से लेकर टी-शर्टों तक चे का वह चेहरा हर सम्भव माध्यम और जगह में पहुँचा। कोर्डा ने अपनी कृति के इस प्रचार पर कभी एतराज नहीं किया तो इसीलिए कि यह प्रचार चे के आदर्शवाद

का उल्लंघन किए बिना और अपने आप हुआ।

चे की आँखों में भरा जोश और गुस्सा, आज नहीं तो कल मिलनेवाली सफलता का यकीन और सबसे ऊपर, बनी-बनाई व्यवस्था के प्रति नफरत उस चित्र के जरिए एक समूची पीढ़ी के लिए जीने का माद्‌दा बनी। पर अब एक शराब बेचनेवाली कम्पनी इस चित्र को इस्तेमाल करे, यह बात कोर्डा की बर्दाश्त के बाहर चली गई और उन्होंने इस कम्पनी समेत विज्ञापन बनानेवाली कम्पनी पर कानूनी कार्रवाई कर दी। सितम्बर के उत्तरार्ध में खून बढ़ानेवाली दो ही खबरें मुझे मिलीं। एक थी सिडनी में मल्लेश्वरी का कमाल और दूसरी लन्दन की अदालत में कोर्डा की जीत। कोर्डा ने घोषणा की है कि जीत के तहत मिला पैसा वे क्यूबा में बच्चों की स्वास्थ्य-सेवाओं की बेहतरी के लिए दान में दे देंगे।

सम्पादित राष्ट्रपति

गणतन्त्र दिवस के आसपास प्रकृति में चलनेवाली स्पर्धा देखने लायक होती है। वसन्त को जैसे मालूम होता है कि उसने यदि अपने लिए जबरन जगह नहीं बनाई तो पूरा साल इन्तजार करना पड़ेगा। इस चिन्ता का निवारण करने के लिए वह नन्हे फूलों को धुन्ध में डूबी क्यारियों में टाँक देता है। प्रकृति का मानवीकरण पुरानी तर्ज के कवि करते थे, गद्य में तो वह कतई नहीं जँचता, पर क्या करूँ ? गणतन्त्र दिवस पर दिए गए राष्ट्रपति के भाषण और दिल्ली में वसन्त की हरकत के बीच साम्य है तो है। राष्ट्रपति ने चालू आर्थिक विचारधारा की परवाह छोड़कर सीधे यह सवाल उठाया है कि गरीबों का धीरज कब तक बना रह सकता है। देश में जगह-जगह फटती हिंसा को सामाजिक विषमता से जोड़कर राष्ट्रपति ने कई नकली मुहावरों को तोड़ा है। बोतलबंद पेय और नवधनिकों की रफ्तार पर कटाक्ष करने के साथ-साथ उन्होंने विकास के सरकारी प्रतीकों को भी नहीं बख्शा। पर्यावरण का नाश और आदिवासियों का विस्थापन करनेवाली महापरियोजनाएँ और झोंपड़पट्टी के बीच से उड़ाए गए उपग्रह राष्ट्रपति की सवालिया व्यंजना का विषय बने। पचासवें गणतंत्र दिवस पर उन्होंने आत्मालोचन की माँग की और स्वयं उसका उदाहरण पेश किया। औपचारिक सरकारी संदेशों के बीच यह भाषण वसंत से कम नहीं था। उसमें शायद एक भी वाक्यांश ऐसा नहीं था जो सरकारी पदों पर बैठे लोग आदतन इस्तेमाल करते हैं, जैसे देश की अखंडता के सामने उपस्थित चुनौती का डटकर मुकाबला किया जाएगा। वगैरह। जो उसमें था, वह भी और जो उसमें नहीं था, वह भी चौंकानेवाली ताजगी लिये था।

छब्बीस जनवरी की सुबह छपे किसी अखबार ने राष्ट्रपति के भाषण के साथ न्याय नहीं किया। पूरा आलेख एक भी अखबार ने नहीं छापा। जो सार संक्षेप छपा, उसमें एक के बाद एक छुए गए नोकीले बिन्दुओं का सिलसिला नहीं था। भाषण की ताकत का एक बड़ा हिस्सा इस सिलसिले का मोहताज था। खैर, जिन अखबारों ने राष्ट्रपति के तर्क और विवरणों की धार की जगह कुछेक चुने हुए

बिन्दु भर पाठकों तक पहुँचने दिए, हमें उनका आभारी होना चाहिए क्योंकि शेष अखबारों ने तो सबसे तीखे बिन्दु चुन-चुनकर अलग किए। स्वयं 'जनसत्ता' में ऐसा हुआ। मुखपृष्ठ पर छपी खबर में केवल वे हिस्से शामिल किए गए जिनका सम्बन्ध राजनीति, विदेश नीति और विश्वचर्चा से था। देश के भीतर उभर रही आर्थिक स्थिति और सामाजिक अन्तर्विरोधों की बातें एकदम नदारद थीं। दलितों और स्त्रियों की दशा पर राष्ट्रपति ने लम्बी टिप्पणी की थी। उन्होंने दलित स्त्रियों के साथ प्रतिदिन होनेवाले दुराचार का जिक्र द्रौपदी का दृष्टांत देकर किया। ताकत के प्रदर्शन या बदला लेने के लिए स्त्रियों को नंगा किए जाने की प्रवृत्ति जारी रहने और कालेजों में 'रैगिंग' के रूप में पहुँचने की चर्चा एकदम सीधी चोट करने के अंदाज में उठी।

कानूनी रूप से हटा दी गई छुआछूत की प्रथा जारी रहने की बात राष्ट्रपति ने विशेष दर्द के साथ कही। हमारी सामाजिक बुनावट में पसरी असामाजिकता पर चोट करने के लिए उन्होंने जो प्रसंग चुने, उनमें से एक अर्थशास्त्री स्वर्गीय आदिशेषैया की माँ का था। आदिशेषैया ने अपनी आत्मकथा में लिखा है कि उनकी माँ रोज सुबह पूरा घर बुहारती थी और कूड़ा इकट्ठा करके पड़ोसी के बगीचे में डाल देती थीं। ये सारे प्रसंग क्या सोचकर भाषण की खबर से बाहर रखे गए होंगे ? यहाँ तक कि पराई पीर महसूस कर सकनेवाले वैष्णव जनों की संख्या घट जाने की शिकायत भी सम्पादित कर दी गई।

अखबारों ने जो किया सो किया, दूरदर्शन भी पीछे नहीं रहा। राष्ट्रपति के भाषण के कुछ ही समय बाद प्रस्तुत समाचार बुलेटिन में भी सामाजिक विषमता और गरीबी से उपजी हिंसा और आर्थिक विकास के दुष्परिणामों की समीक्षावाले हिस्से दबा दिए गए थे। मूल अंग्रेजी भाषण के बाद प्रसारित हिन्दी अनुवाद में भी दूरदर्शन अपना परिचित कमाल दिखा चुका था। औरत को बेपर्दा किए जाने की बात 'चीरहरण' बना दी गई थी। आर्थिक नीतियों की समीक्षा भारी भरकम तकनीकी शब्दों और उलझी हुई वाक्य-रचना में डुबा दी गई थी। राष्ट्रपति का कोई रूपक इस लायक नहीं छोड़ा गया कि वह एक तस्वीर बना सके। हम मानकर चल सकते हैं कि यह सब आदतन किया गया होगा, जान-बूझकर नहीं। किसी बात या घटना को उस हिन्दी में कहना, जो श्रोता के मन में स्पष्ट बिम्ब और भाव जगाती हो, दूरदर्शन और आकाशवाणी के लिए सम्भव ही कहाँ है ? वहाँ तो भूतल परिवहन मन्त्री वाली हिन्दी का राज है। हिन्दी कोई पंजाबी थोड़े ही है जो साफ-साफ 'सड़काँ दे मन्त्री' कह सके। हिन्दी प्रान्तों के सामान्य जन और छात्र राजभाषा हिन्दी की जकड़ में जीने के अभ्यस्त हो चुके हैं। गणतन्त्र दिवस

की पूर्व संध्या पर राजभाषा की गिरफ्त में स्वयं राष्ट्रपति थे। मुमकिन है, उनकी खरी-खरी बातों में से कुछेक की चुभन राजभाषा का कवच पार करके गिन-चुने जुझारू श्रोताओं तक पहुँच गई हो।

पर शेष का क्या होगा ? समाचार बुलेटिन और अखबारों ने यह सुनिश्चित कर दिया कि राष्ट्रपति की सोच का मर्म इन बहुसंख्य श्रोताओं तक न पहुँच सके। इनमें वे श्रोता भी शामिल किए जा सकते हैं जो या तो सरकारी चैनल देखते नहीं, या फिर कोई शासकीय प्रसारण शुरू होते ही इसलिए बन्द कर देते हैं कि उसमें लगभग हमेशा औपचारिक बातें ही होती हैं। राष्ट्रपति ने अपने मन की बातें आजादी से कहने के संवैधानिक अधिकार का प्रयोग करते हुए एक स्थापित शैली खारिज की है। उनका यह प्रयास सार्वजनिक विमर्श के इतिहास में दर्ज किए जाने लायक है। इस रूप में उसकी मीमांसा शुरू करने के लिए किसी अखबार या पत्रिका को पूरा भाषण सरल हिंदी में प्रकाशित करना चाहिए। इस कदम को हम एक सुलभ प्रायश्चित भी कह सकते हैं।

स्त्री का इतिहास

देशप्रेम के इतिहास में शायद ही कोई ऐसा प्रसंग हो जिसकी तुलना ताबूतों की खरीद में धाँधली के मामले से की जा सके। घटनाओं के प्रवाह की रफ्तार को देखते हुए यह मानकर चलने में किसी को ऐतराज नहीं होना चाहिए कि इस धाँधली के ब्यौरे कभी सामने नहीं आएँगे। जल्दी ही यह बात, कि धाँधली हुई थी, लोकस्मृति की सरहदों पर अपेक्षाकृत ज्यादा ताजा खबरों से होनेवाली दैनिक लड़ाई में परास्त हो जाएगी। देशप्रेम ही नहीं, भ्रष्टाचार के इतिहास में भी थोड़ी-सी जगह पाने के लिए उसे काफी संघर्ष करना पड़ेगा क्योंकि भ्रष्टाचार के इतिहास में वैसे ही बहुत ज्यादा भीड़ है। मामले में शामिल रकम भी इतनी नहीं है कि उसकी तुलना बोफोर्स, शक्कर, फोन या चारे के सौदों से की जा सके। ताबूतों के मामले को विशेष बनानेवाली बात यही है कि उनमें देश के लिए जान देने वाले जवानों को लिटाया जाना था। उनकी कुर्बानी और हर सरकारी खरीद में चार पैसे बना लेने की आदत के बीच एक लम्बी दूरी है। उसे पाटने में सक्षम तर्क और शब्द गढ़ना हमारे लोकतन्त्र की पुनर्रचना के लिए एक जरूरी काम है जो फिलहाल सम्भव नहीं दिखता।

ताबूत और पोटो पर रुकी हुई संसद और उस पर हुए आतंकवादी हमले के बीच कुछ इसी तरह का काम एक अलग सन्दर्भ में एक प्रदर्शनी ने किया। सिर्फ एक हफ्ते के लिए लगाई गई यह नायाब प्रदर्शनी कम से कम इतना इशारा करने में कामयाब रही कि जो इतिहास हम जानते हैं वह स्त्री का नहीं है। यदि शब्द और तर्क किसी इतिहास-लेखन के जरूरी साधन हैं तो फिलहाल हम उन्नीसवीं सदी के उत्तरार्ध से शुरू हुए उस परिवर्तन-चक्र का इतिहास लिखने या पढ़ने की कल्पना नहीं कर सकते जिसके केन्द्र में भारत की स्त्रियाँ थीं। प्रदर्शनी में स्त्री का सामाजिक इतिहास छायाचित्रों की मदद से प्रस्तुत किया गया। एक तरह से देखें तो प्रदर्शनी फोटोग्राफी का इतिहास भी पेश करती थी। यदि पहले-पहल 1870 के आसपास फोटो खींची गई होगी तो इस प्रदर्शनी में रखी सबसे पुरानी

तस्वीरें दो-चार साल बाद की ही थीं।

ये पहली-पहली तस्वीरें विवाह के अवसर की थीं। पति-पत्नी की फोटो को इतिहास-क्रम में देखकर यह समझ में आता है कि कैमरे के सामने स्त्री की मुद्रा कितनी बड़ी पुरातात्विक सूचनाएँ देती है और अपनी पत्नी के पास खड़े नव-विवाहित पति की मुद्रा और भाव-भंगिमा और भी गहरी सूचनाएँ देती है। प्रदर्शनी के इस हिस्से को देखते समय एक और सवाल यह मन में आता है कि कैमरा उन्नीसवीं सदी में शुरू हुए सामाजिक परिवर्तनों का गवाह भर था या उनमें भाग भी ले रहा था। आने-जाने के साधनों, शिक्षा और राष्ट्रीयता की राजनीति ने उस सांस्कृतिक उदारीकरण को बल दिया जिसकी तह में एक नई अर्थ और कानूनी व्यवस्था थी। अभी तक हम इस व्यवस्था को औपनिवेशिक इतिहास की परिधि में रखकर देखने के आदी रहे हैं। प्रदर्शनी हमें यह सोचने के लिए बाध्य करती थी कि स्त्री को एक परिधि बनाएँ तो इतिहास कितना अलग दिखेगा।

इस पिछले वाक्य में आदत के दबाववश सच्चाई दर्ज नहीं हो सकी। यह कहना सही नहीं है कि प्रदर्शनी हमें स्त्री को सोच की परिधि बनाकर रचे जा सकने वाले इतिहास की कल्पना करने को बाध्य करती है। सच यह है कि प्रदर्शनी के चित्र देखते-देखते हम अनजाने में एक दूसरी दुनिया में प्रवेश कर जाते हैं। यह दुनिया कुछ देर के लिए हमारे मन में इस कारण बनती है कि हम स्त्री की ऐतिहासिकता से घिरे हुए होते हैं। प्रदर्शनी में शामिल फोटोग्राफ खींचनेवाले ज्यादातर पुरुष रहे होंगे, पर चित्रों में बैठी या खड़ी स्त्रियाँ हमें अपनी कहानियाँ स्वयं सुनाती महसूस होती हैं। स्कूल के कार्यक्रम में भाग लेती लड़कियाँ, करवा-चौथ पर बर्तन में चाँद देखती विवाहिताएँ, हल चलाती खेतिहरिन, चौपाटी पर नमक की नीलामी करती दुर्गाबाई देशमुख–ये तमाम बिम्ब हमें कुछ नया सोचने को बाध्य नहीं करते, चुपचाप हमारी राह मोड़ देते हैं। प्रदर्शनी से निकलते-निकलते हम अपने अज्ञान के अँधेरे से घिर जाते हैं। इस अँधेरे में दो-चार अपरिचित मुस्कराहटें और तेज आँखें हमारा साथ देती हैं। कई नए तथ्य भी हमारे पास होते हैं। जैसे कि यह बात कि ब्रिटेन के विश्वविद्यालयों से पहले कोलकाता से किसी स्त्री को डिग्री मिली। इसी तरह यह बात भी मुझे नई पता लगी कि बीसवीं सदी के आरम्भिक दशकों में मंच पर नाचने और गाने को इज्जत देने में स्कूल के 'सांस्कृतिक कार्यक्रम' की भी भूमिका है। स्कूली जीवन का यह पक्ष आज तक 'एक्स्ट्रा-करिकुलर' माना जाता है, यानी वह पाठ्यक्रम का हिस्सा नहीं बन पाया है।

सबसे रोमांचक खंड मेरे लिए पंडिता रामाबाई के चित्रों का था। उन्नीसवीं

सदी की यह विद्रोही महिला स्वयं फोटोग्राफर थी। उनके 'मुक्ति सदन' और 'शारदा सदन' से पढ़ी लड़कियों में आए परिवर्तन जब हम तस्वीर के रूप में देखते हैं तो वे हमें किसी चमत्कार से कम नहीं लगते। स्वयं रामाबाई एक चमत्कार ही थीं। महार औरत का वेश बनाकर वृन्दावन से कुछ बंगाली विधवाओं को उन्होंने किस तरह मुक्त कराया या फिर एक तरफ कुलीन ब्राह्मणों और दूसरी तरफ ईसाई मिशनरियों से कैसे संघर्ष किया, ये कहानियाँ महाराष्ट्र की इस महान समाज सुधारक के साहस की बानगी देती हैं। हिन्दी में हम उन्हें महापुरुष के अलावा क्या कहें जब हमारी भाषा में स्त्री की बात करने के लिए अवधारणात्मक औजार ही इतने कम हैं। इस बात का भी मुझे काफी अफसोस है कि इतने जतन से आयोजित इस प्रदर्शनी में हिन्दी क्षेत्र की उपस्थिति नगण्य थी। मुझे भरोसा है कि इस अनुपस्थिति के पीछे कोई प्रतीकार्थ नहीं है।

चोरी गए विचार

सुबह-सुबह बनारस पहुँचकर सारनाथ देखने का उत्साह मुझमें पर्याप्त था, पर वहाँ जानेवाली सड़क इतनी खस्ता हालत में होगी, यह अहसास न था। इधर के वर्षों में सारनाथ जानेवाले पूर्वी एशियाई पर्यटकों की संख्या बढ़ी है, यह जानकर मैंने कल्पना की थी कि सड़क सुधर गई होगी। पर सारनाथ आखिर बनारस में ही है और बनारस आखिर उत्तर प्रदेश में ही है। इसलिए बनारस की विरासत सड़क पर ढूँढ़ना व्यर्थ है। मीठी बोली और मिठाई से अन्दाज लगता है कि विरासत के वही पक्ष सुरक्षित हैं जिन पर राज्य की छाया नहीं पड़ी है। राज्य और जनजीवन के बीच विश्वास और दोस्ती का रिश्ता अभी सुदूर भविष्य का सपना है।

सारनाथ के भग्नावशेष आज पहले से ज्यादा संरक्षित हैं, इसका श्रेय राज्य को जाता है। मगर संरक्षण की शैली राजकीय ही है। अवशेषों के आसपास लगे सूचनापट ज्यादातर यही बताते हैं कि नींव की परिधि कितने मीटर है और छत की ऊँचाई कितनी रही होगी। भारतीय पुरातत्त्व सर्वेक्षण की यह प्रस्तुति आप देश के किसी भी कोने में देखिए, एक जैसी मिलेगी। अंग्रेजी से हिन्दी का मिलान कीजिए तो अफसरशाही के अलावा हिन्दी की सरकारी मजबूरियों का जायजा भी मिल जाएगा। यह सम्भव नहीं कि किसी सूचनापट को पढ़कर आपका मन अतीत को सजीव करनेवाली कोई तस्वीर बनाने बैठ जाए या एक जीवित परम्परा की धड़कन सुन ले। आकाशवाणी और दूरदर्शन की तरह पुरातत्त्व सर्वेक्षण विभाग की इबारत में हमेशा एक बेरुखी, एक दूरी पढ़ी जा सकती है जो समाज और राज्य के बीच लगातार बने हुए औपनिवेशिक अलगाव की विरासत है।

केन्द्रीय जाँच ब्यूरो से कहा गया है कि रवीन्द्रनाथ टैगोर का नोबेल पुरस्कार स्वरूप मिला तमगा तलाशे। सम्भव है तमगा अन्ततः मिल जाए, पर टैगोर की विरासत उनको मिले तमगे से कुछ ज्यादा बड़ी है और उसके चोरी हो जाने का आरोप हम किसी गुमराह व्यक्ति पर नहीं लगा सकते। पदक की चोरी पर अमर्त्य सेन की यह टिप्पणी काफी मूल्यवान है कि पदक का नुकसान अफसोसनाक भले

हो, पर ज्यादा जरूरी टैगोर के दर्शन और आदर्शों की सुरक्षा है। सेन ने कहा कि टैगोर के राष्ट्रवाद सम्बन्धी विचारों को इधर के वर्षों में भारी चोट पहुँची है। खासकर धर्म के नाम पर हुए हिंसक दंगे, भूख और गरीबी और इस समय लोकतन्त्र के सामने खड़े खतरे रवीन्द्रनाथ के विचारों के विपरीत जाते हुए राष्ट्र का संकेत हैं।

सच्चाई यह है कि इस टिप्पणी का सटीक अर्थ समझनेवालों की संख्या भी बहुत कम रह गई है। कारण यह है कि टैगोर के वैचारिक लेखन को पढ़नेवाले आज नहीं के बराबर हैं। रवीन्द्रनाथ की कीर्ति कायम है, पर उनका काम बस राष्ट्रगीत की शक्ल में ही लोकमन में उतर पाया है। थोड़ा-बहुत 'काबुलीवाला' कहानी जिन्दा है, वह भी फिल्म की बदौलत। 'डाकघर', 'छुट्टी', 'भूखे पत्थर' जैसी कहानियों का नामलेवा भी मुश्किल से मिलता है। 'नौका डूबी', 'गोरा', 'घर और बाहर' पढ़नेवाले कहाँ हैं ? 'गीतांजलि' पर टैगोर को नोबेल पुरस्कार मिला था। पुरस्कार में मिला पदक अब जाकर चोरी हुआ है, 'गीतांजलि' सार्वजनिक मन और शिक्षा से कब की गायब हो चुकी। सबसे स्पष्ट उदासीनता टैगोर के वैचारिक लेखन को लेकर है। *रूपा* ने हाल में टैगोर निबन्ध चयन अंग्रेजी में छापा है, इस कारण इन दिनों बाजार में दिख जाता है। इस चयन में शामिल 'मानव-धर्म' लेख-शृंखला या 'सभ्यता और प्रगति' शीर्षक निबन्ध आप हिन्दी में ढूँढने निकलिए तो मालूम चलेगा कि टैगोर अब विलुप्तप्राय हो चुके। टैगोर के राष्ट्रवाद सम्बन्धी विचार काफी विचारोत्तेजक और आज के सन्दर्भ में विवादास्पद कहे जा सकते हैं। इन विचारों की गहन और सुन्दर मीमांसा आशीष नन्दी ने की है, मगर वह भी अभी तक हिन्दी में उपलब्ध नहीं है। स्कूल या कालिज की कक्षा में कोई लड़की या लड़का खड़ा होकर कहे कि रवीन्द्रनाथ टैगोर एक महान राष्ट्रवादी थे तो उसे कौन टोकेगा ? यह सुनकर आज के छात्र चौंकते हैं कि टैगोर राष्ट्रवाद के भविष्य को लेकर बहुत सशंकित थे और कम से कम भारत में वे ऐसी राष्ट्रवादिता का विकास होते नहीं देना चाहते थे जो भौगोलिक सीमाओं से बँधी हो और दूसरों के राष्ट्रवाद से नफरत या प्रतियोगिता से पोषण पाती हो। राष्ट्रीय भावना पर राज्य का नियन्त्रण भी टैगोर को अनिष्ट का आमन्त्रण नजर आता था। उनकी स्वतन्त्रचेता अस्मिता की विरासत आज किसी भी रूप में बची हुई नहीं दिखाई देती। पुरातत्त्व सर्वेक्षण विभाग की ओर से इस विरासत की खोज के लिए जरूरी उत्खनन का आदेश दिया जाना चाहिए। इस काम में काफी समय लगेगा जो एक तरह से अच्छा ही होगा, क्योंकि केन्द्रीय जाँच ब्यूरो को भी पदक की तलाश में सफलता जल्दी मिलने की उम्मीद नहीं की जा सकती।

लोक विरसा

इस टिप्पणी के शीर्षक का अर्थ क्या हो सकता है, यह अनुमान लगाने में पाठकों को शायद आधा मिनट से अधिक नहीं लगेगा। मुझे 'लोक विरसा' नाम का संग्रहालय देखने के दो मौके मिले और दोनों बार मैंने दो घंटे वहाँ बिताए, फिर भी सन्तोष न हुआ। पता नहीं, इस संग्रहालय को देखने का मौका फिर कब मिले क्योंकि वह इस्लामाबाद में है। शहर से ढाई-तीन किलोमीटर दूर एक पहाड़ी की छाया में फैला यह म्यूजियम पिछले अगस्त में ही खुला है। कुछ लोगों ने मुझे वहाँ जाने की सलाह अवश्य दी, पर वे स्वयं वहाँ नहीं गए थे। विदेशी होने के नाते मुझे बतौर प्रवेश शुल्क पचीस की जगह दो सौ रुपए देने पड़े पर लोक विरसा देख पाने के सन्तोष और उससे मिले उत्साह की कीमत कहीं ज्यादा है।

स्वर्गीय कृष्णानन्द गुप्त ने 'फोकलोर' के लिए हिन्दी में लोकवार्ता शब्द सुझाया था। आज गुप्तजी की याद कम ही लोगों को है और उनसे भी कम ऐसे लोग हैं जिन्होंने गुप्तजी के सम्पादन में निकली 'लोकवार्ता' शीर्षक पत्रिका देखी हो या जो इस शब्द का इस्तेमाल करते हों। पिछले वर्ष पीयूष दइया ने 'लोक' शीर्षक एक बहुत सुन्दर ग्रन्थ भेजा था जिसके अंशों को मैं जरूरत के अनुसार पढ़ लेता हूँ। जिन लोक परम्पराओं, कलाओं, कौशलों और रीति-रिवाजों का जिक्र इस ग्रंथ के विभिन्न लेखों में आया है, उनकी छटा यदाकदा दिल्ली के क्राफ्ट्स म्यूजियम में मिल जाती है, पर लोकदृष्टि से जीवन और इतिहास की समग्रता का बोध मैं इस्लामाबाद की यात्रा में 'लोक विरसा' देखकर ही पा सका।

इस संग्रहालय में प्रवेश करते ही हम कई आश्चर्यों से घिर जाते हैं। पहला अचम्भा यह अनुमान लगाकर होता है कि इस संग्रहालय को बनाने में कितनी बड़ी धनराशि लगी होगी। मैंने लोककलाओं के कई संग्रहालय देखे हैं। यूरोप में छोड़िए, जापान में ओसाका के एथनालॉजी संग्रहालय को पैमाना बनाएँ, तो भी 'लोक विरसा' उससे कहीं आगे की कृति ठहरता है। धर्म को लें या दर्शन को, इतिहास की गहराई से मापें या भूगोल के विस्तार से, संगीत पर ध्यान दें या हाथ की

दस्तकारी पर, जीवन का प्रत्येक पहलू पूरे सौष्ठव से साकार हुआ है। वीथिकाओं का विन्यास, पट्टिकाओं में इस्तेमाल की गई भाषा की स्पष्टता और दृश्य-प्रस्तुतियों में इस्तेमाल की गई रंग-योजना चौंकानेवाले स्तर की है। हम हर कदम पर ठिठकते हैं और यह सोचकर खड़े हो जाना चाहते हैं कि जो कुछ हमारे सामने है या कानों में पड़ रहा है, उसे पूरी तरह ग्रहण कर लिया है या नहीं। आगे कदम बढ़ाते हैं तो पाते हैं कि किसानों और दस्तकारों, गायन और चित्र परम्पराओं के इस विशाल भंडार में सब कुछ ग्रहण कर लेना न सम्भव है न विधेय। लोकजीवन की तरह यह एक नदी है। उसमें हाथ धो लेना ही काफी है।

'लोक विरसा' की राजनीतिक समझ भी चौंकाती है। इस्लामी कट्टरपन्थ से जूझते पाकिस्तान की जगह इस संग्रहालय में हम ऐसे देश की झलक पाते हैं जहाँ आस्थाओं की अनेक परतें लोकजीवन को आकार देती हैं और काराकोरम क्षेत्र के पर्वतीय आदिवासी जीवन का परिचय देनेवाली पट्टिका बताती है कि वहाँ प्रचलित आख्यानों और रिवाजों के मूल में बुद्ध के दर्शन से जुड़ी समस्याएँ हैं। इस्लाम से जुड़ी परम्पराएँ आज जिए जा रहे जीवन की प्रत्यक्ष परत हैं। इसी तरह संगीत के प्रभाग में हम पढ़ते हैं कि शास्त्रीय गायन का स्रोत वैदिक परम्पराएँ हैं। टिप्पणी में दर्ज उस्तादों की सूची में भीमसेन जोशी शामिल हैं। लिखावट की कला में आत्मा की ज्यागिति का उल्लेख है तो ट्रकों पर की जानेवाली चित्रकारी का सम्बन्ध ईरान से बताया गया है।

एक गैलरी से दूसरी में जाते हुए हम कभी सदियों के गुजरने का एहसास पाते हैं तो कभी पहाड़ों से मैदान में आते हैं। गाँव के जीवन की विविधता और व्यस्तता उसकी सरलता के मिथक को बिना इत्तला दिए सरका देती है।

मोहनजोदाड़ो के कामकाजी दिन का वृत्तचित्र हो या उत्तर-पश्चिमी सीमा प्रान्त के एक अंचल में घोड़ों के नाच का या फिर पंडवानी जैसा लोककाव्य गानेवाली नर्तकी का, हर डायोरामा में हम अपने को एक गतिमान पृष्ठभूमि में खड़ा पाते हैं। निकलते वक्त हमारी थकान फैज की एक पंक्ति को चरितार्थ करनेवाले एक ऊँचे-से चित्र से दूर होती है जिसमें एक लड़की झूले पर बैठी किसी की आरजू में लीन है।

इस संग्रहालय की व्यवस्था में ऐसे दर्शकों की जरूरत का भी ध्यान रखा गया है जो बैठकर कुछ पढ़ना या सुनना चाहते हैं। पाकिस्तान में लोकवार्ता सम्बन्धी अनुसन्धान करनेवाला राष्ट्रीय संस्थान लम्बे समय से अपनी उच्चस्तरीय सक्रियता के लिए जाना जाता रहा है। लोक विरसा संग्रहालय इसी संस्थान की रचना है। संस्थान के प्रकाशन और दुनिया के अन्य देशों से आनेवाली पत्रिकाएँ म्यूजियम

के भीतर बैठकर पढ़ने के लिए एक अलग कमरा काफी ध्यान से बनाया गया है। इसी के पास एक काउंटर है जहाँ आप तमाम इलाजों के लोकसंगीत के सीडी खरीद सकते हैं। मैंने हुंजा जनजाति के संगीत का सीडी खरीदकर कुछ सन्तोष इसलिए महसूस किया क्योंकि दही और शहद इस जनजाति के प्रिय खाद्य हैं और मेरे भी। संगीत सुना तो पाया कि ऊँचे पहाड़ों और पठारों की विरासत हरेक ध्वनि में समाई है।

पाकिस्तान की राजनीतिक खबरों में आशंका और सनसनी की नियमित मिलावट रहती है। उसका एक बड़ा स्रोत सांस्कृतिक विविधता के साथ की गई जोर-जबर्दस्ती है। 'लोक विरसा' में कुछ घंटे बिताकर यह आस्था कुछ बल पाती है कि खेती और दस्तकारी की सांस्कृतिक आत्मा में आध्यात्मिक संजीवनी होती है। राजनीतिक दुर्भाग्य उसे उतना ही प्रभावित कर पाता है जितना आधुनिक युग की गरीबी।

वन्दे मातरम्

विश्व-व्यापार संगठन को दिए गए वायदे की हैसियत अलग है। उसकी तुलना आप संविधान में किए गए वायदों से नहीं कर सकते। संविधान का वायदा था कि दस साल के भीतर सारे बच्चे प्राथमिक शिक्षा के दायरे में आ जाएँगे। वह बदकिस्मत वायदा हर दस साल बाद आगे खिसकाया जाता रहा और अभी-अभी यानी इस साल की शुरुआत में जब इस वायदे की पचासवीं बरसी आई तो किसी ने इसका जिक्र तक न किया। यह बरसी कुछ विशेष इसलिए थी कि नौ वर्ष पूर्व थाइलैंड के जौम्तियन (Jomtien) नामक नगर में हर बच्चे को शिक्षा देने का वायदा भारतीय अधिकारियों ने विश्व स्तर की सभा में किया था। इसी सभा की बदौलत भारत की प्राथमिक शिक्षा के जर्जर किवाड़ विश्व बैंक के कर्जे और कुछ अन्तर्राष्ट्रीय संगठनों के अनुदान के लिए खोले गए थे। सन 2000 तक 'राबके लिए शिक्षा' का वायदा भारत समेत तीसरी दुनिया के हर बच्चे से किया गया था। उसके पूरा होने के कोई आसार दूर-दूर तक नहीं हैं। प्राथमिक शिक्षा को मूलभूत अधिकारों की श्रेणी में लानेवाला विधेयक गुजरात के दंगों के समय लोकसभा में पेश किए जाने को तैयार था।

इस तरह का खिलवाड़ गरीब बच्चों से किया जा सकता है, विश्व-व्यापार संगठन रो नहीं। भारत सरकार इस करार पर दस्तखत कर चुकी थी कि वह पहली अप्रैल से पहले दैनिक उपभोग की कई वस्तुओं के आयात की इजाजत देगी। इस करार के पालन की खबर बाकायदा पहली अप्रैल के अखबारों की सुर्खियों में छपी। कुल सात सौ पन्द्रह चीजों पर से आयात का प्रतिबन्ध हटा। पूरी सूची तो अखबारों ने नहीं दी, पर जितनी दी, वह आनेवाले भारत की रंगत की बानगी देने के लिए काफी है। आटे और दूध से लेकर सिगार और कैवियार तक खाने-पीने की चीजें और इनके अलावा कपड़े-लत्ते, वीसीआर व संगीत सुनने की मशीनरी (इसे 'म्यूजिक सिस्टम' कहकर पुकारा जाता है) जैसा तमाम सामान अब बेरोकटोक बाहर से आया करेगा और कोने की दुकान पर हमारे लिए उपलब्ध

होगा। सम्भव है, कई पाठकों को 'कैवियार' के बारे में जानकारी न हो। मुझे भी ठीक से नहीं थी, यद्यपि प्रथम वर्ष अंग्रेजी की परीक्षा के लिए याद करना पड़ा था कि सामरसैट मॉम की कहानी में हीरो द्वारा परोसे गए लंच में कैवियार शामिल था। पहली अप्रैल को मैंने जाना कि कैवियार स्टरजन नाम की मछली के गर्भ से निकाले गए डिंब को कहते हैं जिसे कई मांसाहारी लोग बड़ी स्वादिष्ट चीज मानते हैं।

मुक्त होती आयात नीति में इस जैसे पदार्थों की उपस्थिति थोड़ा नाटकीय लग सकती है, पर प्रसंग इतना नाटकीय है नहीं। भारत का जो सुन्दर, मासूम चेहरा सुबह-सुबह आकाशवाणी बंकिम के प्रसिद्ध शब्दों में बजाती है, वह एक अरसे से अपनी व्यंजना खोता रहा है। बंकिम ने इस धरती को 'सुजलाम् सुफलाम्' बताया है। सरकारी हो या गैर-सरकारी, सभा-कमेटियों में 'सुजलाम्' अब बिसलेरी की बोतल में ही देखने को मिलता है। जहाँ तक 'सुफलाम्' की बात है, अमेरिकी सन्तरों का रस पेप्सी या कोक क्या, डाबर जैसी शुद्ध स्वदेशी कम्पनियाँ भी ललचाकर बेच रही हैं और हम सगर्व पिए भी जा रहे हैं। ये बातें अब पुरानी पड़ने लगी हैं, मगर 'शस्य श्यामलाम्' की नियति अभी तक एकदम पक्की नहीं थी, शायद इसी पहली अप्रैल से बदलाव की निर्णायक दिशा पकड़ेगी। रोज सुबह 'वन्दे मातरम्' गानेवाले, पता नहीं, आज कितने बच्चे 'शस्य श्यामलाम्' के रंग से परिचित हैं या उसे ध्यान से देखने-गुनने का सामर्थ्य अपने हिन्दी या संस्कृत शिक्षक की मदद से विकसित कर पाते हैं। वैसे भी 'श्यामल' शब्द की जैसी व्यंजना बांग्लाभाषियों को उपलब्ध है, हिन्दीभाषियों को उतनी सुलभ नहीं है। निराला ने पकी फसलों से ढँकी धरती को 'स्वर्ण शस्य अंचल' की संज्ञा दी है और पन्तजी ने परती भूमि और गाँव की गरीबी की तस्वीर 'खेतों में फैला है श्यामल, धूल भरा मैला सा आँचल' कहकर उतारी है। हिन्दी काव्य के इन विक्षेपी संस्कारों के बावजूद जब हम बंकिम के गीत में शस्य श्यामला जमीन का जिक्र सुनते हैं तो देश के अनाज और किसान से एक सम्बन्ध बनाते हैं।

यह सम्बन्ध अब कहाँ तक चलेगा ? नई आयात सूची आने के पहले से भूमंडलीकरण की कठोर हवाएँ गाँव के खेत-खलिहान तक पहुँचने लगी थीं। ये हवाएँ साठ के दशक में उठी हरित क्रान्ति की हवा से एकदम भिन्न थीं हालाँकि आम शहरी लोग दोनों में फर्क नहीं कर पाते। वे नहीं जानते कि हरित क्रान्ति के तहत फैले 'उन्नत' बीज एक ही अनाज की विविध प्रजातियों को मिलाकर विकसित किए गए थे जबकि आज की चर्चा आनुवंशिक छेड़छाड़ से तैयार बीजों के बारे में है। इन नए जीनबदल अनाजों, सब्जियों और फलों के बारे में हमारे

देश में न कोई विशेष चर्चा है, न चिन्ता। फूलों की दुनिया में ये नए बीज कई वर्षों से प्रचारित किए जाते रहे हैं। पर्यावरण पर उनका असर सार्वजनिक जाँच का विषय बनने की पात्रता भी हासिल नहीं कर पाया है। एकदम सुडौल, साफ फूलों का गुलदस्ता या गजरा खरीदते समय कौन इस बात की परवाह करता है कि फूल प्राकृतिक हैं या वैज्ञानिक? खाने की चीजों में 'जीएम' (यानी 'जेनेटिकली माडीफाइड' या जीनबदल) सामग्री बेचनेवाली अमेरिकी बहुराष्ट्रीय कम्पनियाँ यह प्रचार करती रही हैं कि यह सामग्री स्वास्थ्य के लिए पूरी तरह निरापद है। यूरोप में 'जीएम' का विरोध अमेरिका की परेशानी का विषय रहा है, पर ब्रिटेन अभी तक अमेरिकी प्रचार से सहमति दिखाता रहा है। पिछले महीने ब्रिटेन के प्रधानमन्त्री टोनी ब्लेयर ने यह कहकर सभी को चौंका दिया कि वे अब जीनबदल चीजों को निरापद नहीं मानते। कहते हैं कि ब्लेयर ने पहले क्लिंटन के दबाव में आकर अमेरिकी प्रचार से सहमति जताई थी, पर अब वे इस दबाव से छूटने की कोशिश कर रहे हैं। फिर भी अमेरिका को विशेष चिन्ता नहीं होगी, क्योंकि यदि ब्रिटेन समेत यूरोप का बाजार जीनबदल भोजन के लिए प्रतिबन्धित भी हो जाता है, तो भारत जैसा सदर बाजार अब स्वेच्छा से क्लिंटन के मायावी प्रभाव में आने को व्यग्र है। हमारे यहाँ फिलहाल यह पूछने की फुरसत किसे है कि नई आयात नीति के अन्तर्गत आनेवाला दूध (चाकलेट, बिस्किट आदि में वह पहले से आता रहा है) यूरोप या अमेरिका की गायों ने क्या खाकर दिया है। यह मानने का चलन भी जोर पकड़ रहा है कि इस किस्म के सवाल पूछना दकियानूसी है।

ताश का मकान

मई (1975) में बिहार आन्दोलन अपनी आँखों देखकर जून के शुरू में मैं घर चला आया था। यूँ ही बैठे-ठाले एक दोस्त के साथ तय कर डाला कि हम बच्चों का नाटक कराएँगे। उन दिनों एक्जूपेरी के फ्रेंच उपन्यास 'नन्हा राजकुमार' की बड़ी चर्चा थी (लगभग उसी समय लालबहादुर वर्मा ने सीधे फ्रेंच से उसका अनुवाद हिन्दी में करके अपने खर्चे से प्रकाशित किया था)। हम लोगों ने इस उपन्यास को नाटक में बदल दिया और हर दुपहरी रिहर्सल होने लगे। बीस तारीख के आसपास सबको लगा कि नाटक तैयार है, बस थोड़ी मंजाई शेष है। सत्ताईस जून की शाम नगर भवन में नाटक का एकमात्र मंचन तय हुआ।

सभी कुछ सही तरह से निपट रहा था—लाइट, माइक, पोस्टर, पोशाकें, एक साँप, एक पेड़—कि अचानक छब्बीस जून की सुबह की आकाशवाणी सुनकर हम ठिठक गए। उस दिन का बुलेटिन निराला और रोज से कई गुना अबूझ था। लगा कि दाल में बड़ा-सा काला है। बीबीसी अंग्रेजी में सुनी तो मालूम हुआ कि जयप्रकाश नारायण समेत सैकड़ों नेता गिरफ्तार कर लिये गए हैं और प्रेस पर सेंसरशिप लगा दी गई है। हम लोगों के लिए प्रासंगिक चिन्ता की खबर यह थी कि चार या चार से अधिक लोगों के इकट्ठा होने पर पाबन्दी लगा दी गई थी। नाटक में बच्चों की भीड़ तो होगी ही, तो क्या यह पाबन्दी हमारे ऊपर भी लागू होगी ? कुल एक दिन बचा था, इसलिए यह प्रश्न मन में आते ही हम लोग कलेक्टर के बँगले की तरफ भागे। कलेक्टर ने हमदर्दी जताई पर कहा कि हमें एसपी से बात करनी होगी।

कलेक्टर ने एसपी को फोन कर दिया और हम लोग एसपी के बँगले पहुँचे। उसने कहा कि भीड़ पर पाबन्दी हमारे आयोजन पर भी लागू होती है, पर वह हमारे नाटक की पटकथा देखकर अनुमति दे सकता है, बशर्ते कि उसमें कोई अंश आपत्तिजनक न हो। थोड़ी देर बाद पटकथा की बच्चों के हाथ से लिखी प्रति मैंने एसपी के हवाले कर दी। वापस आते समय यकायक मुझे बोध हुआ कि

आपातकाल के मायने क्या हैं। आजादी के इतिहास में पहली बार एक पुलिस अधिकारी को यह फैसला करने की भूमिका मिली थी कि एक नाटक खेला जा सकता है या नहीं। एक्जूपेरी का उपन्यास अधिनायकवाद पर लगातार चोट करता है। हमारी पटकथा में कई संवादों की राजनैतिक व्यंजना आपातकाल की घोषणा और व्यवस्थाओं के सीधे खिलाफ जाती थी, पर अभी आपातकाल का पहला-पहला दिन था। अगली सुबह एसपी ने बताया कि उसे पटकथा पढ़ने का समय नहीं मिल पाया था। हमने यह दलील दी कि यदि नाटक न हुआ तो बच्चे बेहद निराश होंगे। एसपी आखिरकार हमें अनुमति देने को राजी हो गया। उसने सिर्फ एक शर्त यह लगाई कि नाटक के समय सिर्फ बच्चे रहें, उनके माँ-बाप न रहें।

इस तरह 'नन्हा राजकुमार' तो सेंसर होने से बच गया, पर सैकड़ों अन्य कहानियाँ, लेख और पत्रिकाएँ न बच सकीं। एक-दो दिन अखबारों ने सेंसर की गई खबरों की जगह खाली छोड़ दी। इस पर सरकार ने तुरन्त कड़ा रुख दिखाया और फिर यह जताने का तरीका भी जाता रहा कि खबरें सेंसर की जा रही हैं। एकाध सप्ताह में पत्रकारिता जगत ने घुटने टेक दिए। कई वरिष्ठ सम्पादक (जो आज भी लोकप्रिय बने हुए हैं) चापलूसी पर उतर आए। जिन्हें सीधे इन्दिरा गांधी की चापलूसी करने से संकोच महसूस हुआ, वे चौदहसूत्रीय कार्यक्रम की या फिर इस बात की प्रशंसा करने लगे कि रेलगाड़ियाँ समय पर चलने लगी हैं। आलोचना या विश्लेषण के लिए कोई जगह न बची। 'सेमीनार' ने सेंसर होने से प्रकाशन बन्द कर देना बेहतर माना। 'शंकर्स वीकली' भी बन्द हो गई। उसके अन्तिम सम्पादकीय में शंकर ने बहुत सँभलकर यह दलील दी कि हास्य के लिए सार्वजनिक जगह बनाए रखना कितना कठिन है। यह सोचकर आज भी मुझे अफसोस और आश्चर्य होता है कि इतना निराला और आदरणीय बुजुर्ग भी अपनी व्यथा खुलकर व्यक्त नहीं कर सका।

मगर सबसे शर्मनाक विनोबा का समर्थन था। उनकी इस टिप्पणी को कि आपातकाल अनुशासन पर्व है, डीटीसी की बसों पर पुतवाया गया। लोहिया विनोबा को सरकारी सन्त कहते थे। यह उपाधि विनोबा ने पूरी तरह चरितार्थ करके दिखाई। साहित्य की दुनिया में भी अनेक बड़े नाम अपना-अपना मौका ढूँढ़कर चापलूसी के राष्ट्रीय अखाड़े में उतरे। वह एक घिनौना दृश्य था। खुले विचार की सभ्यता, जिसकी खातिर रौलट एक्ट के विरोध से लेकर संविधान के निर्माण तक इतना कठिन संघर्ष चला था, इतनी आसानी से नष्ट हो जाएगी, यह कल्पना हमारी उस पीढ़ी को कतई नहीं थी जिसने नेहरू के भारत में होश सँभाला

था। पत्रकारिता ध्वस्त हुई सो हुई, पर संसद या विधानसभाएँ, न्यायपालिका और विश्वविद्यालय—कोई भी संस्था इस लायक नहीं रह गई कि सामूहिक गिरफ्तारी, प्रेस और डाक की सेंसरशिप, संविधान के साथ खिलवाड़ और जबरन नसबन्दी और ऑपरेशन पर सवाल उठा सके।

आपातकाल हट जाने के बाद बहुत-सी चीजों की मरम्मत हुई, पर व्यवस्था का चरित्र और समाज का माहौल निर्णायक रूप से बदल चुका था। सब कुछ वापस न आ सकता था, न आया। संविधान से की गई छेड़छाड़ दुरुस्त की गई, पर मौलिक कर्तव्योंवाला अनुच्छेद रहने दिया गया। उसकी भाषा-शैली यह दिखाने को पर्याप्त है कि वह आजादी के समय नहीं, देसी गुलामी के वक्त गढ़ा गया। खुले मन से तर्क करने का माहौल फिर नहीं बना। लोग चौकन्ने होकर बोलने लगे। राजनीति अब विचारधाराओं के समीकरण बनाना छोड़ सत्ता के समीकरण बनाने में सिमट गई। बौद्धिक जीवन में सन्देह और बिखराव बढ़ गया। सबसे बड़ी बात नौकरशाही को निरंकुश ताकत का अनुभव मिलना था। आपातकाल की समूची व्यवस्था नौकरशाही के उत्साही सहयोग के बिना सम्भव ही नहीं थी। उस अनुभव ने यह बात उजागर कर दी कि कानूनी शान्ति बनाए रखने की औपनिवेशिक प्रणाली 'लोक प्रशासन' जैसी नई नवेली अवधारणाओं के मुकाबले कितनी पक्की और गहराई से जमी हुई है। आपातकाल के दौरान और उसके बाद इन्दिरा गांधी ने कई बार आत्म-निरीक्षण किया, लेकिन नौकरशाही ने अपने गिरेबान में झाँका हो, यह खबर आज तक नहीं मिली है।

अपराधी दुनिया

सन 1949 में जॉर्ज ऑरवेल का उपन्यास 'उन्नीस सौ चौरासी' प्रकाशित हुआ था। फैंटेसी के महारथी आरवेल ने इस उपन्यास में एक ऐसे समाज का चित्र खींचा था जिसमें व्यक्तिगत स्वतन्त्रता या एकान्त का कतरा भी नहीं बचा है। सर्वसत्तावादी राज्य की पहुँच आम लोगों के विचारों और भावों तक है। विचार-पुलिस और प्रेम-मन्त्रालय जैसी व्यवस्थाओं के जरिए सरकार नागरिकों की जिन्दगी के हर पहलू पर निगाह रखती है। नियन्त्रण के हथियार और निगरानी के औजार अपने चरम विकास की अवस्था में पहुँच चुके हैं। विज्ञान और टेक्नोलॉजी का इस्तेमाल मनुष्य को इनसान बनानेवाले हरेक कदम को रोकने के लिए होने लगा है।

चूँकि ऑरवेल की दूसरी फैंटेसी 'जानवरों का बाड़ा' में साम्यवादी रूस पर व्यंग्य किया गया था, इसलिए 'उन्नीस सौ चौरासी' को लेकर भी आम राय बनी कि यह सर्वसत्तावादी राज्य साम्यवादी होगा। सन 1984 के आने तक सोवियत संघ के बिखराव के लक्षण प्रकट होने लगे थे और पाँच साल में बिखराव पूरा हो गया। आरवेल की फैंटेसी एक विज्ञान-कथा मान ली गई। मगर अब उसकी बताई तारीख के बीस वर्ष बीतने पर साफ होने लगा है कि सर्वसत्तावाद की मुकम्मिल तस्वीर पूँजीवादी व्यवस्था के केन्द्र में उभरेगी। 'गार्डियन' में प्रकाशित एक पाठक का पत्र कहता है कि आज का अमेरिका आरवेल की कल्पना के बहुत करीब पहुँच चुका है। न्यूयॉर्क और वाशिंगटन में हुए आतंकवादी हमलों से शुरू हुई सरकारी व्यवस्थाएँ अब एक ऐसे मुकाम पर पहुँच चुकी हैं जहाँ व्यक्तिगत स्वतन्त्रता और विचारों की विभिन्नता को सहन करने जैसे बहुप्रचारित मूल्य पूरी तरह बेमानी हो जाएँगे। साम्राज्यवादी हिंसा को वैध ठहरानेवाले प्रचार के साधनों के रूप में इन मूल्यों की दुहाई देना बुश प्रशासन की आदत बन गई थी। अभी तक यह आदत अमेरिका के भीतर और बाहर भतेरे लोगों को बोरियत से राहत देनेवाले हास्य का विषय भर बन पाई थी। पर अब यह दुहाई ऑरवेल के उपन्यास में वर्णित डबलस्पीक (यानी दोमुँहा कथन) की याद पहले से कहीं ज्यादा लोगों को दिलाने

लगी है।

अमेरिका में हर नागरिक के जीवन-वृत्त, खर्चों और विचारों का संग्रह एक अरसे से रखा जाता रहा है। ताजा कदम अमेरिका जानेवाले दसियों लाख पर्यटकों की निगरानी के लिए उठाया गया है। अभी तक अमेरिका में बसे उन नागरिकों की उँगलियों के निशान रखे जा रहे थे जिनकी पृष्ठभूमि किसी मुस्लिम देश में है। जनवरी में जारी आदेश के तहत उँगलियों के निशान हरेक पर्यटक से लिए जाएँगे। अबकी बार दायरा मुसलमानों तक सीमित नहीं है। छूट केवल 28 देशों के पर्यटकों को रहेगी जिनमें कनाडा और जापान के अलावा अधिकांशतः वे यूरोपीय देश आते हैं जिनके नागरिकों को अमेरिका जाने के लिए वीजा नहीं लेना पड़ता। मगर ऐसे देशों के छात्रों और व्यापारिक यात्रियों को छूट नहीं दी जाएगी।

इस नई व्यवस्था में निहित अपमान अभी केवल एक देश की बर्दाश्त से बाहर हुआ है और वह देश भारत नहीं है। ब्राजील के एक जज ने व्यवस्था दी है कि जो सलूक ब्राजील से अमेरिका जानेवाले पर्यटकों के साथ होता है, वही सलूक अमेरिका से ब्राजील आनेवालों के साथ किया जाए। इस आदेश के तहत ब्राजील पहुँचने पर हरेक अमेरिकी पर्यटक को अपनी उँगली के निशान देने होंगे। जैसे ही यह व्यवस्था लागू हुई, साओ पालो के हवाई अड्डे पर उतरनेवाले अमेरिकी यात्रियों ने नाराजगी व्यक्त की। उनकी नाराजी इस बात का सबूत थी कि इस प्रकार भेदभाव किया जाना अपमानजनक होता है। जब उन्हें बताया गया कि अमेरिका जानेवाले ब्राजील के पर्यटकों को भी ऐसा ही व्यवहार सहना पड़ता है, तब वे कुछ शान्त हुए।

इस प्रसंग में अपमान का स्रोत सिर्फ भेदभाव नहीं है। उँगलियों के निशान साधारण नागरिकों से लेने और उन्हें कम्प्यूटर में सुरक्षित रखनेवाली व्यवस्था इतनी सशंकित और डरी हुई है कि वह सबको अपराधी या सम्भव अपराधी मानती है। नशीली दवाओं के अवैध व्यापार में सबसे ऊँचे स्थान का अधिकारी देश किस तरह यह अधिकार प्राप्त कर सका है कि वह दुनियाभर के आम स्त्री-पुरुषों को संशय का स्थायी पात्र बना दे ? जाहिर है, यह पद अमेरिका को विशुद्ध बाहुबल से मिला है, नैतिक बल से नहीं। जो देश और समाज—और अब इनमें भारत भी शामिल है—इस बाहुबल के आगे झुक रहे हैं, उन्हें अमेरिकी साम्राज्यवाद के दो-चार फल भले चूसने को मिल जाएँ, पर आत्मबल जैसी कोई संकल्पना छोड़ देनी होगी। मामला सिर्फ सरकार की मजबूरी का नहीं है। बढ़ते हुए मध्यमवर्ग की आकांक्षाएँ यदि अमेरिका जाने, वहाँ बसने या ऐसे किसी अन्य

सपने से जुड़ न गई होतीं तो सरकार शायद कुछ सोच सकती या कम से कम उस पर दबाव डालने की कोई उपयोगिता होती। सरकार की गर्दन पर अमेरिका की उँगलियों के निशान बहुत गहरे इसलिए बन सके हैं कि उसकी सामरिक और व्यापारिक शक्ति को हमारे शिक्षित मध्यमवर्ग के विपुलांश ने सांस्कृतिक श्रेष्ठता के रूप में स्वीकार कर लिया है।

सपनों का पेड़

ऊँचे बरगद की घनी छाया में हो रही उस शोकसभा में शामिल होते हुए मुझे अजीब-सा लग रहा था। यह भी साफ नहीं था कि मुझे दुख ज्यादा है या गुस्सा, या बस यूँ ही एकाएक बढ़ आई सामान्य उदासी है। अगली कतार में हुसेन और मंजीत बावा जैसे मशहूर चित्रकार बैठे थे। मैं चित्रकला में अनपढ़ हूँ इसलिए खुद से यह पूछ रहा था कि इस शोकसभा में क्यों आया हूँ। सामने माइक के पास जनगढ़सिंह श्याम की तस्वीर रखी थी। कैमरे से बचती हुईं उसकी प्रफुल्ल आँखें मेरे लिए अपरिचित थीं। शोकसभा में बोलनेवालों ने जनगढ़सिंह के बारे में कुछ मोटी-मोटी बातें, कुछ सामान्य-सी स्मृतियाँ बताईं पर कोई बड़ी मदद उसका व्यक्तित्व गढ़ने में मुझे नहीं मिली। बस इतनी ही बात मन गें घुमड़ती रही कि वह अभी चालीस का भी नहीं हुआ था।

जिस मेज पर यह टिप्पणी लिख रहा हूँ, उसके बगल में रखे रैक की पीठ पर एक पेड़ का चित्र चिपका है। जनगढ़सिंह श्याम से मेरा परिचय इसी पेड़ के कारण है। यह चित्र मैंने उस पोस्टर से काटा है जिसे देखकर पिछले वर्ष मैं क्राफ्ट्स म्यूजियम में लगी हुई 'द अदर मास्टर्स' शीर्षक प्रदर्शनी देखने गया था। प्रदर्शनीवाले कमरे में घुसते ही नजर उस पेड़ पर पड़ी थी जिसकी यह मामूली-सी मुद्रित नकल मैंने अभी तक चिपका रखी है। यह कुछ इसी तरह की बात है जैसे किसी बड़े वक्ता का भाषण सुनकर हम उसका एकाध वाक्य नोट कर लेते हैं। किसी कलाकृति के आगे ठगा-सा रह जाने के अवसर मेरी शब्दों से भरी जिन्दगी में कम ही आते हैं। दरअसल वान गॉग के पुराने जूते देखने से पहले मुझे यकीन भी नहीं था कि चित्र कोई गहरी छाप छोड़ सकता है। जूतों का यह चित्र देखे हुए अब करीब बीस साल हो चुके हैं और अब मुझे लगता है कि इस चित्र को देख लेने से मेरी शिक्षा की बहुत-सी कमियाँ यकायक दूर हो गईं। जनगढ़सिंह के पेड़ का असर भी इतना ही नाटकीय था।

अव्वल तो इस पेड़ की चौड़ाई के सामने हम दुबले हो जाते हैं। हमें आदत

है पेड़ों की ऊँचाई पर ध्यान देने की। श्याम का चित्र हमारी अवधारणा को प्यार से पोंछकर एक नया पेड़ देता है जिसके फैलाव में अनोखी शान्ति है, दुलार है। हमें लगता है हमें अपना बचपन दुबारा मिला है और इस बार हम पेड़ को नई तरह से जानेंगे। उसकी गहराइयों में बैठे पक्षी के हिस्से नजर आते हैं। उसकी बल खाती शाखाओं में काल की ऐतिहासिक समझ उलझकर रह जाती है। हमें लगता है कि हमारे कष्ट कितने ही महान हों, यहाँ इस पेड़ के सामने खड़े होने से हमें सुकून मिलेगा।

प्रदर्शनी में जनगढ़सिंह की कई अन्य कृतियाँ थीं, एक से एक चमत्कारी। कोई आश्चर्य नहीं कि उसकी कला को दुनिया भर में सराहा गया और वह मंडला जिले के पाटनगढ़ गाँव की दीवारों पर एक आम आदिवासी की तरह चित्र बनाना छोड़कर टोकियो से कुछ दूर एक निर्जन वन में चलनेवाले 'मिथिला म्यूजियम' नामक कारोबार की घुटन में आत्मघात की घड़ी तक जा पहुँचा। इस सफर में बीस साल लगे। सफर की शुरुआत का खुलासा लोकसभा में अशोक वाजपेयी ने किया। आदिवासी कला की तलाश में पाटनगढ़ की राह ढूँढ़ते स्वामीनाथन की मदद उन्नीस बरस के जनगढ़ ने की थी। आगे की कहानी में भोपाल का रूपंकर संग्रहालय है, कई-कई पुरस्कार हैं, एक भरा-पूरा परिवार है और वह नृशंस वैश्वीकृत बाजार है जिसमें घुसने का अनुभव जनगढ़ को था, पर जाहिर है पूरा नहीं था।

शोकसभा के हरेक वक्ता ने दोहराया कि हमें अपने लोक कलाकारों के व्यावसायिक शोषण को रोकने के बारे में तुरन्त सोचना चाहिए ताकि ऐसी घटना दोबारा न होने पाए। इस बात के शब्दों में पसरी वैचारिक दरिद्रता को कोई वक्ता दूर न कर सका। उस घने ऊँचे बरगद के नीचे एक बड़ा-सा खोखल बनता चला गया। हम सब उमस में बैठे अपनी असमर्थता से दो-चार होने से बचते रहे। यहाँ तक कि यह जानकर भी हमारा खून न खौला, न सिर शर्म से नीचे झुका कि मिथिला म्यूजियम के जापानी मालिक ने जनगढ़सिंह श्याम की लाश भोपाल भेजने से इस कारण मना कर दिया है कि भेजने का खर्चा बहुत है। शोकसभा में भारत सरकार के कई ऊँचे अफसर मौजूद थे। मुझे यकीन है कि उन्हें अपने सरकारीपन पर यह सोचकर एक क्षणिक क्षोभ जरूर हुआ होगा कि अणुशक्ति सम्पन्न भारत को अपने इतने बड़े कलाकार की लाश की वापसी में एक हफ्ता लग चुका है और लाश अभी जापान में ही है।

आखिरकार लाश की वापसी का खर्च मध्यप्रदेश सरकार ने जुटाया और वह प्रसंग अब निपट चुका है। सम्भव है, कानूनी कार्रवाई के जरिए आत्महत्या से

पहले तक जनगढ़ की बनाई कृतियाँ भी वापस मिल जाएँ। हो सकता है कि उन कृतियों को ध्यान से पढ़कर हम उस घबराहट और बेचैनी की पांडुलिपि को उभार सकें जो जनगढ़ को जून के उत्तरार्ध में महसूस होना शुरू हो चुकी थी। जगह-जगह से उजड़ते, बिकते, कहीं दुत्कारे तो कहीं बहलाए जाते आदिवासी मानस को समझने के लिए हमारे पास न दृष्टि है, न शब्द। जिसे हम आधुनिक भारत कहते हैं, उसके जंगलों में कटे हुए वृक्ष बँधी हुई नदियों के आसपास पड़े हैं। जनगढ़सिंह श्याम की तरह सफल हो चुके हमारे कई राष्ट्रीय सपने वहाँ सिसकते हैं। उन सपनों का विश्लेषण हमें ही करना होगा, भले उनके विवरण कितने ही जटिल और हमारी राष्ट्रीय व्यस्तताएँ कितनी ही सार्थक हों।

प्रतिपाद्य का पल्लवन

इस परिवर्तनशील संसार में यदि कोई चीज स्थिर है तो अवश्य वह हिन्दी साहित्य की पढ़ाई ही है। आपके सामने अगर चालीस साल पहले पूछे गए प्रश्न रख दिए जाएँ और साथ में उसी कवि के बारे में इस वर्ष की परीक्षा में पूछे गए प्रश्न रख दिए जाएँ तो आप यह नहीं बता पाएँगे कि कौन-से प्रश्न ताजे हैं। जिस ढर्रे पर परीक्षा और पाठ्यक्रम, पाठ्यपुस्तक और शिक्षण 1930 के आसपास चल निकले थे, वह आश्चर्यजनक रूप से सनातन सिद्ध हुआ है। बीए ऑनर्स प्रथम वर्ष में सब्सिडियरी विषय के रूप में हिन्दी के 2001 के पर्चे में 'किसी एक विषय पर निबन्ध लिखिए' वाले प्रश्न पर नजर गई तो लगा मैं इसी वर्ष का छात्र हूँ। सूची में दिया गया पहला विषय था—'विद्यार्थी और राजनीति'। मन में यह पता लगाने की उत्सुकता कौंध गई कि परीक्षार्थियों की कितनी पीढ़ियाँ इस विषय पर निबन्ध लिखकर तर चुकी हैं और ऐसे विषयों पर आदर्श निबन्ध लेखन की पुस्तकें छापने वाले प्रकाशकों ने अब तक कुल कितनी कमाई की है। दूसरा विषय था—'महँगाई की समस्या : कारण और समाधान'। तीसरा था—'विज्ञान के बढ़ते चरण'। कमी थी तो 'चाँदनी रात में नौका विहार' की। आखिरी दो विषय शायद नएपन का आभास देने के लिए रखे गए थे—'किस्सा कुर्सी का' और 'एक नहीं दो-दो मात्राएँ, नर से बढ़कर नारी'।

क्षण-भर के लिए मेरा मन उस वाक्यराशि में डूब गया जिसका इस्तेमाल छात्रों को हिन्दी-निबन्ध नाम की चीज में नम्बर पाने के लिए अनिवार्य रूप से करना होता है। चौथी-पाँचवीं जमात में ही ज्यादातर बच्चे यह जान लेते हैं कि निबन्ध हो या पत्र, हर चीज लिखने का एक बना-बनाया तरीका है। स्कूल में हिन्दी की पढ़ाई का उद्‌देश्य वह कतई नहीं है कि बच्चे अपनी भावनाओं की अभिव्यक्ति का मौका पाएँ या वैचारिक तलाश के लिए भाषा का इस्तेमाल करने का हौसला बढ़ाएँ। यह सब हिन्दी के अध्यापक और पाठ्यक्रम निर्माताओं को कैसे बर्दाश्त हो सकता है ? उनका सर्वोच्च ध्येय बच्चों को यह विश्वास दिलाना है कि हिन्दी

हम सबकी अपनी भाषा नहीं है; वह तो एक सत्तावान शैली है जिसमें हम अपने मन को कोई स्थान नहीं दे सकते। हिन्दी पढ़ने का आशय उन अवयवों का ज्ञान प्राप्त करना है जिनसे मिलकर यह सत्तावान शैली बनी है।

इस नियति से कोई विधा, साहित्य या लेखक नहीं बच सकता। बीए प्रथम वर्ष का जो परचा इस बार मेरे हाथ पड़ा, उसमें पत्र लिखने के बारे में पूछा गया प्रश्न था—'एक अच्छे व्यावसायिक पत्र को लिखने में किन-किन बातों को ध्यान में रखना आवश्यक है ? स्पष्ट कीजिए।' मार्मिक सवाल है। विद्यार्थी पत्र लिखकर भले न दिखा सके, यह बताकर नम्बर पा सकता है कि एक अच्छे पत्र में क्या-क्या तत्त्व होते हैं। पत्र के विषय के बारे में इतना ही कहना काफी मान लिया गया है कि वह 'व्यावसायिक' होगा। यदि कोई छात्र एक कर्मचारी की भूमिका अपनाकर मैनेजर से अपने सुपरवाइजर की शिकायत कर बैठे तो यह पत्र व्यावसायिक नहीं माना जा सकता। यह आखिर पहले से तय है कि व्यावसायिक पत्र किसे कहते हैं, उसके अंग कौन-से होते हैं, उसमें तारीख कहाँ लिखी जाती है, वगैरह।

यह सब निबन्ध या पत्र ही क्यों, प्रेमचन्द की 'गुल्ली डंडा' के बारे में भी तय है कि उसका प्रतिपाद्य क्या है। कोई छात्र यह लिखने की हिमाकत नहीं कर सकता कि कहानी कोई बात प्रतिपादित करने के लिए नहीं लिखी जाती, अतः उसका कोई प्रतिपाद्य नहीं होता। हिन्दी का शिक्षण यदि एक लम्बा समाजीकरण है तो उसका प्रतिपाद्य यही है कि कोई कविता या कहानी कभी यूँ ही नहीं लिखी जाती, हर बात के पीछे कोई न कोई प्रतिपाद्य होता है। तुलसी के मानस से लिया गया रामवनगमन का प्रसंग हो या रघुवीर सहाय की कविता 'आपकी हँसी' हो—हमें इन कृतियों को हिन्दी की परीक्षा की दृष्टि से 'तैयार' करना है तो प्रतिपाद्य ढूँढ़ना ही होगा और उसका पल्लवन करने के लिए उचित शब्द सीखने ही होंगे।

गंगा का प्रतिपाद्य गंगोत्री में मिलता है तो तुलसी का प्रतिपाद्य उस पाठ्यपुस्तक में अवश्य होगा जो बीए प्रथम वर्ष के छात्र अपनी सब्सिडियरी हिन्दी के लिए पढ़ते हैं। यह सोचकर मैंने इस पुस्तक की शरण ली। तुलसी के परिचय में लिखा था—'तुलसीदास का हिन्दी-साहित्य जगत में तब अभ्युदय हुआ जब इस्लाम के पैरों तले भारतीय संस्कृति रौंदी जा रही थी।' आगे चला तो उन शब्दों से टकराया जिन्हें मैंने स्वयं पैंतीस वर्ष पहले इस्तेमाल किया था—मर्यादा, शील, शक्ति, विलक्षण, अद्वितीय, लोकरक्षक, अतुलनीय, सारग्राही, सिद्धहस्त, बहुमुखी, असाधारण, मार्मिक और उदात्त। तुलसी का कोई भी पद्यांश फँसे उसकी सप्रसंग व्याख्या के लिए ये शब्द बेहद काम के हैं। वैसे वे और कवियों में भी काम आते

हैं, पर तुलसी पर तो कपड़े की तरह फिट होते हैं। जहाँ तक वनगमन प्रसंग का सवाल है, उसका प्रतिपाद्य 'ग्रामवासी नर-नारियों की प्रीति का प्रकटीकरण' बताया गया है।

चलते-चलते मैंने अन्तिम अध्याय में रघुवीर सहाय की 'आपकी हँसी' का प्रतिपाद्य जानना चाहा। लिखा था—'रघुवीर सहाय परिपक्व राजनैतिक-सामाजिक जीवन के अनुभवों के सिद्ध कवि हैं। यह इनकी कविता का विशिष्ट क्षेत्र है।' 'आपकी हँसी' कविता में उन्होंने एक 'हँसी के 'विजन' के माध्यम से व्यवस्था से जुड़े सभी महत्त्वपूर्ण प्रश्नों को टटोल लिया है। थोड़ा और पढ़ा तो वे शब्द हाथ लगे जो रघुवीर सहाय पर लागू होते हैं—विद्रूपता, विडम्बना, विसंगति, संकट और आखिर में समर्थ।

'पद्य-सौरभ' और उस पर ली गई परीक्षा के प्रश्न पढ़कर वह रहस्य यकायक खुला कि हिन्दीभाषी समाज में अपनी भाषा के प्रति प्रेम इतना कम क्यों है। इस वाजिब जिज्ञासा का जवाब यही है कि हिन्दी की शिक्षा उस स्वाभाविक प्यार को पनपने नहीं देती जो हर समाज में अपनी भाषा के लिए होता है। अवश्य इस अनुमान का प्रस्फुटन कई संवेदनशील लड़के-लड़कियों के मन में होता होगा, पर कक्षा की रोज की पढ़ाई और हर साल की परीक्षा में माँगा गया पल्लवन इस अनुमान को रौंद देता होगा। 'पद्य सौरभ' में तुलसी का अध्याय पढ़ने का एक लाभ मुझे यह हुआ कि मैंने रौंदने का प्रयोग सीखा।

निर्माणाधीन भारत के संवाददाता

आधे या पौन घंटे की मुलाकात उनसे अक्सर होती रहती थी। राजेन्द्र माथुर से लम्बी मुलाकात का मौका मुझे एक ही बार मिला। 9 अप्रैल 1991 को उनके निधन से कुछ महीने पहले हुई इस लम्बी मुलाकात के दौरान उन्होंने मुझसे कहा था—'लगता है, जीवन की संध्या मुझे गेरुआ कंडे की छाया में बितानी पड़ेगी।' उनके आकस्मिक निधन की खबर सुनकर सबसे पहले यही वाक्य मेरी स्मृति में कौंधा था। राजेन्द्र माथुर आज होते तो 67 वर्ष की उम्र में मूल्यों और आदर्शों की उस गठरी का फटना देख रहे होते जिसे उनकी पीढ़ी ने हर मुसीबत में छाती से चिपकाकर बचाया था। गुजरात में वह गठरी स्वयं शासन ने फाड़ी है। उसमें बँधी विरासत खून में सनी वहाँ के मुख्यमन्त्री कार्यालय के इर्द-गिर्द बिखरी है। भारत को एक निर्माणाधीन इमारत की तरह देखनेवाले राजेन्द्र माथुर आज कितने निराश होते और क्या लिखते, यह सवाल मैं उनकी स्मृति से प्रेरणा पाने के लिए खुद से पूछ रहा हूँ। 'नवभारत टाइम्स' के दफ्तर में एक बार उन्होंने कहा भी था कि मेरे रिफ्लैक्स बहुत धीमे हैं। उस एकमात्र लम्बी मुलाकात में हम सारा दिन साथ रहे थे। दिल्ली से सुबह चलकर इन्दौर में उनके घर खाना खाया और थोड़ी देर रुककर खंडवा के लिए टैक्सी ली। वैसे तो इन्दौर पहुँचते ही लगा था जैसे कोई मछली अपने परिचित पानी में पहुँच गई हो। दिल्ली का दबाव और तनाव छूमन्तर हो गया। फिर जब टैक्सी नर्मदा की घाटी के साथ-साथ आगे बढ़ी तो लगता था जैसे राजेन्द्र माथुर के लिए वह पूरा भूगोल घर के आँगन-सा परिचित है। मध्य प्रदेश की धरती से उनका प्यार भारत की उस बहुरंगी संकल्पना का अनिवार्य अंग था, जिसे वे अपने विपुल लेखन से लगातार पुष्ट करते रहे। उस बहुरंगी भारत का अर्थ था धर्मों, भाषाओं, अस्मिताओं और जीवनशैलियों की सुरक्षा और स्वतन्त्रता। कोई आश्चर्य नहीं कि हिन्दू राष्ट्रवाद के विचार से राजेन्द्र माथुर को गहरी चिढ़ थी।

उस रात खंडवा में बोलने के लिए कहे जाने पर मैं दिन भर की थकान से

दबा रहा और 15 मिनट में अपनी बात निपटाकर बैठ गया। राजेन्द्र माथुर की बारी 9.00 बजे आई। वे भी मेरी तरह या मुझसे ज्यादा थके रहे होंगे, पर इससे उनके उत्साह में कोई फर्क नहीं पड़ा। घंटा भर उनकी आवाज और एक के बाद एक रूपक बाँधनेवाली शब्दावली पूरी स्फूर्ति से श्रोताओं को बाँधे रही। वे उस रात 12.00 बजे सोए और अगली सुबह मेरे उठने तक किसी के घर नाश्ता खाने जा चुके थे। मेरे इस छोटे-से बयान से आज के युवा यह अन्दाजा नहीं लगा सकते कि माथुर साहब में ऊर्जा और प्रतिभा का कितना आश्चर्यजनक सामंजस्य था। उन्हें पढ़कर उनकी मौलिकता और अथाह जिज्ञासा का स्पर्श तो मिलता है, पर व्यक्तिगत भेंट में उभरनेवाली आत्मीयता तो स्मृतियों में ही दर्ज है। राजेन्द्र माथुर की अनुपस्थिति के इन 11 वर्षों में बाबरी मस्जिद के ध्वंस से लेकर गुजरात के सामाजिक विनाश तक बहुत कुछ ऐसा हुआ है जिसके परिवर्तनकारी असर निर्णायक कहे जा सकते हैं। अर्थव्यवस्था के वैश्वीकरण और राजनीति के बिखराव के साथ बढ़ी नैतिक उदासीनता को देखकर भी लगता है जैसे वह भारत अब नहीं रहा, जिसमें राजेन्द्र माथुर जिए। हालाँकि यह बात अगर सच होती तो उनका लेखन आज हमें उबाऊ और बासी लगता। वैसे भी पत्रकारीय लेखन की उम्र इतनी कम होती है कि परसों छपा सम्पादकीय आज पुराना लगता है। ये सामान्य सच्चाइयाँ राजेन्द्र माथुर के गद्य पर लागू नहीं होतीं। इधर के वर्षों में उनके लेखों के कई संग्रह प्रकाशित हुए हैं। इनमें से एक 'भारत—एक अन्तहीन यात्रा' संग्रह में शामिल उनका लेख 'पंचायती राज के बहाने भारत पर कुछ विचार' जब मैंने अपने छात्रों को दिया तो उन्होंने सोचा कि यह किसी जाने-माने समाजशास्त्री का लिखा हुआ है। काश, राजेन्द्र माथुर को दो साल की छुट्टी मिलती और वे रोज अखबार निकालने की उधेड़बुन से आजाद होकर एक सम्पूर्ण किताब लिखते। वह एक नायाब गद्यकृति होती। उसका अभाव हम एक हद तक उन छोटे-छोटे बिजली के जिन्दा तारों को छूकर दूर कर सकते हैं, जो राजेन्द्र माथुर के लेखों में नंगे पड़े हैं। उन्हें ढँकने की कोशिश करते रूपक तार की धातु में बहते आवेश को और बढ़ाते हैं।

इस समय हिन्दी में गद्य की समीक्षा का हाल इतना कमजोर है कि राजेन्द्र माथुर के शाब्दिक औजारों का सम्यक् विश्लेषण सम्भव नहीं दिखता। वैसे भी विज्ञान और समाजविज्ञानों से हिन्दी का नाता कटा हुआ है। राजेन्द्र माथुर की टिप्पणियाँ उस युग से पोषण पाती थीं जब हिन्दी सिर्फ जज्बातों की भाषा नहीं थी। विवेचना के शब्द और रूपक रसायन, भौतिक, इंजीनियरों और जीवविज्ञान से उतनी ही मात्रा में आते थे जितने दर्शन, इतिहास या साहित्य से। भाषा के

मनोवाणिज्य की यह समृद्धि ही राजेन्द्र माथुर के अन्दाज को चौंकानेवाली विविधता देती है। उनके विश्लेषण की प्रखरता और फैसलों की निर्ममता का स्रोत भी यही है। उन्हीं की शैली में कहा जाए तो राजेन्द्र माथुर ने आजादी के पहले दो दशकों में सुलभ नाना प्रजातियों के फलों का रस अपनी जिज्ञासा की धूप में पकाया और अगले दो दशकों में *नई दुनिया* व *नवभारत टाइम्स* के सम्पादकीय केबिन में बैठकर पाठकों और मिलनेवालों को पिलाया। उस रस की दो-तीन खुराकें परोसे बगैर यह स्मृति-लेख पूरा नहीं हो सकता। रामजन्मभूमि विवाद पर राजेन्द्र माथुर ने लिखा है–जैसे मकड़ी को पता नहीं होता कि गगनचुम्बी इमारतें कैसे बनती हैं, उसी तरह अयोध्यावासियों को पता नहीं है कि भारत की जमीन पर कैसी तिलस्मी इमारत इन वर्षों में ऊपर उठ रही है और कितने खतरे में उसका अधबना अस्तित्व हमेशा रहा है। इसी विषय पर उनके एक अन्य लेख का शीर्षक है–'राष्ट्र नहीं रहा तो किस खूँटी पर टँगेगा हिन्दुत्व'। इस लेख के अन्त में वे लिखते हैं–'आडवाणी निश्चय ही मानते हैं कि अयोध्या का मन्दिर भारत के राष्ट्र-राज्य को नई शान्ति और दिशा देगा, जैसा कि वि.प्र. सिंह मानते हैं कि जातियुद्ध से हिन्दू धर्म का कायाकल्प होगा और बदला हुआ हिन्दुत्व इस राष्ट्र-राज्य को भी बदल देगा। एक क्षण के लिए हम दोनों को सही मान लेते हैं। लेकिन सवाल यह है कि जब हिन्दुस्तान मरीज की तरह बिस्तर पर पड़ा हुआ है और कई घाव उसके शरीर पर हैं, तभी क्या उसे सुबह 4.00 बजे उठाकर 10 किलोमीटर दौड़ाना और थकानेवाली पी.टी. करवाना जरूरी है ?' राजेन्द्र माथुर के लेखन को पढ़ते समय उनकी तात्कालिक टीका की अभी तक बनी हुई प्रासंगिकता के अलावा उनकी समझ और जानकारी के विस्तार का वर्चस्व भी हमें घेरता है। आज यदि कोई कश्मीर की निराली संवैधानिक हैसियत का पिटा-पिटाया रोना रोए तो हमें चाहिए कि उसे राजेन्द्र माथुर का लेख 'भारत के राज्य' पढ़वाएँ, जिसमें उन्होंने कई राज्यों की विशिष्ट कानूनी भंगिमाओं का विवरण दिया है। इसी तरह जब कोई गांधी का नाम लेकर अंग्रेजों के पूर्व के भारत की शिक्षा या अर्थव्यवस्था का गुणगान करे तो हमें 'उपवन-प्रबंध के बोझ से हाँफती तितलियाँ' लेख उसके आगे सरका देना चाहिए। कई सुखी, कई दुखी 15 अगस्तों की फेहरिश्त बनानेवाला लेख 'इस अँधेरे से देश निपट सकता है' शायद हमें आज गुजरात में हुई भारत की हत्या की कोशिश से उबार सके।

जो चीज राजेन्द्र माथुर के टिप्पणी-जगत में इफरात से मिलती है, वह हमारे समय के नामी-गिरामी लेखकों में थोड़ी-सी मात्रा में भी मिल जाए तो अच्छा लगता है। वह चीज है अस्पष्टताओं और विसंगतियों को स्वीकारते हुए तर्क करना।

कहना न होगा, यह खूबी हमारे चिन्तन और लेखन में किसी आस्था के जरिये ही आती है। आज यदि वह दुर्लभ है तो इसीलिए क्योंकि आस्था दुर्लभ है। आज हमें यह भरोसा नहीं रहा कि भारत अपनी आन्तरिक आग और विश्व पूँजीवाद के छली साम्राज्य से संघर्ष करने में सक्षम है। हरेक घटना हमें धक्का दे रही है और राज्य इस धक्केबाजी में शरीक हैं। अयोध्या में शिलादान हो या कपास के जीनबदल बीजों को सरकारी मंजूरी, हर मुद्दा उस भारत को एक क्रूर चुनौती देता प्रतीत होता है जिसका निर्माण नेहरू युग में जवान हुए राजेन्द्र माथुर का सपना था। आज के लेखक के लिए भी यह एक बड़ी चुनौती है कि निरन्तर हताश होती भाषा में वह संश्लिष्टता कहाँ से लाए जो राजेन्द्र माथुर की शैली में स्वाभाविक रूप से रहती थी। एक ही मिसाल पर्याप्त होगी। पंचायती राज वाले लेख में लोकतान्त्रिक एकता और सामाजिक विविधता की धुरियों के संघर्ष पर उनकी टिप्पणी यह रही–'सांस्कृतिक चक्रवर्तित्त्व के इस अखिल भारतीय साँचे और सामाजिक विविधता के इन स्थानीय साँचों का अब हम क्या करें ? आज की राजनीति के साथ उनका फ्यूजन कैसे हो ? इन सोचों को गढ़नेवालों ने इस बात का ध्यान रखा था कि राजनीति के साथ उनका फ्यूजन सम्भव ही न हो, क्योंकि राजनीति की टूट-फूट से, उसकी क्षणभंगुरता से अपने अजर-अमर साँचों को वे मुक्त रखना चाहते थे। जो चीज राजनीति-विमुख एवं राजनीति-निरपेक्ष टिकाऊपन के लिए गढ़ी गई थी, उसे आज की राजनीति से जोड़ेंगे तो क्या हाइड्रोजन बम जैसा अथवा सूर्य के धरातल जैसा विस्फोट होगा और अपार ऊर्जा विमोचित होगी ? क्या लोकतन्त्र हमें यह अवसर दे रहा है कि बिना किसी सूर्य-विस्फोट के एक ठंडा फ्यूजन अपने देश में करके दिखा दें ?' राजेन्द्र माथुर के इस विदग्ध अन्दाज पर आज हम यही कह सकते हैं कि वक्त बीतने के साथ पहले इस अन्दाज पर हैरत करनेवालों की और फिर उससे प्रेरणा पानेवालों की संख्या बढ़ती जाएगी। विस्फोट होगा और अपार ऊर्जा विमोचित होगी ?

शान्ति की चारपाई

वीरजारा की प्रशंसा में शिव विश्वनाथ ने सही लिखा है कि यह फिल्म भारत-पाकिस्तान सम्बन्धों के इतिहास का अतिक्रमण एक नए विमर्श की मदद से करती है। इस नए विमर्श की बुनावट को इस उद्देश्य से उधेड़ें कि उसमें इस्तेमाल किए गए ऊर्जास्रोत पहचाने जा सकें तो सबसे पहले हमें स्त्री की पुनर्रचना नजर आती है। जारा की भूमिका में प्रीति जिंटा जब गाती है कि 'हम तो भई जैसे हैं वैसे रहेंगे, चाहे कोई खुश हो या खफा' तो वह स्त्री की भावनाओं और समाज की स्त्री से अपेक्षाओं का एक नया इतिहास रच रही होती है। इस गीत को गाते हुए फिल्म की हीरोइन पाकिस्तानी नहीं रह जाती। जब वह बताती है कि उसे मेहँदी और शहनाई की चाहत भी नहीं है तो वह फिल्म उद्योग के सैकड़ों सुन्दर गीतों को आहिस्ते से उठाकर लोकमन के म्यूजियम में यह चिप्पी लगाकर भेज रही होती है कि अब ये स्मृति के लायक रह गए हैं, उपयोग के लायक नहीं रहे। जावेद अख्तर की कला इस गीत को दक्षिण एशिया की नई स्त्री का वक्तव्य बना देती है।

स्त्री की पुनर्रचना में रानी मुखर्जी द्वारा निभाई गई एक वकील की भूमिका भी कम महत्त्वपूर्ण नहीं है। उसे देखकर मानवाधिकारों के लिए लड़नेवाली प्रसिद्ध पाकिस्तानी वकील आस्माँ जहाँगीर की याद आना स्वाभाविक है। साम्या सिद्दीकी के रूप में रानी मुखर्जी अपने पेशेवर जीवन की शुरुआत के तौर पर पहला केस एक भारतीय कैदी का लेती है जो बाईस साल से एक पाकिस्तानी जेल में सड़ रहा है। जिस अन्दाज और आत्मविश्वास के साथ इस कैदी से मिलने आई साम्या जेल के कर्मचारी को टोकती है, वह दर्शक को चौंका देता है। फिर वह दुबारा हमें अदालत में चौंकाती है जब वह सरकार की तरफ से लड़ रहे प्रतिष्ठित वकील को जान-बूझकर एक नहीं, दो बार गलत नाम से सम्बोधित करती है और उनकी झुँझलाहट को अपने दावे का सबूत बना देती है। वह एक नई तरह की स्त्री बन जाती है जो मर्दों की दुनिया में डर-डरकर नहीं जीती, न

ही लैंगिक समानता की गुहार लगाती है, बल्कि उसका एक जिन्दा प्रतीक बन जाती है। यह रूपान्तरण उसे जारा की तरह एक दक्षिण एशियाई नागरिक बना देता है जो राष्ट्र-राज्य के प्रति निष्ठा खोए बगैर मानवीय मूल्यों की परवाह करना जानता है।

चरित्रों के इस लचीलेपन की मदद से ही यश चोपड़ा इस फिल्म में भारत-पाक शान्ति का सन्देश दे पाए हैं। 'बॉर्डर' और 'गदर' जैसी फिल्में एक लम्बी परम्परा का अंग थीं जिसमें पाकिस्तान का नाम फूट का प्रतीक बन गया था। उस परम्परा में समाया सोच का संस्कार हमें विभाजन को एक ऐतिहासिक सत्य मानने से रोकता है और उसे एक ऐसी ऐतिहासिक भूल मानने की तरफ ठेलता है जो वक्त आने पर मिटाई जा सकती है। यश चोपड़ा की फिल्म इस संस्कार से हटकर विभाजन को एक बँटवारे की तरह पेश करती है। बँटवारा जमीन का होता है, दिमाग या दिलों का नहीं। 'वीर जारा' में जमीन और प्रकृति का इस्तेमाल भी भावना की सेहत और अस्मिता के विस्तार की खातिर किया गया है। देशप्रेम और ग्राम्यत्व को समर्पित बॉलीवुड के चिर-परिचित फॉर्मूले में ढले एक साधारण गीत का अन्त होने से पहले जारा अपनी एक पंक्ति जोड़ देती है—'वही शाम है, वही सवेरा, जैसा देस है तेरा, वैसा देस है मेरा।'

बॉलीवुड सिर्फ एक उद्योग नहीं, एक विधा है। उसकी अपनी रीतियाँ और रस्में हैं जिनमें से कई की जड़ें देसी नाट्य परम्पराओं में हैं। जब कोई निर्देशक इन रस्मों का भौंडा इस्तेमाल करता है तो हम बॉलीवुड से रूठ जाते हैं। 'वीर जारा' भी एक बॉलीवुड कृति है। उसकी विशेषता यही कि बॉलीवुड के रीति-रिवाजों को निभाते हुए अपनी मौलिकता स्थापित करती है और एक नई राजनैतिक शुरुआत करती है। शिव विश्वनाथन ने सही लिखा है कि यह काम एक बॉलीवुड फिल्म ही कर सकती थी, क्योंकि वह मूलतः एक जज्बाती विधा है। राजनीति हो या कूटनीति, शिक्षा हो या कानून, जज्बात के लिए वक्त और इज्जत कहीं नहीं है। यश चोपड़ा ने एक नई जमीन मुहैया कराई है, जिस पर इन कामों से जुड़े लोग खेती कर सकते हैं। जमीन की पहचान मुश्किल नहीं है। 'वीर जारा' एक अफसाना है, 'हीर राँझा' की तरह। नाम भी मिलता-जुलता है। फर्क यही है कि नदी-पहाड़ की जगह अन्तर्राष्ट्रीय सीमा है। मगर खेती और ग्रामीण जीवन का रूमानी अंकन पंजाबियत का वही विन्यास रचता है जो 'हीर राँझा' में है। उसी क्षेत्रीय पहचान की चारपाई पर शान्ति की सम्भावना अँगड़ाई लेती है।

पिप्पी की माँ

चौरानवे साल की उम्र में आस्त्रिद लिंदग्रेन का निधन यदि भारतीय अखबारों में खबर नहीं बना तो इसीलिए कि हमारे देश में बच्चों का साहित्य महत्त्वपूर्ण नहीं माना जाता। हो सकता है कुछ लोग एक-दो और नाम इस क्रम में जोड़ना चाहें, पर विश्व बाल साहित्य की पहली पंक्ति में आस्त्रिद लिंदग्रेन को रखने से कोई जानकार इनकार नहीं करेगा। जहाँ तक बीसवीं सदी का सवाल है, आर्थर रैन्सम–जिनका निधन 1967 में हो चुका था–और आस्त्रिद लिंदग्रेन निश्चय ही इस सदी के सबसे बड़े बाल उपन्यासकार थे। उनके निधन पर दुनिया के बड़े अखबारों में यह टिप्पणी दुहराई गई है कि यदि बाल साहित्य के लिए नोबेल पुरस्कार होता तो लिंदग्रेन को बहुत पहले मिल चुका होता। पर इस टिप्पणी से लिंदग्रेन को शायद ही कोई खुशी होती। जैसा कि 'गार्जियन वीकली' ने लिखा है, आस्त्रिद लिंदग्रेन को हर तरह की अहम्मन्यता से नफरत थी। वे कहती थीं–'मैं किसी चीज से प्रभावित नहीं हो पाती हूँ–खुद से भी नहीं।'

आस्त्रिद लिंदग्रेन की भाषा स्वीडिश कुल एक करोड़ लोगों द्वारा बोली-पढ़ी जाती है। इतनी सीमित भाषा में लिखे गए उनके उपन्यास कैसे एक के बाद एक सारी दुनिया में फैले, यह अपने आपमें साहित्य के इतिहास की एक रोमांच कथा से कम नहीं। लिंदग्रेन की कलम से निकली पिप्पी की लोकप्रियता स्वीडन में किसी धार्मिक आख्यान या मिथक सरीखी है। आज दावे से कह सकते हैं कि स्वीडन में ऐसा वयस्क या बच्चा ढूँढ़ना सम्भव नहीं है जो पिप्पी से आत्मीय रूप से परिचित न हो, और यह स्थिति पिछले पैंसठ सालों से लगातार बनी हुई है।

मगर पिप्पी की कीर्ति संसार भर में रही है और सिर्फ फिल्म के कारण नहीं, हालाँकि यह सही है कि पिप्पी के रूप में इंगार निल्सत्रोम की भूमिका और सूरत बाल फिल्मों की दुनिया में निराली जगह रखती है। पिप्पी का हिन्दी रूपान्तर साठ के दशक में चन्द्रगुप्त विद्यालंकार ने किया था और उसके कुछ अंश 'पराग' में प्रकाशित हुए थे। अभी हाल में यह सम्भावना बनी थी कि नेशनल बुक ट्रस्ट

पिप्पी लांगस्ट्रम्प के तीनों खंडों का हिन्दी में अविकल अनुवाद प्रकाशित करेगा। बाद में मालूम चला कि यह योजना राजनैतिक अस्वीकृति के कारण रद्द कर दी गई। पिप्पी का व्यक्तित्व मानव संसाधन मन्त्रालय को भारतीय बच्चों, विशेषकर लड़कियों के लिए श्रेय नहीं लगा।

ऐसा भला क्या एक आठ साल की लड़की के चरित्र में हो सकता है जो सांस्कृतिक राजनीति करनेवाले को डरा दे ? आखिर पिप्पी एक कपोल कल्पना से ज्यादा कुछ नहीं है। उपन्यास के पहले खंड का पहला पैरा पढ़ते ही हमें मालूम हो जाता है कि पिप्पी अकेली रहती है। शुरू में लगता है कि उसके माँ-बाप मर चुके हैं, पर बाद में स्पष्ट होता है कि पिप्पी का पिता जीवित है और दक्षिणी समुद्रों में डकैती करता है। उसने पिप्पी को ढेर सारा सोना दे रखा है। यह दौलत पिप्पी की आजादी का एक स्रोत है तो दूसरा स्रोत है उसकी अलौकिक शारीरिक शक्ति जिसके सहारे वह किसी को भी ठीक कर सकती है। लेकिन पिप्पी के स्वभाव में आक्रामकता या हिंसा का लेशमात्र नहीं है। वह ऊलजलूल कपड़े पहनने वाली, मनमर्जी खानेवाली, पड़ोस के बच्चों का ख्याल रखनेवाली संवेदनशील और कई तरह से मासूम लड़की है। उसकी जिद बस इतनी है कि कोई उसे यह न बताए कि वह कैसे जिए।

चालीस के दशक में लिखा गया यह उपन्यास अवश्य उस वैचारिक संघर्ष से प्रभावित था जो दो विश्वयुद्धों के बीचवाले वर्षों में नील, रसेल और टैगोर जैसे अनेक लोगों ने दुनिया को हिंसा से बचाने के लिए छेड़ा। इस संघर्ष का फोकस बच्चों की परवरिश और शिक्षा पर था। आज जब दुनिया और हमारी सार्वजनिक चेतना हिंसा और प्रतिहिंसा के दुश्चक्र से बुरी तरह घिर गई है, बीसवीं सदी के पूर्वार्ध का वह असफल वैचारिक संघर्ष घोर रोमांटिक लग सकता है। बच्चों के प्रति बड़ों का रवैया बदलकर दुनिया को बदलने की बात आज कौन सिरफिरा मानेगा जब हर ओर पूँजी और हथियारों का बोलबाला दिखाई देता है और बचपन की अवधारणा ही बेमानी होती दिखाई दे रही है।

लगभग बीस वर्ष पूर्व लिंदग्रेन का एक और उपन्यारा 'लुटेरे की बेटी रौलिया' आज की इस भीषण परिस्थिति का संकेत देता है। पिप्पी और रौलिया के बीच के चार दशकों में आस्त्रिद लिंदग्रेन ने बीस से अधिक और एक से एक लोकप्रिय और प्रयोगशील रचनाएँ लिखीं। पिप्पी के जरिए उन्होंने बाल साहित्य की जिन हदों को तोड़ा था, उनके पार जाकर अकेलेपन और मृत्यु जैसी विषयवस्तु को बच्चों के नजरिए से दिखानेवाली लिंदग्रेन की कई किताबें विवाद का विषय बनीं, पर बच्चों के बीच उनकी लोकप्रियता कभी विवादित नहीं रही। रौलिया इसी क्रम

का शिखर बनकर आई। पूर्वग्रह और प्रतिहिंसा की धुरी पर घूमती दुनिया में एक लड़की का कठोर निश्चय किस तरह अन्तिम और अकाट्य मान ली गई स्थितियों को बदल देता है, यह देखकर उपन्यास के वयस्क पाठक भी भौचक्के रह जाते हैं।

मेरी इन टिप्पणियों से यह भयंकर भ्रान्ति कुछ पाठकों के मन में पैदा हो सकती है कि आस्त्रिद लिंदग्रेन का लेखन नैतिक आग्रहों से भरा होगा। सचाई यह है कि नैतिकता सिखाने में लिंदग्रेन की कभी कोई रुचि नहीं रही और उनके ज्यादातर उपन्यास हँसी और चुलबुलेपन, रोमांच और कौतूहल के माहौल में घटते हैं। उनमें गाँव या कस्बे की छोटी दुनिया है जो आंचलिक मुहावरों का विनोद हमें इफरात से मुहैया कराती है, या फिर प्रकृति का रहस्यमय जगत है जिसमें कभी भी कुछ भी हो सकता है। वैसे भी लिंदग्रेन मानती थीं कि बच्चों से प्यार करना ही बहुत है, शेष यानी उनका विकास उन्हीं पर छोड़ देना चाहिए। बुढ़ापे के अस्वास्थ्य के बीच भी आस्त्रिद लिंदग्रेन लेखन के अलावा सामाजिक जीवन के कई घेरों में सक्रिय और कहीं-कहीं नेतृत्व की भूमिका निभाती रहीं। युद्ध का विरोध बच्चों के अधिकार, पर्यावरण और जानवरों की सुरक्षा उनकी अभिरुचि और सक्रियता के खास क्षेत्र थे। न्याय की चिन्ता आस्त्रिद लिंदग्रेन के लम्बे जीवन और विपुल कृतित्व का सार कही जा सकती है। एक तरफ उनका हमेशा चिन्तित रहनेवाला व्यक्तित्व था और दूसरी तरफ पिप्पी और एमिल जैसे नटखट बच्चों की शैतानियों में खुश उनकी कलम थी। बीच में खुद के महत्त्व को नकारनेवाला एक व्यावहारिक व्यक्तित्व था।

अलंकृत महानता

रेणु और फैज को नोबेल पुरस्कार नहीं मिला, यह समझ में आता है। जिन भाषाओं में उन्होंने अपना साहित्य लिखा, वे नोबेल पुरस्कार देनेवाली समिति के सदस्यों की दुनिया से बहुत दूर पड़ती हैं। अनुवाद का रास्ता भी रेणु और फैज जैसे रचनाकारों के लिए दुष्कर है। उनकी एक-एक पंक्ति को अनुवाद में जीवित रखने के लिए लम्बी टिप्पणियाँ जरूरी होंगी। तीसरा रास्ता एक ऐसे विश्व-विमर्श का है जो कामयाब किताबों की पहचान के लिए प्रत्यक्ष परिचय या वजनी दलालों पर निर्भर न हो। ऐसे विमर्श की पैदाइश से अभी दुनिया कोसों दूर है। इसलिए यह समझना मुश्किल नहीं है कि फणीश्वरनाथ रेणु या फैज अहमद फैज जैसे नाम नोबेल पुरस्कार पानेवालों की सूची में जगह पाकर सामान्य ज्ञानवाली लोकप्रियता क्यों प्राप्त नहीं कर पाते।

मगर यह बात आर.के. नारायण पर लागू नहीं होती। कुछ महीने पहले जब उनका निधन हुआ तो दुनियाभर के टिप्पणीकारों का ध्यान इस बात पर गया था कि नारायण बिना कोई अन्तर्राष्ट्रीय अलंकरण पाए इतनी लम्बी सर्जनशील जिन्दगी कैसे जी गए। यह सवाल अब नायपाल को नोबेल पुरस्कार दिए जाने की घोषणा से और अधिक प्रासंगिक हो उठा है। पुरस्कार या सम्मान कोई भी हो, वह एक चयन होता है और इस नाते वह स्थापित मूल्यों और कसौटियों की परछाईं होता है। नारायण और नायपाल की तुलना वैसे भी वैध है। विश्वव्यापी ख्याति पाने में दोनों को अंग्रेजी का सहारा मिला। दोनों ही बीसवीं सदी में लिखे गए सबसे प्रांजल अंग्रेजी गद्य के उदाहरणों के लिए याद किए जाएँगे।

गद्य की पारदर्शिता और पठनीयता—जिससे हिन्दी के गद्य लेखकों को बहुत कुछ सीखना है—के पार जाएँ तो नायपाल और नारायण में फर्क की गहराई दिखाई देने लगती है। नोबेल पुरस्कार के लिए चुने जाने पर नायपाल के बारे में लिखे गए तमाम सम्पादकीयों ने सही लिखा है कि वे बेघर मानस के रचयिता हैं। यह बात नायपाल के सबसे मशहूर उपन्यास के शीर्षक का श्लेष भर नहीं है,

ऐतिहासिक अर्थ में भी सही है। नायपाल उस दुनिया के लेखक हैं जिसे उपनिवेशवाद ने रचा और मथा। उन्नीसवीं सदी में पूर्वी उत्तर प्रदेश के कैरेबियन टापुओं में बेगार कराने के लिए ले जाए गए मजदूरों के वंशज विद्याधर सूरजप्रसाद नायपाल निश्चय ही विस्थापन के सबसे बड़े कहानीकारों में से हैं—पर एक खास अर्थ में। यह अर्थ विस्थापन का दर्द भर नहीं है, स्थापना की जोड़तोड़ भी है। खोई हुई विरासत को ढूँढ़ने से उपजा बड़प्पन देखते ही देखते स्थापित व्यवस्था का मोहरा बन जाता है। यह मामला व्यक्तिगत समझौतों और नीचताओं का नहीं है—उन पर नायपाल के मित्र पॉल थरू पूरी किताब लिख चुके हैं—एक सुन्दर, कुशल लेखनी के जरिए आधी-अधूरी समझ और एक स्थायी खीझ के प्रसार का है।

नायपाल के अशान्त अन्तस का विलोम आर.के. नारायण का घरेलू संसार है जो कल्पना और यथार्थ में, भीतर और बाहर हवा जैसी स्वाभाविकता से आता-जाता है। नारायण के उपन्यासों का मिजाज और माहौल नायपाल की कृतियों से इतना अलग है कि उन्हें समकालीन मान लेना सुदूर भविष्य के इतिहासकार को नामुमकिन लगेगा। बीसवीं सदी के विनाशक युद्धों, गाँव के शोषण और महानगर के वीभत्स से बेखबर नारायण के पात्र मालगुडी नाम के शान्त कस्बे में अपना साधारण जीवन जीते हैं। घर की इतनी मधुर दृढ़ता शायद ही किसी और आधुनिक लेखक ने सँजोई हो। गली-मुहल्ले और मैदान की नन्ही घटनाओं में मनुष्य का अदम्य कौतूहल रोपने की कला में नारायण का सानी नहीं। आधुनिक क्या है, पिछड़ा क्या, यह हम उनके कथानकों में रमकर भूल जाते हैं। पुनर्जन्म में विश्वास पर आधारित उनका उपन्यास 'द इंग्लिश टीचर' और एक अमेरिकी टूरिस्ट के भोथरेपन पर व्यंग्य करनेवाली उनकी कहानी 'दो बकरियाँ और एक घोड़ा' निश्चय ही औपनिवेशिक गुलामी के खिलाफ लिखे गए महीनतम साहित्य में रखे जाएँगे। नारायण की कलम किसी बड़ी आजादी की माँग नहीं करती, शायद इसीलिए वह हमें किसी अबूझ मनोवैज्ञानिक षड्यन्त्र में नहीं फँसाती।

उधर नायपाल को पढ़ना एक अराजक विश्व-संसद में बैठने जैसा है। आपको हर किसी गैर-यूरोपीय समाज और सभ्यता की भर्त्सना सुनने के लिए तैयार रहना पड़ता है। भारतीय पाठक की मुसीबत कुछ ज्यादा ही है, क्योंकि नायपाल का बहुत-सा गद्य भारत को स्वीकारने और नकारने के व्यक्तिगत झगड़े में खर्च हुआ है। भारत को 'एक घायल सभ्यता' करार देनेवाली उनकी पुस्तक पर पॉल स्कॉट ने पूछा था कि दुनिया की कौन-सी सभ्यता नहीं है ? 'एन एरिया ऑफ डार्कनेस'

लिखकर नायपाल भारत-भर्त्सना की पुरानी औपनिवेशिक विधा के महानतम प्रयोक्ताओं में शामिल हो गए। बाद में उन्होंने अपना स्वर कुछ नीचे लाने की कोशिश की, सनातन भारतीयता का बाना भी ओढ़कर दिखाया, पर उनकी विस्थापित आत्मा की खलबली दूर नहीं हुई। सम्भव है, अब नोबेल पुरस्कार पाकर दूर हो।

स्त्रियों के शब्द

इस वर्ष पढ़ी किताबों में से दो को समझने का काम मेरे लिए अभी जारी है। दोनों ही मुझे संयोगवश मिलीं। विश्व पुस्तक मेले में हर बार की तरह नीला हर्डीकर अचानक मिलीं और बेबी हलदार की 'आलो आंधारि' दिखाकर बोलीं कि यह किताब मुझे जरूर पढ़नी चाहिए। दूसरी किताब है 'संगतिन यात्रा' जो मेरे हाथ सिर्फ इसलिए लगी क्योंकि मैं कुछ साल से ऋचा नागर को जानता हूँ। वे अमृतलाल नागर की पोती हैं और अमेरिका में भूगोल पढ़ाती हैं। 'संगतिन यात्रा' की नौ लेखिकाओं में से एक होने के अलावा वे 'संगतिन' नाम के समूह की दूसरी प्रेरक भी हैं। पहली हैं ऋचा सिंह जो सीतापुर जिले में महिला समस्या की प्रभारी थीं और अब तबादले पर सहारनपुर पहुँची हैं।

पिछले पैराग्राफ में 'समाख्या', 'प्रेरक', 'समूह' और 'प्रभारी' जैसे शब्द लिखते समय मैं इस दुविधा में रहा कि इन दो किताबों का परिचय उन्हीं की शैली में दूँगा तो कई लोग इनका महत्त्व नहीं ताड़ पाएँगे, और यदि 'समाख्या' जैसे सरकारी शब्दों में दूँगा तो किताबों के साथ अन्याय होगा। जिन्दगी का सच शब्दों की पकड़ से हमेशा कुछ आगे चलता है। सच को लपकने की कोशिश में हम शब्दों का जाल रचते हैं, उसे दूर तक फेंकते हैं और अक्सर उसमें खुद फँस जाते हैं। बेबी हलदार ने इस स्पर्धा को छोड़ अपनी अलग शैली चुनी है। मगर 'चुनी है' कहना भी ठीक नहीं है क्योंकि अभाव और हिंसा से संचालित उनकी कठिन जिन्दगी में साक्षरता या पढ़ने और लिखने की क्षमता एक विवशता बनकर आई, कोई विकल्प या मुक्ति बनकर नहीं जैसी कि वह शासकीय शब्दावली में अक्सर बताई जाती है। 'आलो आंधारि' का पाठक भी दो-चार पन्ने पढ़कर बेचारा हो जाता है। बेबी हलदार की अनन्त पीड़ा और परिस्थितियों से लड़ाई उसे गिरफ्तार कर लेती है। शब्द, वाक्य और विराम-चिन्ह चिड़ियों की तरह आगे-आगे उड़ते जाते हैं। एक जगह भी नहीं लगता कि रचना पर मुग्ध होने या विचार करने की छूट हम रचनाकार की तरफ से पाने की आशा कर सकते हैं। जैसे जूल

वर्न 'समुद्र की गहराइयों में' ले जाता था, वैसे बेबी हलदार हमें एक लड़की, फिर एक औरत, एक नौकरानी की जिन्दगी में गहरे तक घुमाती हैं।

'संगतिन' की लेखिकाओं में से सात गाँव की औरतें हैं और जो किताब मुझे ऋचा नागर ने भेजी, वह इन संगतिनों (अवधी में पक्की सहेलियों) की आत्मकथाओं का संकलन है। पिछले दस-पन्द्रह बरस से शिक्षा के ग्लोबल विमर्श में 'गर्ल चाइल्ड' का बोलबाला है। संगतिनों की कलम हमें बताती है कि गाँव की लड़की पर 'चाइल्डहुड' का साँचा चढ़ाना कितना भ्रामक होगा। डेढ़ सौ पन्नों की इस किताब में बचपन के प्रसंग कुल सत्रह पन्नों में सिमटे हुए हैं तो इसीलिए क्योंकि गाँव की लड़की कब बच्ची थी, कब माँ बन गई, यह याद रख पाना मुश्किल होता है। निर्धनता, माँ-बाप के दबाव, माहौल की कर्कशता और खुद अपनी आशंकाओं में डूबे बचपन की ये सातों कहानियाँ साहित्य के इतिहास में अनोखी हैं। शिक्षा और विकास के नीतिकार इन्हें पढ़ें तो इकबारगी जान जाएँगे कि ग्रामीण गर्ल चाइल्ड सरकार और यूनेस्को को इतना परेशान क्यों किए हैं कि सौ में से एक, बारहवीं की परीक्षा में बैठ पाती है।

अगले साठ-पैंसठ पन्ने हमें मातृत्व और फिर बाहर की दुनिया से पेश आने की शुरुआत के सात दीगर सिलसिले बताते हैं। यह पुरुष पाठक के लिए थोड़ा परिचित ठहरता है, खासकर वे प्रसंग जहाँ जाति, धर्म और लिंगभेद के विमर्श उभरते हैं। पूर्वग्रहों और अन्धविश्वासों, हिदायतों और भूलों के बीच से समझ व चेतना की नई सतहें खुलती हैं। हम देख पाते हैं कि दोनों ऋचाओं के संस्थायी और सम्पादकीय प्रयास का बौद्धिक मकसद क्या है। किताब का आखिरी अध्याय 'एनजीओकरण की चुनौतियों' का विश्लेषण करता है। यहाँ फोकस वर्गभेद पर है जिसके चलते गाँव की औरत की आवाज अन्तर्राष्ट्रीय अनुदान के व्यापारियों की मोहताज बन जाती है। वह तभी सुनी जाती है जब लाइसेंसशुदा बिचौलियों द्वारा अनूदित हो। कभी-कभार स्वयं उठती और गूँजती है तो अराजक, अतः असहनीय करार दी जाती है।

गैर-सरकारी पाठकों को यह खबर थोड़ा अविश्वसनीय लगेगी कि चार महीने पहले विमोचित होते ही यह पुस्तक विवादग्रस्त हो गई। महिला समाख्या आखिर एक शासकीय कार्यक्रम है। संगतिनों पर आरोप है कि उन्होंने इस कार्यक्रम से उपजे अनुभव बगैर इजाजत और हवाले के कैसे लिख दिए। मामला दरअसल अनुभव का इतना नहीं, जितना अवसर और सामर्थ्य का है। मूलतः यह किताब समाख्या कार्यक्रम की सफलता का सबूत है, पर सबूत बनने की औपचारिकताओं के प्रति विद्रोह का प्रतीक भी है। विद्रोह की भूमिका शब्द ही निभाते हैं।

उन्हें स्वीकार करना और उनकी तराश से खुश होना जिस उदारता की माँग करता है, वह किसी सरकारी कार्यक्रम में हो तो कार्यक्रम एक क्रान्ति न बन जाए ? फिलहाल अपनी आत्मकथाएँ लिखने की हिमाकत करनेवाली संगतिनें और उनकी दोनों शहरी साथिनें इस हैरतअंगेज बहस में धकेली जा रही हैं कि उनके अनुभवों और शब्दों पर किसका कॉपीराइट है। गनीमत यही है कि औरत होने के नाते यह सवाल उनके लिए एकदम नया नहीं हो सकता।

कृष्ण राज

कृष्ण राज के निधन की खबर हिन्दी प्रेस में कोई महत्त्व न पा सकी। उनके निधन पर शोक व्यक्त करने के लिए दिल्ली में हुई सभा—और ऐसी सभाएँ कई जगहों पर, देश से बाहर भी हुईं—में हिन्दी जगत की कोई हस्ती मौजूद नहीं थी। ये बातें एकाधिक नजरिए से देखी जा सकती हैं। अव्वल तो हमें इस टिप्पणी पर गौर करना चाहिए जो कृष्ण राज की पिछले माह हुई मृत्यु से कुछ पहले एक विदेशी विद्वान ने यह कहकर की थी कि भारत में समाजविज्ञानों के विकास में जितना योगदान भारतीय समाजविज्ञान अनुसन्धान परिषद (आईसीएसएसआर) का है, उससे ज्यादा अकेले कृष्ण राज का है। यह टिप्पणी किसी भी अनजाने को चौंकाएगी, खासकर यदि उसे बताया जाए कि कृष्ण राज सिर्फ एमए थे और उन्होंने कभी किसी कालिज या विश्वविद्यालय में नहीं पढ़ाया, न ही कोई किताब लिखी।

लेकिन जानकारों को इस टिप्पणी से कोई आश्चर्य न होगा। चालीस साल लगातार एक कुर्सी पर बैठकर कृष्ण राज ने एक अनूठी संस्था बनाई जिसका भौतिक ढाँचा तो मुम्बई के एक साधारण फ्लैट जितना भर था, मगर ताना-बाना और प्रभा-जगत भारत के हरेक विश्वविद्यालय और शोध संस्थान में फैला हुआ था। दुनिया के तमाम विश्वविद्यालयों में भारत से आनेवाली समाज विज्ञानों की जिस पत्रिका को सबसे गम्भीरता से लिया जाता है, वह कृष्ण राज की इकोनॉमिक एंड पॉलिटिकल वीकली या ईपीडब्ल्यू है। इस पत्रिका के संस्थापक सचिन चौधरी की असामयिक मृत्यु के कुछ वर्ष बाद कृष्ण राज ने सम्पादक का पद सँभाला और उसे अपने जीवन का पर्याय बना लिया। वे सुबह साढ़े दस और ग्यारह के बीच ऑफिस आते और रात बारह बजे तक वहाँ रहते। वे जीवन भर लोकल ट्रेन से एक-डेढ़ घंटा लगाकर ऑफिस आए और बहुत मामूली वेतन पर जिए।

कृष्ण राज के जीवन, चरित्र और व्यवहार के किसी भी पहलू पर नजर डालें तो एक अनोखा आदमी दिखाई देता है। उनकी शोकसभा के संचालक प्रसिद्ध

समाजशास्त्री आन्द्रे बेते ने कहा कि उन्होंने अपने लम्बे करिअर में खुद को महत्त्व न देनेवाले लोग देखे और कई ऐसे लोगों को जाना जिनका प्रभाव-जगत बहुत विस्तृत था, पर इन दोनों बातों का जैसा संगम कृष्ण राज में पाया, वैसा बहुत कम देखने को मिलता है। उनसे मिलने का पहला अवसर मुझे 1981 में मिला जब ईपीडब्ल्यू के कार्यालय की इमारत 'स्काईलार्क' कहलाती थी। मुम्बई तब बंबई हुआ करती थी और मेरे लिए उतनी ही बेगानी थी जितनी आज है। भगतसिंह रोड तब फ्रेरे रोड थी; स्काईलार्क, जो अब हितकारी हाउस है, का नम्बर 284 भर बिना बदले चल रहा है। इमारत ढूँढ़कर लिफ्ट लेने तक मैं अपनी कल्पना में डूबा था कि ईपीडब्ल्यू का कार्यालय कितना विशाल और व्यस्त होगा। लिफ्ट से निकलकर पाया कि पूरे ऑफिस में चार-पाँच लोग थे और कृष्ण राज का सम्पादकीय कमरा किताबों के रैक घेरकर बनाया गया था। मैं नौजवान था, पर वे अपना काम छोड़कर खड़े हो गए और लम्बी बातचीत के बाद लिफ्ट तक छोड़ने गए। ईपीडब्ल्यू के हरेक मेहमान को उनका ऐसा ही स्वागत मिलता था। वह निदेशक हो या मन्त्री, उद्योगपति हो या सामाजिक कार्यकर्ता।

मुम्बई में गरीबों, विस्थापितों, औरतों के सवालों पर कोई भी धरना और प्रदर्शन हो, कृष्ण राज अपनी उपस्थिति वहाँ दर्ज कराने से कभी नहीं कतराए। उनकी पत्रिका ने समाज विज्ञानों के अकादमिक शोध और अन्याय की मार खाते लोगों के संघर्ष-साहित्य की बराबर सुध ली और शायद इसी एक कारण से वह संसार भर में एक अनूठी पत्रिका मानी गई। पाँच-छह हजार बिकनेवाली इस पत्रिका से सरकारें हमेशा डरती रही हैं तो इसीलिए कि उसमें सचाई के विश्लेषण को दबाया, घटाया या बढ़ाया नहीं गया। अर्थजगत उसकी केन्द्रीय परिधि रहा, पर वह ऐसी दानेदार रेखा से बनाई गई परिधि थी जिसमें राजनीति, समाजशास्त्र, इतिहास, स्वास्थ्य, शिक्षा और संस्कृति का ज्ञान और घटना-जगत अबाध प्रवेश पाता था। समाचारों, शोध और टिप्पणियों को गूँथकर बनाया गया ईपीडब्ल्यू का रचना-मंच भारत की उच्च शिक्षा के साथ-साथ सरकारी तन्त्र की औपनिवेशिक जड़ता को हर सप्ताह तोड़ता था।

हिन्दी के नजरिए से देखकर लगता है कि यह अंग्रेजी पढ़ने-लिखनेवाले अभिजनों की दुनिया थी और इस आधार पर कोई कह सकता है कि कृष्ण राज की शोकसभा में हिन्दी के विद्वानों की अनुपस्थिति इसी कारण थी। सुनने में यह सफाई भले वाजिब लगे, ऐतिहासिक दृष्टि से वह उतनी ही अधूरी है जितना अधूरा आज का हिन्दी-जगत स्वयं है। उच्च शिक्षा से हिन्दी की दूरी दरअसल विचारों के सृजन से हिन्दी का अलगाव दिखाती है और दोनों बातें एक-दूसरे की

पूरक हैं। ईपीडब्ल्यू के रचना-संसार को हिन्दी से जोड़ने की कोशिश गौतम नवलखा ने 'साँचा' निकालकर की थी, मगर वह असफल रही। छोटी-मोटी कोशिशें आज भी हो रही हैं, पर हिन्दी का मुख्य विमर्श कविता-कहानी में सिमटा हुआ है और वैचारिक कोनों में व्यक्तिगत विवाद, अनुवाद और अनवरत स्पष्टीकरण का बोलबाला है। हिन्दी में कृष्ण राज की जरूरत है, पर सम्भावना फिलहाल नहीं दिखती, पर यह बात महत्त्वपूर्ण है कि केरल में जन्मे कृष्ण राज की शिक्षा दरियागंज के एक हिन्दी माध्यम स्कूल में हुई थी।

सहनीय क्रान्ति

सिनेमा को लेकर यह कहना हमेशा ही काफी मुश्किल रहता है कि वह आम दर्शक के सौन्दर्यबोध को सस्ता बनाने का काम ज्यादा कुशलता से करता है या चेतना के चौखटों को छेड़ने का काम। जाहिर है कि सिनेमा ये दोनों भूमिकाएँ निभाता है; प्रश्न है तो अनुपात का है। सिनेमा कोई एक फिल्म नहीं है, एक विधा है जिसमें तरह-तरह के प्रयोग लगातार चलते रहते हैं—कुछ संगीत के, कुछ अभिनय के, कई कथ्य और कथा के। बम्बइया सिनेमा की रूढ़ छवि हीरो की मूर्खतापूर्ण शारीरिक हरकतों और स्त्री के प्रति एक फूहड़ दृष्टि से मिलकर बनी है तो कोई गलत नहीं बनी है। पर जब कभी कोई फिल्म किसी नई बात को लेकर बनाई जाती है और सफल होती है तो उसकी उपलब्धि देखते ही बनती है।

'सत्ता' ऐसी ही फिल्म है। जिस तरह वह एक बड़े झटके में औरत की निर्बलता का मुहावरा तोड़ती है और एक नया मुहावरा रचकर दम लेती है, उससे आज का कोई भी कहानीकार ईर्ष्या कर सकता है। ढाई घंटे के तनाव के बाद जब हम सिनेमाघर की सीढ़ियों से उतर रहे होते हैं तो हमारा दिल बैठा या उदास नहीं होता। साहस और न्याय का कल्पनालोक हम अपनी सीट पर छोड़ आए होते हैं और उसकी कोई बड़ी स्मृति भी हमारे साथ नहीं होती। पर एक बड़ा-सा आश्चर्य हमारी जेब में रह जाता है, और एक-दो संवाद, जैसे 'मुझ पर हाथ उठाने की गलती मत करना' और 'मैं उन लड़कियों में नहीं हूँ जो किचन में जाकर रोती हैं।'

निराशा और आत्मघात के परिचित रास्तों से दूर प्रतिहिंसा और ताकत के रचनात्मक इस्तेमाल की तरह पूरे हौसले के साथ मुखातिब यह फिल्म पिट क्यों नहीं गई ? यह प्रश्न वाजिब है क्योंकि स्त्री की भूमिका को लेकर इस फिल्म में किया गया परिवर्तन बहुत तीखा है। मेरा अन्दाज है कि यदि इस परिवर्तन को राजनैतिक भ्रष्टाचार के प्रसंग में न दिखाया जाता तो 'सत्ता' पुरुष दर्शकों की बर्दाश्त से बाहर हो जाती और इस कारण बाजार में पिट जाती।

'सत्ता' में पति-पत्नी की भूमिकाओं का गृहयुद्ध दिखाया अवश्य गया है पर एक वृहत्तर युद्ध के चौखटे में रखकर। यह बड़ा युद्ध नेताओं की भ्रष्ट व क्रूर मनोवृत्ति के खिलाफ है। लोकतन्त्र की धुरी पर चले इस बड़े युद्ध को लड़ने की प्रक्रिया में लगातार उलझती जाती हीरोइन अपने मन में—और स्त्री दर्शकों के मन में भी—एक और युद्ध लड़ रही है। इस दूसरे युद्ध में वह एक के बाद एक हर पुरुष पात्र को उधेड़ती है। अन्त में वह नायकत्व के चरमोत्कर्ष पर पहुँचती है जब वह स्वयं सत्ता हथियाने की जगह एक वरिष्ठ, नेक नेता को मुख्यमन्त्री बना देती है। हाशिए पर पड़े इस चरित्रवान नेता ने हीरोइन को यह परिभाषा बताई थी कि सत्ता एक मौका है साधारण, गरीब लोगों की सेवा करने का। फिल्म इस लोकप्रिय मुहावरे में समा जाती है, पर एक जाँबाज लड़की की चौंकानेवाली छवि तब तक अवचेतन में पहुँच चुकी होती है।

यही ताकत 'मिस्टर एंड मिसेज अय्यर' की एकदम भिन्न हीरोइन में है, पर इस फिल्म का मुहावरा महीन है। साम्प्रदायिक हिंसा के एक दमघोंटू प्रसंग में फँसी, पारम्परिक संस्कारोंवाली औरत अपनी चेतना के कितने किनारे चंद घंटों में तोड़ सकती है, यह देखनेवाला हिन्दू पुरुष दर्शक शायद उतना ही चौंकता है जितना 'सत्ता' में चौंकता है। पर अपर्णा सेन की फिल्म अंग्रेजी में है और भंडारकर की फिल्म हिन्दी में। एक कला फिल्म है, जिसे देखने जाने के लिए समकालीन राजनीति और स्थापित सिनेमा से पूर्ण उकताहट का खुद को दिया गया प्रमाणपत्र चाहिए, जबकि दूसरी के लिए सिर्फ यह उम्मीद चाहिए कि बॉलीवुड पूरी तरह बिका नहीं है। 'मिस्टर एंड मिसेज अय्यर' में बुनी हुई क्रान्ति कुछ कम नहीं है, पर वह लोक अपेक्षाकृत सीमित है जिसमें रिहायश का परमिट आम तौर पर अभिजनों को ही मिलता है।

इन दोनों फिल्मों से निखरकर आई स्त्री की सामाजिक छवि अब किधर जाएगी और उसके भौतिक अंजाम क्या होंगे, इन सवालों को सोचकर जी दहलता है। पुरुष और स्त्री की सत्ताओं में डेढ़ सदी से हो रही उथल-पुथल फिलहाल किसी सन्तुलन के करीब पहुँचती नहीं दिख रही। अपनी सत्ता में आई कमी से पैदा हुई मर्द की छटपटाहट किसी बड़े सामाजिक बदलाव की कल्पना का मलहम नहीं पा सकी है। उधर अपमान और हिंसा का अथक सामना करती लड़की की चेतना को किसी बड़े सुधार की उम्मीद का सहारा नहीं मिल रहा। घुटन अब चौराहों या सड़क पर भले न दिखे, घर में तो है ही, भले उसका राज न चलता हो।

युगान्त

मूल मराठी में 'युगान्त' ठीक छत्तीस बरस पहले छपा था। जनवरी 1967 की चौदह तारीख को लिखी गई उसकी भूमिका काका कालेलकर द्वारा चार वर्ष बाद हिन्दी संस्करण के लिए लिखी गई 'जरूरी प्राथमिक दृष्टि' शीर्षक से विशेष भूमिका और हरिभाऊ उपाध्याय द्वारा लिखित 'अनुवादक का निवेदन', आज एक-तिहाई सदी बाद पढ़कर रोमांच हो आना स्वाभाविक है। ये तीनों भूमिकाएँ 'युगान्त' के नए पुनर्मुद्रण में शामिल हैं। सस्ता साहित्य मंडल आज के युग में इस महान कृति को दुबारा सिर्फ पचास रुपए में लाया है, यह देखकर मंडल की प्रासंगिकता और उसके स्वस्थ विकास की जरूरत महसूस होती है। अबकी बार 'युगान्त' की कुल एक हजार प्रतियाँ छपी हैं जबकि एक समूची नई पीढ़ी इस नायाब किताब से परिचय की मोहताज है।

'युगान्त' की लेखिका इरावती कर्वे उन्नीसवीं सदी के प्रसिद्ध समाज सुधारक धोंड़ो केशव कर्वे की बहू थीं। भारत में समाजशास्त्र और नृतत्त्वशास्त्र की नींव रखनेवाले विद्वानों में उनका नाम आता है, पर वे एक विशिष्ट प्रकार की समाजशास्त्री थीं। समाज की संरचना और संस्कृति के वैज्ञानिक अध्ययन का काम करने के अलावा इरावती कर्वे ने साहित्य को समाजशास्त्रीय नजरिए से पढ़ने की राह खोली जिस पर आज भी इक्के-दुक्के संकोची राही ही दिखाई देते हैं। 'युगान्त' इसी राह पर बहुत आगे बढ़ी हुई साहसी रचना है। महाभारत के प्रमुख पात्रों का विश्लेषण महाभारतकालीन मूल्यदृष्टि और सामाजिक संरचना के सन्दर्भ में करते हुए इरावती कर्वे ने अनायास एक बड़ी समकालीन टीका लिख डाली। आप उसे जितनी बार पढ़ते हैं, उसमें एक नई चमक पाते हैं और यह सोचकर चकित होते हैं कि पिछली बार यह चमक आप क्यों नहीं देख सके थे।

यह सच है कि साहित्य की कोई भी रचना हम जिस समय पढ़ते हैं, हमारी समझ उस समय की चिन्ताओं से प्रभावित होती है। नए साल की जनवरी में 'युगान्त' का पहला अध्याय 'अन्तिम प्रयत्न' पढ़ते हुए मुझ पर दक्षिण एशिया में

कसमसाता परमाणु दावानल छाया रहा। भारत और पाकिस्तान दोनों ही अब सैन्य राष्ट्रवाद की चपेट में आ गए हैं और यूरोप तथा अमेरिका के बने हिंसक हथियार खरीद-खरीदकर अपने आन्तरिक विवेक को किसी भी तरह के ज्ञान या तर्क की पहुँच से दूर कर चुके हैं। पिछले तीन-चार साल भारत और पाकिस्तान की परस्पर इतिहास-दृष्टि और शैक्षिक दरिद्रता के संगम से पैदा हुई मनोदशा पढ़ने में लगाकर मैं इस नतीजे पर पहुँचा हूँ कि दक्षिण एशिया की सभ्यता को नष्ट कर सकने वाले युद्ध को टालने के लिए 'अन्तिम प्रयत्न' शुरू हो जाने का समय आ पहुँचा है। भारतीय लोकतन्त्र के अंदरूनी संकट का भी एक नया और शायद निर्णायक दौर शुरू हो चुका है। आज के अजीब माहौल में अच्छे-अच्छे टिप्पणीकार और विश्लेषक तर्क से ज्यादा विश्वास की शरण में जाते दिख रहे हैं। सब कुछ उलट-पुलट होता दिखता है—प्रतिष्ठानिक गांधीवादी हिंसा का औचित्य ढूँढ़ने में लगे हैं और क्रान्ति में यकीन करनेवाले समझौते की राह तलाशने में।

इस हास्यास्पद किन्तु खतरनाक धुँधलके में इरावती कर्वे का समाजशास्त्र मुझे जगह-जगह दार्शनिक आभा लिये दिखता है। भीष्म और कर्ण के जीवन की निष्फलता और गांधारी व द्रौपदी की पार्थिवता को समदृष्टि से परखनेवाला 'युगान्त' का गद्य हमें इस नतीजे पर पहुँचाता है कि भारत का समाज हमेशा चमत्कारप्रिय नहीं था। सरदार पूर्णसिंह ने लिखा है—'तारागणों को देखते-देखते भारत अब गिरा, अब गिरा।' इरावती कर्वे को पढ़ते-पढ़ते हम नए एहसास में धँसते हैं कि मनुष्य द्वारा स्वयं बनाई गई चेतना का भरोसा और गौरव किसे कहते हैं। इरावती कर्वे महाभारत की समाप्ति को एक युग का अन्त इसलिए कहती हैं कि उनके अनुसार महाभारत में चित्रित समाज उसके ठीक बाद बनी व्यवस्था से अलग था। उन्हीं के शब्दों में : 'कहीं कुछ अघटित और अनहोनी हो जाए, किसी न किसी की कृपा हो जाए और एकदम बुरे का अच्छा हो जाए—ऐसा कुछ यहाँ दिखाई नहीं देता...इससे बिल्कुल उल्टी परिस्थिति इसके आगे के कालखंड में दिखाई देती है। सत्य की, शौर्य की, सतीत्व की, भक्ति की कल्पनाएँ पराकोटि तक पहुँच गई थीं। उनके वर्णन वास्तविक नहीं थे, और वे सब गुण भी मिथ्या ही थे, क्योंकि इन सब कल्पनाओं के अनुसार चलनेवाले मनुष्य को सब सुख प्राप्त होते थे।' महाभारत में इरावती कर्वे ने निर्मम यथार्थ की स्वीकृति का सुख पाया।

पीछे घूमकर हम कह सकते हैं कि इरावती कर्वे की यह टीका उन्नीसवीं सदी के अन्तिम दशकों में महाभारत के समाज की उथल-पुथल से दीप्त है। 1905 में जन्मी इरावती ने फुले के प्रश्नों और पंडिता रामाबाई के साहस से सिंचित माहौल अपनी सार्वजनिक विरासत के बतौर पाया और कर्वे परिवार की सुधारक परम्परा

में विवाह के जरिए प्रवेश किया। महाभारत के पात्रों और घटनाचक्र की छानबीन करते हुए वे अवश्य एक नई तरह की इतिहास-चेतना गढ़ रही थीं जिसकी जरूरत आज, कुछ अप्रत्याशित तरह से अचानक पहले से ज्यादा मात्रा में पैदा हो गई है। 'युगान्त' को 1967 का साहित्य अकादेमी पुरस्कार मिला था। कई तरह से देखने पर लगता है जैसे साठ के दशक का उत्तरार्ध उस दौर का आखिरी हिस्सा था जिसमें राजनैतिक रूप से आजाद भारत का राज्य स्वाधीनता आन्दोलन के मूल्यों की रक्षा करने का औपचारिक प्रयत्न कर रहा था। इन मूल्यों में धार्मिक सहनशीलता और सामाजिक न्याय के अलावा कल्पनाशीलता भी शामिल थी।

निगाह को इन तीन मूल्यों के फ्रेम में बाँधकर देखें तो इरावती कर्वे का गद्य हमें अपने संक्षिप्त जीवनकाल में ही एक युगान्त देख लेने की आशंका से भर देता है। साथ ही वह एक खोजी लेखनी का वैभव भी दिखाता है जो समाज के इतिहास चक्र को साहित्य की बदलती हुई शैलियों के प्रकाश में रखती है। 'युगान्त' पढ़कर हम उस ठोस जमीन पर लौट आते हैं जिस पर कोई स्वप्निल परदा डालने की जरूरत नहीं है। हमारे भीतर बहुत-सा अवसाद होता है, पर कौतुक भी कम नहीं होता। आज जब धार्मिक अलगाववाद की राजनीति एक के बाद एक लोकतान्त्रिक मर्यादा का ध्वंस कर रही है और विचार की जरूरत को ही चुनौती दे रही है, यह किताब विचार की अनिवार्यता और युद्ध की व्यर्थता की याद दिलाती है। महाभारत अन्ततः यही बताता है कि युद्ध से मूल्यों का सृजन या संरक्षण नहीं होता, विनाश ही होता है। आज, जब अमेरिका सारी दुनिया पर एक और महायुद्ध लादने पर आमादा है और भारत व पाकिस्तान सरीखे देश, जो भूख और गरीबी से आँखें मूँदकर हथियार खरीदने में लगे हैं, इरावती कर्वे की टीका नई प्रासंगिकता लेकर वापस आई है।

सातवीं बार चरनदास

पिछले 'दृश्यान्तर' का शीर्षक ('वन्दे मातरम्') सुनते ही मेरे एक नए युवा मित्र ने चुटकी ली कि क्या मैं भी दाहिनी तरफ खिसकने के प्रयास में हूँ। इस चुटकी का एक ही सम्यक् जवाब हो सकता था—कि आजकल खिसकने की क्या जरूरत है, यह तो छलाँग लगाने का जमाना है। विचारधाराओं के बीच की खाई जितना गहरी हुई है, उसके आर-पार छलाँग लगाने की प्रवृत्ति उतना ही बढ़ी है। जो लोग अब तीस के पार पहुँच रहे हैं, यानी जो आपातकाल के समय प्राइमरी में दाखिला ले रहे थे, उनके लिए वैचारिक मतभेद की खातिर कोई अवसर गँवाना एक अजीब तरह की बेवकूफी है। आपातकाल के बाद वैचारिक कोशिश और कौशल का महत्त्व घटना शुरू हुआ; जो डर, शक और अनिश्चय आपातकाल में पैदा हुए थे, उनका रूप बदल गया। संवाद चन्द इशारों के जरिए होने लगा। और परिचित इशारों की अदला-बदली रोज का सौदा बन गई। अपनी पहचान रोज बताने की जरूरत पड़ने लगी क्योंकि, किसी का भरोसा न रहा।

इसीलिए तीन मूर्ति में 'हे राम' पर हुई बहस के बाद चेन्नई से दिल्ली आए एक साथी के मुँह से यह तर्क सुनकर मैं थोड़ा चौंका कि कमल हासन के वैचारिक ईमान पर शक नहीं किया जा सकता—वे पूरी तरह सैकुलर हैं। मुझे लगा जैसे सत्ताईस साल पहले का वाक्य सुन रहा हूँ। कमल हासन की फिल्म देखकर इस बात में तनिक भी सन्देह नहीं रह जाता कि उससे दक्षिणपन्थी इतिहास-दृष्टि को बढ़ावा मिला है। गनीमत यही है कि बढ़ावा ज्यादा नहीं मिल सका क्योंकि फिल्म पिट गई। यह कहना कठिन है कि फिल्म अपनी विकृत इतिहास-दृष्टि के कारण पिटी। बदकिस्मती से तीन मूर्ति की बहस अधिकांशतः कमल केन्द्रित रही। स्पष्ट था कि एक अभिनेता का ग्लैमर पेशेवर बुद्धिजीवियों पर भी जादू करता है।

फिल्म और उस पर हुई चर्चा दोनों से निराश मन अन्ततः हबीब तनवीर के नाटकों की श्रृंखला का विज्ञापन देखकर सँभला। सतहत्तर साल के हबीब तनवीर का निर्देशन और अभिनय देखने का हर अवसर मुझे पिछली बार से ज्यादा कीमती

लगता है। हर बार हर नाटक एक नई प्रासंगिकता में मढ़ा दिखता है। 'चरनदास चोर' मैंने पहली बार आपातकाल के ठीक बाद देखा था। उसकी व्यंजना तब एकदम सीधी लगी थी—चुभने और चुभकर राहत देनेवाली। 'चरनदास चोर' सचाई के जोखिम की कहानी है। आपातकाल में 'सत्यमेव जयते' की भावना का वही हाल इन्दिरा गांधी ने किया था जो आज भी सरकार द्वारा किए जा रहे आर्थिक निर्णयों से 'वन्दे मातरम्' में निहित भूमिस्नेह की भावना का हुआ है। आज के दौर में चरनदास की कहानी सत्य के अलावा धरती के साथ दूसरे सम्बन्धों में राज्य की भूमिका पर सवाल खड़े करती है।

ऐसे सवाल हबीब तनवीर का एक छोटा नाटक 'सड़क' बहुत सीधे तौर पर उठा चुका है। यह नाटक कुछ वर्ष पूर्व विश्व साक्षरता दिवस के लिए आयोजित कार्यक्रम में दिखाया गया था। नाटक में ग्रामीण लोग बाहर की दुनिया से अपने गाँव को जोड़नेवाली सड़क के निर्माण में बाधा खड़ी करते हैं। उनका तर्क है कि सड़क का इस्तेमाल क्षेत्र के खनिज, जंगल की लकड़ी और जानवरों की खाल बाहर भेजने और शराब, भोंडे संगीत के टेप और बोतलबंद ड्रिंक गाँव में खपाने के लिए होगा। गाँववाले यह नुकसानदेह सौदा नहीं करना चाहते। उनके तर्कों की अभिव्यक्ति साक्षरता से पुष्ट होती या कमजोर, यह सवाल उठाकर नाटक खत्म हो जाता है। हबीब तनवीर की जगह कोई और ऐसा नाटक दिखाता तो जरूर यह शक किया जाता कि वह प्रगति या विकास का विरोधी है, पस्त गांधीवादी है, वगैरह।

हबीब तनवीर की कला में जमीन की गहराई और छुअन इतनी ज्यादा है कि समर्थन या विरोध जैसी हल्की कसौटी उनके लिए बेमानी हो जाती है। उनके पात्रों के शरीर और शब्द हौसले और खुशी से भरे दिखते हैं। हम तक पहुँचने के लिए वे सैकड़ों चैनलों का उपयोग हर क्षण करते हैं। इनमें से कई चैनल हमारी राजनैतिक और सामाजिक स्मृतियों से बुने होते हैं और कई भविष्य की आशंकाओं से।

परम सौभाग्य था कि इस बार 'चरनदास चोर' नेशनल स्कूल के खुले मंच 'मेघदूत' में हुआ जिसके बीच एक प्रौढ़ पीपल लगा है। 'मेघदूत' की कष्टप्रद सीटों पर बैठकर योगासन के लाभ याद आते हैं; मच्छर भगाने के लिए लोबान की व्यवस्था रहती है। इस बार 'चरनदास चोर' का विशेष आकर्षण एक कठिन समूह-नृत्य था जिसमें पुरुष भाग लेते हैं। उनकी शारीरिक कसावट और हरेक भंगिमा पर अधिकार देखते ही बनता है। आखिरी बार इन युवकों ने नाचते हुए तिमंजिली बनाई। ऊपर पहुँचा ढोल-वादक पीपल की शाखा और उस रोशनी के

करीब था जिसके नीचे थोड़ी ही देर में चरनदास को फाँसी दी जानी थी।

रानी और चरनदास के अन्तिम संवाद सुनते ही तीस-पैंतीस दर्शक हँसे। उनकी हँसी सुनकर समझ में आता था कि नाटकों के दर्शक वर्ग का एक हिस्सा अब ऐसा भी है जो साहित्य के संस्कारों से अछूता है। शायद इन्हीं दर्शकों ने अन्तिम गीत के साथ तालियाँ मिलाने की भी कोशिश की जिसे हबीब तनवीर ने एक इशारे से रोक दिया। गनीमत है, वे रुक गए, वरना आजकल कई लोग भला किसकी सुनते हैं। अन्त का अनुशासन खुद बना। एक स्तब्धकारी पूर्ण कृति की महिमा या लीला थिएटर में छाई हुई थी।

निकलते समय यह सतही सवाल दबाए न दबा कि छत्तीसगढ़ बनने के बाद इस समृद्ध अंचल का क्या होनेवाला है। अबाध दोहन या स्वायत्त हिफाजत ? हबीब तनवीर के 'नया थिएटर' ने छत्तीसगढ़ को राज्य बनने से बहुत पहले राष्ट्रव्यापी गौरव दिया है। झूठ और फरेब के बीच वहाँ के लोकजीवन की निर्मल जिजीविषा हबीब तनवीर की हर कृति में साक्षात होती है। सरकारी तन्त्र के पाखंड पर चोट करने के लिए कोई मौका तनवीर के पात्र नहीं छोड़ते। संवादों के सहज हास-परिहास और नृत्य की सरल मुद्राओं में हम निरन्तर एक सपना-सा देखते हैं। उस सपने में किसान को न्याय, औरत को आजादी और आदिवासी को अभय जीने का भरोसा मिलता है। लोग अपनी भाषा खिलकर बोलते हैं, इसलिए नहीं कि उन्हें किसी के सामने आत्म-गौरव की राजनीति करनी है। प्रसंग कैसा ही हो, मन उत्फुल्ल रहता है। छत्तीसगढ़ राज्य बनता है तो उसके सामने हबीब तनवीर की कला एक ऊँची चुनौती रखेगी।

इवान इलिच : 1926-2002

इवान इलिच (हिन्दी में उनका नाम शुरू से, यानी 1972 से, इसी तरह लिखा गया हालाँकि सही आइवन है) से मेरी पहली मुलाकात उनसे इंटरव्यू लेने के लिए हुई थी। 'डीस्कूलिंग सोसायटी' 1971 में छपी थी और अगले ही वर्ष वे भारत आए थे और उस समय अपनी अगली पुस्तक 'टूल्स फॉर कन्विवियेलिटी' को अन्तिम रूप दे रहे थे। 'डीस्कूलिंग सोसायटी' यकायक इतनी मशहूर हो चुकी थी कि उसे पढ़े बिना उसमें उठाए गए प्रश्न तमाम लोग जानने और उठाने लगे थे। इंटरव्यू लेने के पहले मैंने भी यह किताब नहीं पढ़ी थी, पर इलिच का व्यक्तित्व और उनकी बात करने की शैली मेरे अज्ञान को एक कौंध में उजाड़ती चली गई। उनकी ऊर्जा का दूसरा स्पर्श मुझे पाँच वर्ष बाद एक औपचारिक इंटरव्यू के दौरान टोरांटो की बर्फीली सुबह मिला। गनीमत है कि इस बार मैं उनकी तब तक प्रकाशित कृतियों को पढ़ चुका था। वैसे भी तब तक इलिच और फ्रेरे सीखने-सिखाने की दुनिया के दो सबसे तेज झोंके बन चुके थे और उनके विचार टीवी और इंटरनेट के बगैर संसार भर में फैल गए थे।

इन दो विचारकों की बातों में साम्य कम, भिन्नता ज्यादा थी, पर दूर से देखने पर लगता था जैसे उन्होंने साथ मिलकर स्कूल की इमारत को धक्का दिया हो। भारत में दोनों की एक-एक पुस्तक बहुत तेज गति से जानी जाने लगी, इसका कारण पीछे घूमकर देखने से यही लगता है कि सत्तर के दशक के पूर्वार्ध का भारत 'विकास' नाम की परियोजना की विफलता से जेहनी तौर पर परिचित हो चुका था और उसके विकल्प तलाशने को उत्सुक था। वह जिज्ञासु भारत अब, कम से कम इस समय, नहीं है। उसका स्थान एक दमित, भ्रमित भारत ने ले रखा है। इस नए भारत में ज्यादा लोग साक्षर हैं, अखबार कहीं ज्यादा बिक रहे हैं, पर उनमें पढ़ने लायक खबरें नहीं हैं। जिस दिन हिंसा की कोई बड़ी वारदात नहीं होती, उस दिन किसी नेता की कही बात इस तरह खबर बनाई जाती है कि हिंसा की जरूरत महसूस की जाए।

यह कोई हैरानी की बात नहीं है कि 2 दिसम्बर को इलिच की मृत्यु हमारे किसी अखबार में छपने लायक खबर नहीं बन सकी। भारत से इलिच का कोई विशेष सम्बन्ध न होता, तो भी उनका निधन एक बड़े पाठक-वर्ग के लिए एक महत्त्वपूर्ण समाचार होता। इलिच के निधन के कुछ ही दिन पहले जान रॉल्स की मृत्यु हुई जिन्हें बीसवीं सदी में न्याय की अवधारणा का सबसे बड़ा विचारक माना जाता है। सामाजिक न्याय से बड़ा सरोकार शायद ही आधुनिक भारतीय समाज के मानस में हो, पर एक देश के रूप में हमारा कल्पना जगत बहुत ज्यादा सिमट गया है। जातीय असुरक्षा की उन्मादी राजनीति ने हमारे मानस को छोटा और चेतना को आलसी बना दिया है।

इलिच ने सम्पूर्ण साक्षरता और अनिवार्य स्कूली शिक्षा में ठीक यही खतरा देखा था। लोकमानस की गुलामी के लगातार बढ़ते उपक्रम में स्कूल की भूमिका उन्हें शिक्षा-विरोधी नजर आई थी। 'डीस्कूलिंग सोसायटी' के बाद की पुस्तकों में इसी किस्म के खतरे उन्होंने आधुनिक जीवन की अन्य संस्थाओं में पहचाने। उनकी सबसे ज्यादा विवादजनक कृति 'मेडिकल नेमसिस' रही जिसमें उन्होंने अस्पतालों और समूची चिकित्सा टेक्नोलॉजी पर हमला किया। सैकड़ों सूचनाओं और दो-चार प्रखर तर्कों की मदद से उन्होंने सिद्ध किया कि आधुनिक चिकित्सा से पैदा होनेवाले रोग लोगों की सेहत के लिए उतनी ही बड़ी समस्या हैं जितनी कि प्राकृतिक बीमारियाँ हैं। शिक्षा जगत में जितना बड़ा भूचाल 'डीस्कूलिंग' से आया था, उससे बड़ा भूचाल 'मेडिकल नेमसिस' से अस्पताल-तंत्र में आया।

पर इन दो भूचालों के बीच बेहद रोचक दलील इलिच ने ऊर्जा के इस्तेमाल को लेकर दी। 'इनर्जी एंड एक्विटी' शीर्षक अपनी छोटी-सी किताब में उन्होंने दावा किया कि साइकिल से अधिक रफ्तार से चलनेवाले वाहन स्वयं कितना ही तेज भागें, समाज के कुल परिवहन सामर्थ्य को वे घटा देते हैं। अपने दूसरे इंटरव्यू में इलिच ने मुझे बताया था कि यह पुस्तक पढ़कर इन्दिरा गांधी ने अपनी सहमति जताई थी; पर साथ ही यह भी कहा था कि वे इस पर अमल नहीं कर पाएँगी क्योंकि उनके सैनिक सलाहकार नहीं मानेंगे। शूमाखर की 'स्माल इज ब्यूटीफुल' की तरह इलिच की यह पुस्तक आज भी लाखों लोगों को एक नई अहिंसक दुनिया बनाने का सपना दे रही है इसलिए कई भाषाओं में बिकती है। 'डीस्कूलिंग सोसायटी' का अनुवाद हिन्दी में मध्यप्रदेश की रचना अकादमी ने छापा जो शायद आज भी उपलब्ध है, पर इतना खराब है कि पढ़नेवाला सर खुजाता रह जाता है। शुक्र है कि इलिच की अन्य कृतियाँ अभी इस तरह के अनुवाद से बची हुई हैं। स्वयं इलिच दस भाषाओं के ज्ञाता थे और पंकज सिंह ने उन्हें हिन्दी भी सिखाई

थी। इलिच को ज्ञान के किसी एक अनुशासन में बँधने से परहेज था और इसलिए वे आधुनिक शिक्षातन्त्र के आलोचक बने। अपने विपुल लेखन में उन्होंने रोजगार, संगीत, स्मृति और आतिथ्य जैसी चीजों का सामाजिक इतिहास खोजा, साक्षरता के बन्धन में बँधने से पूर्व के मानव का मानस टटोला, स्त्री के कर्म-संसार की व्याख्या की और हर तरह के प्रायोजित प्रशिक्षण का विरोध किया। पिछला वाक्य पूरा करते-करते मुझे उनका छरहरा स्फूर्तिवाला शरीर और मुस्कुराता चेहरा देखकर पैदा हुई यह भावना याद आ रही है कि वे कितने आश्चर्यजनक व्यक्ति थे। पिछले कई वर्षों से वे कैंसर से पीड़ित थे और उस पर अपनी सोची हुई दवाएँ और उपचार की विधियाँ आजमाते रहे। इस मामले में और टेक्नोलॉजी को लेकर अपने विचारों के तहत, वे निश्चय ही गांधी की परम्परा में ठहरते हैं। उनकी आखिरी पुस्तक दर्द के सामाजिक इतिहास पर है और वह कुछ माह बाद मूल रूप से फ्रेंच में प्रकाशित होगी जो उनकी अनेक मातृवत् भाषाओं में से एक थी।

बोलती तस्वीरों का डंक

वृत्तचित्र यानी डाक्यूमेंट्री फिल्म बनानेवालों की प्रेरणा मुझे हमेशा कुछ अबूझ लगती है। फिल्म माध्यम ही ऐसा है कि उसका एक-एक क्षण बनाने में सैकड़ों घंटे का समय और भारी पैसा लगता है। विचार, पटकथा, तस्वीर और आवाज का घोल तैयार करने में कई लोगों का सम्मिलित पसीना और निश्चय लगता है। अन्त में जब फिल्म तैयार होती है तो फिर सबसे पहले सेंसर बोर्ड की स्वीकृति प्राप्त करने की चुनौती सामने आ खड़ी होती है। सरकारी या समाज व्यवस्था को छेड़नेवाली फिल्म हुई तो सेंसर के नखरे और जुल्म इतने बढ़ जाते हैं कि हम लोग जो फिल्म नहीं बनाते, सिर्फ शब्दों से काम चलाते हैं, कल्पना भी नहीं कर सकते। सेंसर से गुजरने के बाद सवाल आता है कि अब फिल्म दिखाई किसे और कहाँ जाए। टीवी चैनलों के अपने नुस्खे और व्यूह हैं, दूरदर्शन तो अपने आपमें एक सेंसर है। बहुत कम वृत्तचित्रों को टीवी के परदे तक पहुँचने का सुख मिलता है। ज्यादातर को किसी महोत्सव में दिखा दिए जाने का सन्तोष मिल पाता है या फिर चन्द, चुनिन्दा संस्थाओं के सीमित सदस्य-लोक में एकाध शाम की गहमागहमी ही नसीब होती है।

विचार अपना हो और उस पर फिल्म बनाने के लिए सरकारी पैसा मिल जाए तो इसे अच्छे नसीब का लक्ष्य माना जाता है। अस्सी के दशक में दूरदर्शन पर दिखाया गया तेरह खंडोंवाला धारावाहिक 'भारत की छाप' विज्ञान और टेक्नोलॉजी विभाग के अनुदान के सहारे बना था। भारत में बने शैक्षिक वृत्तचित्रों में इस धारावाहिक का अनूठा स्थान है। आज भी इसका कोई हिस्सा मैं अपने छात्रों को दिखाता हूँ तो इतिहास और समाजशास्त्र के घिसे-पिटे विषय जीवंत हो उठते हैं। इस धारावाहिक की निर्देशक छंदिता मुखर्जी ने मुझे पिछले सप्ताह बताया कि वे अभी कुछ माह पूर्व ही दस साल चले कॉपीराइट के मुकदमे की यंत्रणा से उबरी हैं। यह जानकर मैं हक्का-बक्का रह गया कि अनुदान देनेवाले विभाग के एक अधिकारी ने यह दावा किया था कि कॉपीराइट विभाग का है।

इधर 'तहलका' पर दिखाए गए भ्रष्टाचार के खंडकाव्य की तहकीकात काफ्का की अँधेरी कहानियों की तरह आगे बढ़ती जा रही है। भ्रष्टाचार के दोषियों की जगह उनके कृत्यों को फिल्मानेवाले कठघरे में खड़े हैं। फिल्म जितनी पेचदार थी, जाँच उससे भी ज्यादा पेचदार है। 'तहलका' के सूत्रधार तरुण तेजपाल ने हाल के एक इंटरव्यू में बताया है कि उनकी कम्पनी भारी कर्ज में चल रही है, ज्यादातर सहकर्मियों को विदा करना पड़ा है और शेष को तनख्वाह देने की स्थिति भी नहीं है। जाँच के दौरान उनके सहकर्मियों पर आई मुसीबतों की भयावह कथा कुछ सप्ताह पूर्व 'हिन्दुस्तान टाइम्स' में छपी थी। उसे पढ़कर एक ही नतीजा निकलता था कि अभिव्यक्ति की आजादी और सच्चाई बताने लायक निर्भयता जिस सहनशील राज्य की माँग करती है वह यदि कभी थोड़ा-बहुत बना था तो अब निश्चय ही टूट रहा है।

बावजूद इस अहसास के साहसी फिल्मकार जिन्दा हैं और अपनी कला की आजमाइश किए जा रहे हैं। आनन्द पटवर्धन का नाम ऐसे निर्देशकों में मशहूर है और उनकी नई कृति, जो अभी तक सार्वजनिक प्रदर्शन की अनुमति नहीं पा सकी है, फिल्म माध्यम की सामर्थ्य की एक नई मिसाल कायम करती है। 'अमन और युद्ध' शीर्षक इस लम्बी फिल्म में आनन्द ने भारत और पाकिस्तान की अन्तहीन लड़ाई में परमाणु बम के शामिल हो जाने से पैदा हुई स्तब्धता को तोड़ा है। उनकी पहली फिल्म 'क्रान्ति की तरंग' जयप्रकाश के बिहार आन्दोलन पर थी। इन पच्चीस वर्षों में आनन्द पटवर्धन सभ्य विमर्श की सीमाओं को इस खातिर लाँघते चले गए हैं ताकि कुछ सत्य बताया जा सके। कोई आश्चर्य नहीं कि वे इधर के दौर में हिन्दू साम्प्रदायिकतावादियों के निशाने पर रहे हैं। उनकी नई फिल्म में वैसे तो एक भी ऐसी बात नहीं है जिसे आप तथ्य की संज्ञा देने से कतराएँ, पर प्रस्तुति का गठजोड़ स्वीकृत सचों और समझौतों को इस कदर सताता है कि सेंसरवाले कई हिस्से हटाने की माँग कर रहे हैं।

इस बीच 'अमन और युद्ध' को मुम्बई अन्तर्राष्ट्रीय फिल्म समारोह में सर्वश्रेष्ठ वीडियो का सम्मान और तोक्यो के अर्थ विजन समारोह का पुरस्कार मिल चुका है। सेंसर बोर्ड को यह अधिकार है कि वह इस फिल्म के झकझोरने वाले अनुभव से आम दर्शक को दूर रखे।

यह अधिकार हमारे लोकतन्त्र को गौरवान्वित नहीं करता, विशेषकर तब जबकि सेक्स और हिंसा के प्रदर्शन के सन्दर्भ में सेंसर की व्यवस्था बुरी तरह कमजोर साबित हुई है। आनन्द पटवर्धन की कला में ऐसी ताकत है कि वे नीचता और नफरत सरीखी भावभूमियों को क्षीण विनोद के सहारे प्रस्तुत कर ले जाते हैं।

शायद इसीलिए उनकी फिल्में एकछत्र सत्तावाद के मुरीदों को नागवार गुजरती हैं।

जरूर फिल्म के माध्यम में ही कुछ ऐसी अबाध्य प्रकटता है जो सत्ता में बैठे बन्दे को चुभती है। वरना सुरजीत सरकार की फिल्म 'पढ़ोगे लिखोगे बनोगे नवाब' के सार्वजनिक प्रदर्शन और शैक्षणिक इस्तेमाल से मानव संसाधन मन्त्रालय को भला क्या आपत्ति हो सकती थी ? इस खूबसूरत वीडियो में बच्चे शिक्षा के बारे में खुद अपना पक्ष रखते हैं। धनी और गरीब बच्चों के अरमानों और स्कूलों का अन्तर बिना किसी के बताए उभर आता है। यह अन्तर किसे नहीं मालूम और लिखकर बताने से किसे चोट पहुँचती है ? पर फिल्म की भाषा ही अलग होती है। अभिव्यक्ति की स्वतन्त्रता जैसे मूल्य उस पर सीधे-सीधे लागू नहीं किए जाते। ये मूल्य जिस तरह सिकुड़ रहे हैं, क्या पता कल के रोज शब्दों से भी सरककर अलग हो जाएँ।

फर्क पड़ता है

झाँसी की रानी के किले की तलहटी में वह बाजार है जिसे मानिक चौक कहते हैं। वाहनों और बिजली के जेनरेटरों का धुआँ वहाँ कुछ इस तरह भरा था कि मुझे सहसा विश्वास नहीं हो रहा था कि मैं झाँसी में हूँ। झाँसी में रहनेवालों को तो आदत हो गई होगी। दम घुटने की स्थिति में आते-आते जब मैं भाटिया बुक सेंटर में दाखिल हुआ तो मुझे किसी नई या अप्रत्याशित उपलब्धि की उम्मीद न थी। पर इस दुकान में नई किताबें दर्शक की निगाह में लाने के लिए काँच के रैक की व्यवस्था थी जो दिल्ली में अब किसी ऐसी दुकान में नहीं रह गई है जहाँ हिन्दी की किताबें रहती हों। भाटिया बुक सेंटर के काँच से झाँकती 'मेरा भारत' शीर्षक पुस्तक को देखकर मैं ठिठका। भारत को 'मेरा' बतानेवाले लेखकों की कमी नहीं हो सकती, यह जानते हुए भी मुझे इस बात की आशा अचानक अपने भीतर महसूस हुई कि हो न हो, यह जिम कार्बेट की मशहूर किताब ही है जो अब सैंतालीस बरस बाद अन्ततः हिन्दी में आ पहुँची है। दुकान के अँधेरे में शीर्षक के नीचे छपा लेखक का नाम पढ़ने में नहीं आ रहा था, इसलिए मैंने किताब बाहर निकलवाई। मेरा अनुमान सही निकला। इस बात की खुशी इतनी ज्यादा थी कि कीमत 195 रुपए देखकर भी कम नहीं हुई। अंग्रेजी में वह मेरे पास कई वर्षों से थी, पर उसे हिन्दी में पा लेने और पढ़ने की उमंग के सामने समर्पण ही सम्भव था।

खरीदने के बाद यह आशंका जरूर मेरे भीतर उठी कि अनूदित होकर हिन्दी में छपनेवाली तमाम अन्य किताबों की तरह इस सुन्दर कृति की हिन्दी भी भयंकर न निकले। मेरी आशंका सौभाग्यवश एकदम निर्मूल निकली। वेदकुमार वेदालंकार का किया हुआ यह अनुवाद इतना ललित है कि कई जगह लगता है जैसे हम मूल पुस्तक पढ़ रहे हों। मराठीभाषी डॉ. वेदालंकार ने जोतिराव फुले के पूरे साहित्य और शाहू महाराज के भाषणों का हिन्दी में अनुवाद किया है। कार्बेट की किताब उन्होंने 1964 में पढ़ी थी और तुरन्त उसका अनुवाद कर डाला।

अनुवादकीय भूमिका में उन्होंने लिखा है कि पिछले पैंतीस साल में वे लगातार इस पुस्तक के प्रकाशन की कोशिश करते रहे, पर कोई राजी न हुआ। कोई आश्चर्य नहीं है कि उन्होंने अपने प्रकाशक आत्माराम को 'हृदय से धन्यवाद' दिया है।

कार्बेट का भारत एक असाधारण दृष्टिकोण से पहचाना गया देश है। इस दृष्टि में जिन्दगी के रंगों को करुणा के रोमांच के क्षण में पकड़ने की सामर्थ्य है। कार्बेट का नाम वैसे एक शिकारी के रूप में याद किया जाता है। कुमाऊँ और रुद्रप्रयाग के नरभक्षक तेंदुओं की कथाएँ कार्बेट ने अपनी वृद्धावस्था में लिखी थीं और छपते ही विश्व भर में लोकप्रिय हो गई थीं। सरकारी स्कूल में पढ़ने के कारण मुझे कतई यह भरोसा न था कि रुद्रप्रयाग वाली किताब मैं अंग्रेजी में पढ़ सकूँगा, पर मेरे शिक्षक श्री हरिनारायण अध्वर्यु ने जोर देकर कहा कि मैं इस किताब को पढ़ लूँगा। मुझे याद है कि एक बार किताब खोलने पर मैं यह भूल ही गया कि मुझे अंग्रेजी नहीं आती। काश, कार्बेट की वे शिकार-कथाएँ देश के हर सरकारी स्कूल में होतीं तो अंग्रेजी के डर का भूत बच्चों के दिल से भगा देतीं। ऐसा रोमांच जगाने में श्रीराम शर्मा की किताबें भी समर्थ हैं, पर वे ही कहाँ किशोरों के हाथ लग पाती हैं यद्यपि आर्य बुक डिपो ने उन्हें काफी जतन से पुनर्प्रकाशित किया है।

'गेरा भारत' में शिकार के प्रसंग कम, कोयले की ढुलाई करनेवाले निर्धन मजदूरों और कुछ अन्य ग्रामीण चरित्रों के धीरज से उतारे गए अक्स प्रमुख हैं। ये असली कहानियाँ एक ऐसे माहौल की सृष्टि करती हैं जिसमें आदर्शवादिता के लिए जगह थी। अवश्य उस जगह के इर्द-गिर्द औपनिवेशिक दोहन का इतिहास फैला था, पर कुछ घंटों के लिए हम उसे एक तरफ रखकर मनुष्य की सार्वभौमिक गहराई में उतरने के लिए खुशी से मजबूर होते हैं। पहाड़ के जीवन की छटाओं का मजा भी साथ-साथ पाते हैं।

इतनी सुन्दर कृति का मुखपृष्ठ इतना साधारण और दरअसल घटिया है कि आश्चर्य होता है। इससे भी ज्यादा आश्चर्य तब होता है जब हम पाते हैं कि पूरी किताब में कहीं जिम कार्बेट का संक्षिप्त जीवनवृत्त या उनकी अन्य कृतियों का ब्यौरा नहीं है। ये जिम्मेदारियाँ प्रकाशक की थीं कि वह 195 रुपया लेने की खातिर मुखपृष्ठ बनाने के लिए किसी ढंग के आर्टिस्ट को पूरा पारिश्रमिक देता और किताब के पीछे खाली छोड़ दी गई जगह पर कार्बेट का जीवनवृत्त व कृति-परिचय देता। जरूर उसने सोचा होगा कि इस सबसे क्या फर्क पड़ता है। हिन्दी के प्रकाशकों में यह सोच आम है। इसी सोच की एक और कष्टप्रद मिसाल 9 दिसम्बर को मेरी जानकारी में आई। यह मिसाल कष्टप्रद इसलिए थी कि मैंने इसके पूर्व निवारण का भरसक यत्न व्यक्तिगत स्तर पर किया था। अन्त में

परनाला वहीं गिरा जहाँ गिरने की उसे आदत है।

बड़े साहित्यकारों का सम्पूर्ण कृतित्व कई खंडोंवाली रचनावली की शक्ल में छापने का सिलसिला जबसे शुरू हुआ है, तभी से यह कमी मुझे खलती थी कि किसी रचनावली के अन्त में इंडेक्स नहीं है। एक बार मुक्तिबोध रचनावली में उर्दू पर मुक्तिबोध के विचार ढूँढ़ते-ढूँढ़ते मुझे शाम हो गई थी। रात में मुक्तिबोध के एक विद्वान को फोन किया तो उन्होंने भी इंडैक्स की कमी का रोना रोया। इस अनुभव से बल पाकर पिछले वर्ष एक दिन सुरेश शर्मा से मिलने पर मैंने उनसे पौन घंटा जिद की कि रघुवीर सहाय की रचनावली में वे इंडेक्स अवश्य दें। बात पक्की हो जाए, इसके लिए मैंने कुछ दिन राजकमल के मालिक अशोक महेश्वरी को फोन करके इंडेक्स रखने की जरूरत जताई। सुरेश शर्मा मेरे मित्र हैं और अशोक महेश्वरी मेरे प्रकाशक। मैंने सोच लिया कि रचनावली के सम्पादक और प्रकाशक दोनों मान गए हैं तो बात बन जाएगी। पर जब 9 दिसम्बर को रघुवीर सहाय के जन्मदिन पर रचनावली का लोकार्पण हुआ तो मेरे हाथ निराशा ही लगी। अब यदि मैं पता लगाना चाहूँ कि रघुवीरजी ने वसन्त पर क्या-क्या लिखा तो ढूँढ़ते-ढूँढ़ते वसन्त आ जाएगा।

अवरुद्ध हास्य

विश्व पुस्तक मेले में अपने करोड़ों मुखड़े दिखाकर किताबें अपने तहखानों में विषयवार वापस चली गई हैं। कोई ऐसी दुकान या लाइब्रेरी नहीं है जहाँ पहुँच कर मैं निष्प्रयोजन उन्हें इस तरह की बहार में देख सकूँ जैसी मेले में दिखाई दी थी। ऐसा एक भी पुस्तकालय मेरी जानकारी में नहीं है जहाँ हिन्दी और अंग्रेजी को समान आदर मिलता हो और जहाँ बैठकर एक आम नागरिक 'न्यू स्टेट्समैन' के साथ 'सामयिक वार्ता' पलट सके। दुकान के नाम पर एकमात्र भरोसेमंद जगह हिन्दी बुक सेंटर है जहाँ जाकर अपनी जरूरत की किताब तलाशने से बेहतर है कि पहले फोन करके बता दिया जाए कि मैं फलाँ समय आसफअली रोड से गुजरूँगा। यह सड़क ही ऐसी है कि आप वहाँ रुकने की नहीं सोच सकते। हिन्दी बुक सेंटर में घुसने के लिए एक सँकरी सीढ़ी से उतरना पड़ता है। एक बार आप सुरक्षित उतर जाएँ तो नीचे स्थित तहखाना काफी विस्तृत नजर आता है। उसमें और कई पुस्तकालयों में फर्क यही है कि यहाँ किताबें खुले शैल्फों में पड़ी हैं, लाइब्रेरी में वे बंद रहती हैं। लाइब्रेरी में अक्सर उस आदमी को तलाशना पड़ता है जो अलमारियों की चाबी जेब में लिये चाय के समन्दर में गोता लगाने निकल गया होता है। हिन्दी बुक सेंटर में आदमियों की कमी नहीं है, पर कौन-सी किताब कहाँ है, वे भी नहीं जानते।

फरवरी के शुरू में किताबें जिस तरह यकायक बाहर आई थीं, फिर अन्तर्धान हो गईं। कूड़े की नियति इसके ठीक उलट दिखाई देती है। अचानक एक कानून बना है कि जो भी कूड़ा फेंकता मिलेगा, उससे पचास रुपये जुर्माने के तौर पर वसूल किए जाएँगे। बनते ही यह कानून जिस मुस्तैदी से अमल में लाया गया है, उसे देखकर लगता है कि हो, न हो, इस जल्दी का सम्बन्ध क्लिंटन की यात्रा से है। सरकारी अधिकारियों को याद आया होगा कि ब्रिटेन की रानी एलिजाबेथ ने अपनी यात्रा के बाद कूड़े का जिक्र किया था। क्लिंटन के साथ कोई पाँच सौ अमेरिकी मेहमान आएँगे। वे पता नहीं, कहाँ-कहाँ घूमेंगे। दिल्ली का चेहरा उनकी

खातिर सँवारा जाए, इसमें आश्चर्य क्या ? यदि मेरी आशंका सही है तो क्लिंटन-यात्रा पूरी हो जाने पर कूड़े पर जुर्माना वसूलने की व्यवस्था छोड़ दी जाएगी और धीरे-धीरे कूड़ा वापस सड़कों पर आ जाएगा। देखते हैं। जिस तरह इन दिनों पचास रुपए जुर्माने का विज्ञापन निकल रहा है, उसी तरह कुछ सप्ताह पहले पालिथीन की थैली के बहिष्कार का विज्ञापन निकलता था। पता नहीं, उस कानून का क्या हुआ। मैं अपने फलवाले को आगाह करता हूँ कि पालिथीन में केला देने पर उसे पाँच सौ रुपए जुर्माना देना पड़ सकता है, तो वह मुस्करा देता है। उसकी मुस्कान में एक बुनियादी समझ पगी है। वह इस बात से चकित रहता है कि मैं इस समझ में उसका हिस्सेदार क्यों नहीं हूँ।

पॉलिथीन से ज्यादा गहरी उत्सुकता मुझे गोआ में थूकने को लेकर है। दिसम्बर में वहाँ यह कानून बना कि सड़क पर थूकनेवालों को एक हजार रुपए जुर्माना देना होगा। इस कानून का पालन कैसे कराया जा रहा होगा, यह कल्पना एक दिल्लीवासी आसानी से नहीं कर सकता। दिल्ली में लोग इतनी स्वाभाविक तैयारी के साथ थूकते हैं कि इस बात पर गौर करना अपराध लगता है। यह अपराध बार-बार करके मैंने एक प्रश्न ढूँढ़ निकाला है। प्रश्न यह है कि स्त्रियाँ इतना कम क्यों थूकती हैं। कई बार ऐसा हुआ है कि हफ्ते गुजर गए और मैंने किसी स्त्री को थूकते नहीं देखा। इस बीच सैकड़ों मर्द थूककर निकल गए। थूकना जरूर पौरुष से जुड़ा है। राजेन्द्र यादव ने कहीं इस तरह की अनौपचारिक प्रतियोगिता का जिक्र भी किया है जिसमें लड़के दूर से दूर थूकने का प्रयास करते हैं। इस तरह की परम्परा पर गोआ का कानून विजय पा ले तो यह एक ऐतिहासिक घटना होगी। ई-कॉमर्स की तरफ बढ़ते हुए देश को थूकने से रोकना शायद एक बहुत बड़ी गलती होगी।

मुझे पता है, यह लेख होली के दिन छपेगा। और इस कारण एक व्यंग्य की तरह पढ़ा जाएगा। होली अपने सीमित सन्दर्भ में किताबों, कूड़े और थूक को समेट लेगी। एक तरह से यह बुरा भी न होगा क्योंकि हास्य-व्यंग्य की कमी अब हिन्दी में बहुत बढ़ गई है। गम्भीरता की माँग इतनी व्यापक हो चुकी है कि हँसानेवाले कलाकारों को भी अन्ततः कोई दार्शनिक बात कहनी पड़ती है। इस प्रवृत्ति का कष्टप्रद अहसास मुझे हाल के दो नाटक देखकर हुआ। शरद जोशी के लिखे 'अलादाद' (यानी 'एक था गधा') की प्रस्तुति के अन्त में नेपथ्य से सर्वेश्वरजी की कविता सुनाई गई—'धीरे-धीरे कुछ नहीं होता...।' सर्वेश्वर होते तो जरूर अपने स्तम्भ 'चरचे और चरखे' में इस दुरुपयोग पर व्यंग्य करते। उधर 'ताजमहल का टेंडर' खत्म होते-होते दर्शकों को तान भरकर एक बार फिर सुनाया गया कि

'मंजिलें दूर हैं, फासले बहुत हैंऽऽऽ।'

क्या यह महज संयोग है कि दोनों नाटकों में नेपथ्य से आती काव्य-ध्वनि का इस्तेमाल इस बात की चेतावनी देने के लिए किया गया कि अब और समय बर्बाद नहीं किया जा सकता ? इस सन्देश में हम हास्य के लोप का कारण ढूँढ़ सकते हैं। समय का इत्मीनान उन शर्तों में से एक है जिनकी पूर्ति के बगैर हास्य की रक्षा नहीं हो सकती। बाकी शर्तें–जैसे आत्मसम्मान, अपने प्रयास की पर्याप्तता का अहसास, उदार और सहिष्णु माहौल–इस पहली शर्त से जुड़ी हुई हैं। हिन्दी समाज इन सभी शर्तों पर ढीला हुआ जा रहा दिखता है। कोई गहरा, भीषण डर उसे दबोचे जा रहा है। इसीलिए उसकी सर्जना में हास्य की जगह इतनी सिमटी-सिमटी दिखती है।

इस दौर में नेशनल बुक ट्रस्ट ने एक मौजू काम किया है। श्रीलाल शुक्ल के सम्पादन में ट्रस्ट ने हिन्दी के हास्य-व्यंग्य लेखन का एक संकलन प्रकाशित किया है। संकलन में शामिल रचनाकारों के नाम आश्वस्त करते हैं कि हँसने का भरपूर मौका मिलेगा, मगर पढ़ने पर लगता है कि मौका पूरी तरह नहीं मिला। कभी अपने पर तरस आता है कि मैं ठीक से क्यों नहीं हँस पा रहा, कभी सम्पादक से शिकायत करने को जी करता है कि उसने चयन के अधिकार का प्रयोग थोड़ा और सोचकर क्यों नहीं किया। आखिरकार यह सोचकर चुप रह जाना पड़ता है कि श्रीलाल शुक्ल एक समय में बहुत हँसा चुके, उनसे शिकायत करना उचित नहीं है। ज्यादा प्रासंगिक शिकायत मृणाल पांडे से की जा सकती है। उनकी एक टिप्पणी पढ़कर जमकर हँसा, फिर दूसरों को पढ़ाकर हँसा। टिप्पणी इस बात पर थी कि पहाड़ में हास्य की चेतना अभी कितनी बलवती है। उदाहरणस्वरूप मृणाल जी ने गोहाटी की एक चर्चा का सन्दर्भ दिया है जिसमें शहर की एक प्रमुख सड़क के गड्ढे पर पुल बनवाने के लिए ग्लोबल टेंडर मँगवाए जाने का जिक्र है। मृणाल जी से मेरी शिकायत है कि उन्होंने यह लेख हिन्दी में भी क्यों नहीं लिखा। क्या उन्हें शक था कि हिन्दी के मैदानी पाठक खुलकर नहीं हँसेंगे ? यह शक वाजिब भी है क्योंकि हँसने और थूकने के बीच स्पर्धा काफी बड़े पैमाने पर चल रही है। थूकने से समय बचे, तब न हँसी की बारी आए।

किताबें जलाए जाने की याद

बर्लिन के हम्बोल्ट विश्वविद्यालय कैम्पस के लगभग बीचोबीच वह बड़ा-सा आँगन है जहाँ 10 मई 1933 को हजारों किताबें आग के हवाले कर दी गई थीं। उस घटना की गवाह एक लेखिका कहती हैं कि उनके मन में गुस्सा भरा हुआ था, पर वे कुछ बोल नहीं सकती थीं। किताबों को पुस्तकालयों, दुकानों और लोगों के घरों से इकट्ठा करके आग के हवाले करनेवाले छात्र हिटलर के समर्थक थे और उनसे कुछ कहने की हिम्मत किसी में नहीं थी। बाद में इस लेखिका ने अपने कृतित्व की सजा बतौर कई वर्ष नात्सियों के यातना शिविरों में बिताए।

फासीवाद के उभार के दिनों की उस घिनौनी घटना की सत्तरवीं बरसी पर उन तमाम लेखकों को याद किया गया जिनकी किताबें जलाई गई थीं। नौ मई की दोपहर से उनके नाम गत्ते के अक्षरों से लिखे जाने लगे थे। अक्षरों के ऊपर आटा बुरक दिया गया था—समय की राख के नीचे दबे-दबे उनका दमकना दिखाने के लिए। सैकड़ों नामों में विक्टर ह्यूगो, फ्रांज काफ्का और आर्थर कोएस्लर के बीच रवीन्द्रनाथ टैगोर का नाम देखना मुझे इस सन्देश की सिहरन दे गया कि इतिहास से मासूम रहने का हक किसी को नहीं दिया जा सकता। यदि भारत में आज अनेक लड़के-लड़कियाँ हिटलर को देशभक्त मान रहे हैं, तो उन्हें इस नादानी से हर हालत में बचाया जाना चाहिए, वरना उसकी एक बहुत भारी कीमत हम सबको चुकानी पड़ सकती है। कोई घटना या प्रक्रिया एक दिन में सम्पन्न नहीं होती, वर्षों लेती है। उसमें निहित सम्भावना की शक्ल को वर्षों पहले पहचान लिया जाना चाहिए। इतिहास की उपयोगिता इसी काम में हमारी मदद करना है।

इस बार की 10 मई को बर्लिन शहर में जगह-जगह उन किताबों का सामूहिक वाचन हुआ जो हिटलर के उन्मादी युवा अनुयायियों का शिकार बनी थीं। जर्मन मुझे नहीं आती पर एरिक कैस्टनर की पुस्तक 'जानवरों का सम्मेलन' का पाठ मेरे लिए पूर्णतः बेगाना नहीं था क्योंकि मैं कैस्टनर की मशहूर कृति 'एमिल और उसके दोस्त' पढ़ चुका था। दुनिया के बाल साहित्य में इस उपन्यास

का ऊँचा स्थान है और साहित्य अकादेमी उसे हिन्दी में प्रकाशित कर चुकी है। एमिल अपने जासूस दोस्त को जिस काल्पनिक मौसी का पता देता है उस स्थान पर अब एक रेस्तराँ है जिसमें इस उपन्यास के कई अनुवाद काँच के रैक में रखे हैं।

जानवरों की सभा एक फैंटेसी है जिसमें दुनिया भर के राष्ट्रपति बुलाए जाते हैं और घटनाक्रम के एक महत्त्वपूर्ण क्षण में वे जानवरों के प्रतिनिधियों की शर्तें मानने के लिए विवश हो जाते हैं। जानवरों ने सम्मेलन में शामिल पाँच बच्चों को छिपा दिया था और उन्हें छोड़े जाने के लिए कुछ शर्तें रख दी थीं। इनमें देशों की सीमाएँ समाप्त किए जाने और सारे हथियार नष्ट करके विश्व में पूर्ण शान्ति बहाल करने की शर्तें प्रमुख थीं। इस कहानी के सामूहिक वाचन में कई माता-पिता अपने बच्चों को साथ लाए थे। जिस रेस्तराँ में यह वाचन हो रहा था, वह उस आँगन से ज्यादा दूर नहीं है जहाँ कैस्टनर की किताबें जलाई गई थीं।

जलाए जाने लायक साहित्य का चयन नात्सी युवकों और उनके समर्थक शिक्षकों ने इस आधार पर किया था कि यह साहित्य मानवीय संवेदनाएँ जगाता है। नात्सीवाद और फासीवाद का प्रमुख सन्देश यही था कि जर्मनी को एक मजबूत देश बनना है तो उसे संवेदनाओं से ऊपर उठना होगा, उन्हें कुचलना होगा। साहित्य का दहन इसी अभियान का एक शुरुआती कार्यक्रम था। ऐतिहासिक साक्ष्यों से ऐसा संकेत मिलता है कि कार्यक्रम की योजना जल्दी में बनाई गई थी। युवकों ने बड़ी फुर्ती से भागदौड़ करके जलाए जाने लायक साहित्य की हजारों किताबों के ढेर लगा दिए थे।

उस आँगन को एक स्मारक के रूप में सुरक्षित रखा गया है, पर व्यावसायिक दबावों के चलते उसके नीचे अब एक अंडरग्राउंड पार्किंग बनाने की कोशिश चल रही है। इस कोशिश का सार्वजनिक विरोध काफी व्यापक है, पर भारत की तरह जर्मनी में भी इस समय व्यावसायिकता की विचारधारा का बोलबाला है। पश्चिमी और पूर्वी जर्मनी के विलय के बाद से एक मनोवैज्ञानिक तनाव हरेक सार्वजनिक निर्णय में दिखाई देता है। इस समय सोशल डेमोक्रेट और ग्रीन यानी पर्यावरणवादियों की गठबन्धन सरकार के लिए पूँजीवाद की स्थापित शक्तियों, खासकर भूमंडलीकरण के कार्यक्रमों से कदम-कदम पर उलझते रहना एक थकाने वाला अनुभव है। इस प्रक्रिया में दोनों प्रमुख दलों की विचारधारा समझौते करते-करते अपनी सैद्धान्तिक पहचान कबकी खो चुकी है। फिर भी इराक युद्ध में अमेरिका के खिलाफ खड़े होना कोई छोटी-छोटी हरकत नहीं थी।

नैराश्य में जीना और अन्तर्मुखता जर्मन मिजाज के लिए नई बातें नहीं हैं

यद्यपि पूर्वी जर्मनी में एक नई तरह का मिजाज गढ़ने की कोशिश की गई। उदासी के बावजूद कारोबार चलता रहता है, कुछेक बुनियादी संघर्ष भी जारी रहते हैं। किताबों के जलाए जाने का स्मारक आयोजन इसी क्रम का हिस्सा कहा जा सकता है। कैस्टनर की किताब का पाठ सुनते-सुनते मैं सोच रहा था कि किताबें जलाए बिना भी नष्ट की जा सकती हैं। हिन्दी में लिखा गया—'एक डर पाँच निडर' उपन्यास भी एक क्लासिक है, पर ऐसी किताब को क्लासिक कैसे कहा जाए जो अपनी मूल भाषा में ही उपलब्ध न हो ? मान लीजिए कोई संस्था इस कृति का सामूहिक वाचन कराए तो क्या बीस श्रोता आएँगे ? आकाशवाणी ने किताबों के दैनिक पाठ जैसा कोई कार्यक्रम शायद ही कभी सोचा हो, पर साहित्य की हैसियत उसके कार्यक्रमों में ऊँट के लिए जीरे वाली है। कुछ वर्ष पहले 'टेढ़े-मेढ़े रास्ते' की नाट्य प्रस्तुति धारावाहिक हुई थी—हर नन्हें से हिस्से के लिए पूरे हफ्ते इन्तजार कराया जाता था। वैसे भी आकाशवाणी की अलमारी में क्लासिक और चालू के बीच कोई फर्क नहीं किया जाता।

बहरहाल, 'एक डर पाँच डिनर' रूसी में उपलब्ध है। दुकानों पर न सही, पुस्तकालयों में सुरक्षित है। किसी और के घर सही, पर हमारी धरोहर सलामत है। अभी कुछ बरस पहले आत्माराम ने किसी प्रान्तीय सरकार के आदेश पर यह उपन्यास दुबारा छापा था, पर सरकारी खरीद से कोई रचना जिन्दा नहीं हो जाती।

सीमावर्ती भाषा

सदमा एक बार लगता है, पर हिन्दी की हैसियत को लेकर स्थायी सदमे का वातावरण बना हुआ है। यदि मृणाल पांडे की नई किताब 'माई ओन विटनेस' हिन्दी में आई होती तो इस सदमे को और गहरा कर देती। इस पुस्तक में उपन्यास की शैली अपनाकर मृणाल पांडे ने अपने पत्रकार जीवन के उन मोड़ों और प्रसंगों के चित्र खींचे हैं जिनमें उन्हें अपनी भाषा की गिरती हुई हैसियत का अपमान खुद झेलना पड़ा। अवश्य यह एक तकलीफदेह रचना है, पर उसे पढ़ते समय तकलीफ के साथ-साथ आश्चर्य और कभी-कभी तकलीफ से ज्यादा आश्चर्य होता है। मृणाल पांडे मुझसे पाँच वर्ष ही बड़ी हैं, पर लगता है पाँच वर्ष आगे चलने से वे मेरे मुकाबले कई गुना ज्यादा आशाएँ लेकर चलीं और इसी कारण उनकी निराशाएँ भी कई गुना ज्यादा गहरी हैं। दस दरियागंज की वह इमारत जिसे सर्वेश्वरजी कबूतरखाना कहते थे, उस पूरे दशक भर हिन्दी की हैसियत का प्रतीक बनी रही जब हिन्दी की श्रेष्ठ लोकप्रिय पत्रिकाएँ बाजार में मजे से जीवित थीं। उस इमारत जैसे सैकड़ों प्रतीकों ने हमें भरपूर मौका दिया। यदि हिन्दी की हालत एक अपमानजनक ट्रेजडी है तो यह कोई नहीं कह सकता कि यह ट्रेजडी अचानक घट गई।

मृणाल पांडे का उपन्यास पत्रकारिता के हाल के इतिहास से ज्यादा उनके अपने संघर्ष का दस्तावेज है। सुरेन्द्र प्रताप सिंह की तरह उन्होंने हिन्दी की उन हदों पर लड़ाई लड़ी जहाँ पूरी तरह अंग्रेजी में पली-पढ़ी प्रभुवर्ग की नई पीढ़ी एक नए प्रसार माध्यम को हथियाने पर आमादा खड़ी थी। यह नया माध्यम था टीवी का जो अस्सी के दशक की शुरुआत में रंगीन होकर बाजार में उतरा था। दस साल के भीतर उस पर अंग्रेजी का कब्जा हो गया, भले उसके अधिकांश कार्यक्रम हिन्दी के रहे। प्राइवेट चैनलों के जरिए लड़े जाते भूमंडली युद्ध में हिन्दी की बेहतरीन प्रतिभाएँ जरूरत के अनुसार इस्तेमाल की गईं। जिन्होंने इज्जत और बराबरी चाही, वे कभी-कभार कामयाब भी हुए, तो भी हवा में भरी घुटन नहीं

सह सके। 'जेपी' का नाम देकर मृणाल पांडे ने 'एसपी' यानी सुरेन्द्र प्रताप सिंह को मार्मिक ढंग से शुरू में ही याद किया है। इस रेखाचित्र का अनुवाद करना बहुत मुश्किल है। हल्के से प्रयास में शब्द या मुहावरे का रोमांस उभारना कोई उनसे सीखे।

उनकी इस किताब के लिए तीन सौ रुपए दुकानदार को देकर पाँच रुपए वापस लेते समय मुझे अचानक ध्यान आया कि 'धर्मयुग' में अपनी पहली कहानी के लिए मुझे तीन सौ रुपए ही मिले थे। तीस वर्ष बाद अब छह हजार रुपयों की आस लेकर कहानी लिखी जाए तो कभी पूरी ही न हो ! राजेन्द्र यादव जब किसी दुर्लभ क्षण में 'हंस' की सफलता से सन्तुष्ट दिखते हैं तो मैं सचेत होकर उनका दिल यह बताकर दुखाने से खुद को रोकता हूँ कि लेखक को आज भी कुछ नहीं मिलता। 'हंस' ही क्यों, हिन्दी की हर बची हुई जगह अब प्रेमवश ही बची है। हिन्दी लेखक को मानसिक दबाव और संत्रास से बचना है तो जरूरी है कि वह अपने शब्दों का मूल्य उनमें भरे अर्थ से आँके, रुपयों से नहीं। रुपए गिनना प्रकाशकों व अखबार और चैनल मालिकों को शोभा देता है। हिन्दी के मजदूर को बस का किराया ही बहुत है।

केन्द्रीय हिन्दी निदेशालय को यह भी गवारा नहीं। उसका ताजा विज्ञापन कहता है कि 'खरीद के लिए चुनी गई पुस्तकें दिल्ली/नई दिल्ली रेलवे स्टेशन तक पहुँचाने का भाड़ा व पैकिंग चार्ज प्रस्तावक को देना होगा।' विज्ञापन का शीर्षक है 'लेखक/प्रकाशक ध्यान दें' और पहला ही वाक्य पूरे पचास शब्दों का है। आगे चलकर बाकायदा चेतावनी दी गई है कि 'पुस्तकों पर न्यूनतम 25 प्रतिशत बट्टा लिया जाएगा। परन्तु विषयवस्तु और साज-सज्जा की दृष्टि से अधिक बट्टेवाली उपयुक्त पुस्तकों को वरीयता दी जाएगी।' एक सरकारी विज्ञापन में बट्टे जैसा देशज शब्द देखकर मैं थोड़ा चौंका। सोचा, निदेशालय को फोन करके कहूँ कि अगली बार वाणिज्य विषय की पारिभाषिक शब्दावली से 'कमीशन' के लिए कोई तत्सम शब्द चुनकर इस्तेमाल किया जाए जिससे बट्टा लेने की शासकीय किन्तु असभ्य प्रथा पर परदा डाला जा सके। विचार नेक था, हिन्दी की गरिमा और शासकीय नीतियों के अनुरूप था, फिर भी मैंने यह सोचकर त्याग दिया कि हिन्दी की निष्कासित लोकशैली यदि बट्टे के रास्ते रामकृष्णपुरम् पहुँची है, तो उसका स्वागत होना चाहिए।

इस वर्ष बारहवीं की परीक्षा में हिन्दी विषय में सबसे ऊँचे नम्बर पानेवाली लड़की ने कहा है कि वह हिन्दी की पढ़ाई जारी नहीं रखेगी। दिल्ली के कई कालेजों में चौथी प्रवेश-सूची के बाद भी हिन्दी आनर्स के लिए सीटें उपलब्ध थीं।

उधर दिल्ली महानगर परिषद के स्कूलों में पहले दर्जे से अंग्रेजी पढ़ाने के लिए निर्धारित प्राइमर की आठ लाख प्रतियों का वितरण शुरू हो गया है। जिस राज्याश्रय ने हिन्दी को मारा, अंग्रेजी के लिए उसका यह पहला-पहला अनुभव है। हमें पता है, अंग्रेजी इसे खुशी-खुशी झेल लेगी, हिन्दी की तरह अफसरों और नेताओं के चक्कर में नहीं फँसेगी। भाषा कोई भी फैले, दूसरी भाषाओं को खुशी होनी चाहिए, ईर्ष्या नहीं। मान लीजिए कल के दिन ऐसी स्थिति आती है कि लोग कुछ भी बोलने या लिखने की जगह सीधे पत्थर या पिस्तौल पर उतर आते हैं तो आप कहेंगे कि इससे तो अंग्रेजी ही भली थी। हिन्दी में पूरी बात कहने की सामर्थ्य किस कदर दुर्लभ हो गई है, इसका अन्दाज मुझे सोनू निगम के गीत सुनते हुए हुआ। एक लाइन में प्रेम का इजहार मौसम पर ही हकला जाता है–'मौसम, ये मौसम, ये मौसम है सुहाना।' अगली पंक्ति में पता लगता है कि लड़की के पास भी शब्द ज्यादा नहीं हैं, तभी सोनू निगम इतना ही कह पाते हैं–'ऐसे में तेरा धीरे से मुस्कुराना।'

इरादतन जवानी

तरह-तरह की जानकारियाँ पाते रहना, उनसे पैदा होनेवाले दबाव का केन्द्र बन जाना अधेड़ हो जाने का लक्षण है या आधुनिक होने का ? इस सवाल का उत्तर मैं युवा लोगों की प्रतिक्रियाओं में ढूँढ़ता हूँ। जिन्दगी के बारे में उनकी जानकारी भले मेरे मुकाबले कम हो, पर वर्तमान उनके लिए ज़्यादा असलियत लिये खुलता है क्योंकि वे अभी अपनी भूमिका ढूँढ़ने का संघर्ष कर रहे होते हैं। युवा न रह जाने का सबसे बड़ा सबूत मेरे पास यही है कि मैं अब अपनी भूमिका के प्रति चिन्तित नहीं रहता। भूमिका है, उसकी एक प्रासंगिकता है, यह मानकर सन्तुष्ट हो लेता हूँ। अपने इस सन्तोष पर एक भारी चोट मैंने पिछले साल महसूस की जब एक लड़की ने कहा–'सर, आपकी कुछ बातों से लगता है कि आप थक गए हैं।' बाद में उसकी इस बात पर सोचते हुए मैंने पाया कि थकान से इन्कार की तुलना में उसका स्रोत पहचानना बेहतर है। जल्दी ही मैं इस नतीजे पर पहुँचा कि मैं अपनी कही हुई बातों को दुहराते रहने के कारण थका हूँ। ज़रूर मैंने अपनी कुछ बातों को दूसरों के लिए उपयोग, शायद उपभोग, की वस्तु बना डाला है।

लेखक या शिक्षक के साथ यह घटना अनहोनी नहीं है, लता मंगेशकर जैसे बड़े कलाकार के साथ भी होती है। राज्यसभा में भाग लेने का वक्त वैसे उन्हें नहीं मिलता है, पर पोटो को क़ानून बनाने के लिए हुए मतदान पर वे आईं (या उस सुबह सुषमा स्वराज द्वारा लिवाकर लाई गईं–इससे कोई ख़ास फ़र्क़ नहीं पड़ता है)। हज़ारों गाने गाकर लता अब एक साधन बन गई हैं। उनके गाये हर गाने से एक अपेक्षा पूरी होती है, कोई नई अपेक्षा नहीं जागती।

सम्भव है, एक लता प्रेमी को यह टिप्पणी अनुचित लगे। वह तर्क दे सकता है कि पोटो के पक्ष में मतदान की स्वतन्त्रता का हक़ हर किसी का है, लता से ही किसी विशेष संवेदना की माँग क्यों की जाए। वे कोमल आवाज़ में गाती हैं, हमारे मन में कोमल भाव जगाती हैं, इसका मतलब यह नहीं है कि वे एक क्रूर कानून की ज़रूरत माननेवालों से दूर रहें–यह भी एक वाजिब तर्क बनता है। इन

दो से ऊपर शायद सबसे बड़ा तर्क यह दिमाग़ में आता है कि हज़ारों तरह की ख़बरों और उनसे पैदा होनेवाले दबावों से घिरा कलाकार अपनी कला को माँजे या ख़बरों की जाँच करता रहे जिससे पोटो को लेकर नादानी बरतने से बाज आए ? यह तीसरा तर्क लता को उसी दायरे में ले आता है जहाँ एक आम शिक्षक लेखकों, वकीलों, पत्रकारों के साथ अपनी दैनिक सार्वजनिक उपस्थिति देता है। वह आज के लिए ज़रूरी सच सोचकर बोले, तो भी सुना जाएगा; कल या परसों बोला हुआ सच बोले, तो भी और चार आदमियों द्वारा सुझाया गया सच बोले, तो भी। यही उसकी उम्रक़ैद है।

इसीलिए मुझसे कलाकारों का भोलापन बर्दाश्त नहीं होता। वे चुप रहें, यह बेहतर है बनिस्बत इसके कि वे बग़ैर खुद सोचने या जानने का वक़्त निकाले बोलें। सरदार सरोवर के आन्दोलन को समर्थन दिलाने के इरादे से मैंने कुछ बड़े कलाकारों से एक वक्तव्य जारी कराने के अभियान में भाग लिया। बाद में उनमें से दो अलग-अलग तरह से अलग हो गए। यह सवाल बचा रहा कि यदि किसी समाज में जबरन खदेड़े जाते लोगों के प्रति चिन्ता, हमदर्दी या जवाबदेही नहीं है तो वह बड़े कलाकारों से कुछ कहलाकर पैदा नहीं की जा सकती। सिर्फ़ इस आधार पर कि वे बड़े हैं, उनकी बात को तात्कालिक तवज्जो मिल सकती है, पर यह चीज़ न तो किसी संघर्ष को बल दे सकती है, न ऐसे किसी सामाजिक या वैधानिक परिवर्तन को जिराके अभाव का संकेत उस संघर्ष से मिलता है।

इस तरह महत्त्व ही एक समस्या बनकर उभरता है। जैसे ही बात की जगह उसे कहनेवाले व्यक्ति को महत्त्व मिलता है, बात और व्यक्ति दोनों का उपभोग शुरू हो जाता है। इस शुरुआत के साथ ही बात का वज़न और उसे कहनेवाले का यौवन घटने लगता है। यह दोनों के हित में है कि उन पर ध्यान देनेवाले लोग महत्त्व और प्रोत्साहन का फ़र्क़ समझें। यदि महत्त्व बात को दिया जाना है तो यह ज़रूरी है कि उसे नए-नए लोग कहें, उसे अपनी बातों से तराशें। व्यक्ति को प्रोत्साहन इसमें नहीं मिल सकता कि उसे अपनी बात को बार-बार कहने के लिए हर जगह बुलाया जाए, बल्कि इसमें है कि उसे आगे की बात सोचने का समय दिया जाए। इस नज़रिए से मुझे लगता है कि मेधा पाटकर निरन्तर एक नृशंस दुरुपयोग का शिकार हो रही हैं। वे उस सामाजिक संरचना और परम्परा की मिसाल पेश कर रही हैं जिसमें आविष्कार और संघर्ष की परिणति व्यक्ति-पूजा के रास्ते मूर्ति स्थापना में होती है।

लेखक के लिए भी यह ख़तरा बराबर बना रहता है कि उसकी बात से ज्यादा महत्त्व उसकी उपस्थिति को मिलने लगे। यह ख़तरा हमारे जैसे समाज में इसलिए

अधिक है क्योंकि सुनने की परम्परा पढ़ने से कहीं ज्यादा लम्बी है। आयोजन की संस्कृति का दबाव कई बार इतना बढ़ जाता है कि लेखक को लिखने का समय निकालने के लिए संघर्ष करना पड़ता है। यह संघर्ष कभी परिवार से होता है, कभी खुद से, कभी अपने प्रतिमानों से। जो लोग लिखते हैं, उनमें से कई इस संघर्ष से गुज़रकर इतने समझौते कर चुके होते हैं, कि वे किसी अन्य की व्यस्तता केवल उसकी शख़्सियत के हिसाब से आँक पाते हैं। जो लोग लिखते नहीं, सिर्फ़ पढ़ते हैं, उनके लिए भी लेखक का आन्तरिक संघर्ष एक रहस्य होता है, सिर्फ़ उसकी शख़्सियत खुली होती है। लेखक को मात्र एक जन्मजात प्रतिभा मानने की परम्परा भी है। इन दोनों कारणों से वे लोग, जो स्वयं लेखक नहीं होते, किसी सफल लेखक को एक बड़ा आदमी मानने लगते हैं, जिसकी महिमा का दोहन इस नाते किया जा सकता है कि वह उसकी प्रतिभा की एक पूजन-विधि है।

आख़िरकार लेखक विशिष्ट, अकेला और भयंकर रूप से व्यस्त हो जाता है। समझनेवाले सहृदयों की जगह वह विस्फारित नेत्रों से घिर जाता है। ज़िन्दा रहने और विकास करने के लिए उसे ज़रूरत होती है सोच के साथियों की, पर मिलते हैं महफ़िलबाज़ भक्तगण या फिर एक शाम के श्रोता। दोनों को खुश करना, खुश रखना एक अनिवार्यता बन जाती है। वह लता मंगेशकर बनने के लिए विवश हो जाता है और जब आदत पड़ जाती है तो खुशी-खुशी तैयार हो जाता है। गतिशील यथार्थ पर से उसकी नज़र और पकड़ हटने लगती है, केवल अपनी शैली पर पकड़ बनाए रखने की ज़रूरत रह जाती है। मगर शैली बग़ैर सोच के कब तक बनी रह सकती है ? एक दिन आता है, और लेखक की जानकारी के बिना गुज़र जाता है, जब उसकी शैली खुद को सँभाल नहीं पाती और लड़खड़ाकर गिर जाती है।

लेखक होने के साथ-साथ अध्यापक होना इस दुखद दृश्य की सम्भाविता बढ़ा देता है। अध्यापक का काम आखिर मुख्यतः एक वाचिक कर्म है, पेशा भले कुछ मामलों में आधुनिक हो गया हो। आधुनिक होने का एक महत्त्वपूर्ण मायना अगर छपे हुए सार्वजनिक ज्ञान को व्यक्तिगत विवेचना के दायरे में लाना है, तो यह मायना निश्चित ही उस संस्थायी इन्तजाम और माहौल में अधूरा रह जाता है जहाँ सारा जोर पढ़ाने पर हो, पढ़ने को एक विशेष चीज़ माना जाता हो। ज्यादातर छात्र सुनकर काम चलाते हैं, और पढ़ते हैं तो किताबें नहीं, उनका चूरन पढ़ते हैं—बल्कि गुटक लेते हैं। शिक्षक लाख कहे, वह चन्द छात्रों को ही किसी लेखक का मूल आलेख पढ़ने के लिए राजी कर पाता है, और खुद ढूँढ़कर नए आलेख पढ़ने के लिए तो वह अपने कैरियर में दो-चार छात्रों को भी प्रोत्साहित व प्रशिक्षित

कर ले तो उसे स्वयं को सफल मानने का हक बनेगा। पढ़ने की सभ्यता के अभाव में शिक्षक रोज आकर अपनी वाणी से अभिभूत करनेवाला कमोबेश महान प्राणी बनता चला जाता है। एक बार यह रूपान्तरकारी प्रक्रिया शुरू हुई तो अन्ततः उसकी बौद्धिक हत्या करके ही दम लेती है। वैसे भी तब तक शिक्षक के प्राचार्य या कुलपति बनने का समय आ जाता है।

प्रसंगवश अपना यह दैनिक आश्चर्य दर्ज कर दूँ कि शिक्षा के संस्थायी जगत का यह चित्र जो मैंने ऊपर खींचा है, हिन्दी पर निर्भर संस्थानों में कई गुना स्याह बनेगा, फिर भी जिसे हम हिन्दी जगत कहते हैं वहाँ शिक्षा के ह्रास की चेतना नहीं दिखाई देती। बात सिर्फ वर्तनी, व्याकरण या गद्य की बुनियादी सभ्यता की होती है तो मेरा आश्चर्य कुछ कम रहता, हालाँकि एकाधिक उपसम्पादकों के मुँह से मैं सुन चुका हूँ कि चार-छह को छोड़कर अन्य तमाम नियमित लेखकों से उन्हें भरपूर सुधार करने की छूट मिली हुई है और ज़रूरत भी रहती है। नहीं, मामला सिर्फ़ विराम-चिह्नों के इस्तेमाल जैसे न्यूनतम सामूहिक अनुशासन का नहीं है जिसमें शिक्षा की बदहाली अपना असर दिखा रही है। साहित्य की समझ, परम्परा और समकालीनता की पकड़ और अभिरुचि जैसी अपेक्षाकृत गहरी जरूरतों के सन्दर्भ में भी हिन्दी जगत की दशा लगातार बिगड़ती रही है। जैसे-जैसे अंग्रेज़ी-माध्यमवाली शिक्षा का दायरा फैल रहा है, अच्छी हिन्दी-माध्यमवाली शिक्षा का दायरा ही नहीं, हौसला भी सिकुड़ रहा है। द्विभाषिता का सन्तुलित रूप दैनिक व्यवहार में भी मुश्किल से ही देखने को मिलता है, लेखन के जगत में उसका महत्त्व जताने के लिए निराले उदाहरण देने पड़ते हैं। बीसवीं सदी की पहली तीन-चौथाई को देखते हुए यह बात मुझे एक बड़े सांस्कृतिक बदलाव का लक्षण लगती है जिसमें कोई सकारात्मक सूचना पाना अभी तक मेरे लिए सम्भव नहीं हो पाया है। फ्रांस जैसी आक्रामक, चुस्त और स्वावलम्बी एकभाषिता हिन्दी जगत में उभरने की सम्भावना की पदचाप फिलहाल मैं अगली पूरी एक सदी में भी नहीं सुन पा रहा हूँ। अभी तो यही लगता है कि स्कूली शिक्षा का तीखा सामाजिक विभाजन हिन्दी की वैचारिक इस्तेमाल की सम्भावना को क्षीणतर और साहित्य की जमीन को अनुर्वर बनाता चला जाएगा। बंजर होती जमीन पर कुछ न कुछ पौधे कम-ज्यादा ऊँचाई हासिल करते रह सकते हैं क्योंकि जमीन बहुत विस्तृत है, पर इन्हें देखकर हमें उर्वरता के किसी रहस्यमय स्रोत का भ्रम नहीं होना चाहिए।

उपदेश देना एक गलती होने के अलावा मूर्खता भी है, इसलिए मुझे अपनी जमीन पर वापस आ जाना चाहिए जिसे, लिखते समय, एक साफ़-सुथरे चिराग से प्रकाशित रखना ही एक लेखक के लिए सम्भव है। आख़िर हम अपने जन्म

का कालखंड स्वयं नहीं चुन सकते। यदि आज का इतिहास हमें बर्बर और बीहड़ नजर आता है तो यह मानकर जीने में कोई बुराई नहीं है कि हमारे कई जन्म इससे बेहतर समय में हुए होंगे। सम्भव है, आज के कुछ साथी भी उन बेहतर युगों में मिले हों, पर कई नए साथी इसी जीवन में क़रीब आए हैं। उनका साथ मेरे जीवन को बहलाने की जगह महज महत्त्वपूर्ण न बना दे, यह प्रबन्ध एक बड़ी फ़िक्र है। इस फ़िक्र के चलते काग़ज़ और क़लम का अनुशासन पूरी कल्पना और जवानी की हिम्मत से परिभाषित किया जाना जरूरी है, चाहे जवानी के लिए नियत दिन बीत चुके हों। जवानी की पहचान केवल जोश नहीं है, इरादों में व्यक्त चाहत भी है। ऐसे गद्य को लानत है जिसके शब्दों और उन्हें जोड़नेवाले खयालों में पढ़नेवाले को चाहत न महसूस हो। ऐसा गद्य जो भी लिखे या बोले, उस पर समाज में थकान फैलाने का इल्जाम लगाया जाना चाहिए।

कुल मिलाकर मैंने एक ऐसे युग में, जब चीजों की कमी ख़त्म हो गई लगती है और केवल महत्त्व की कमी नज़र आती है, लेखक के महत्त्व को और घटाने की वकालत की है। दलील मुख्यतः यह है कि ऐसा करने से लेखक को अपना वास्तविक काम करने के लिए उपलब्ध वक्त बढ़ेगा। महत्त्व दिये जाने का ही सबूत है कि मैं हर हफ़्ते पन्द्रह से बीस पत्रिकाएँ, सूचना-पत्रक और आमन्त्रण कार्ड बिना पढ़े मेज से नीचे गिराता हूँ। मन में एक अपराध-बोध के अलावा संयमित गुस्सा रहता है। हजारों लोग इन पत्रिकाओं को पढ़ते, उनसे लाभान्वित होते, पर उन्हें ये पत्रिकाएँ ढूँढ़ नहीं पा रहीं। उनके पते महत्त्वपूर्ण नहीं हैं। तीस बरस से लिखते चले आने से मेरा पता महत्त्वपूर्ण हो गया है। महत्त्व की शृंखला में कैद, मैं छटपटा भी नहीं सकता। महत्त्वपूर्ण लोगों के गिरोह ने मुझे पहचान लिया है, जबकि उनका दावा उस पाठक की पहचान करने का था जिसे लोकतन्त्र की नींव का पत्थर बनना था। उस परियोजना को अधूरा छोड़कर लेखक, सम्पादक और संस्थान अपना-अपना महत्त्व स्थापित करने में लगे हैं। उनका उत्साह मेरी समझ से परे नहीं है, न ही उनकी विफलता की भविष्यवाणी करने के लिए कोई ज्योतिषी चाहिए। वे किसी हालत में निराश नहीं दिखना चाहते, न अकेले दिखना चाहते हैं। दरअसल वे अकेले हैं भी नहीं, अपने जैसे लोगों के साथ हैं।

आयोजन ज़रूरी हैं, लोगों का एक साथ दिखते रहने का मूल्य है, पर आज कोई भी देख सकता है कि चीज़ें परिस्थिति को देखते हुए हर बार अधूरी रह जाती हैं। आपाधापी में जुटाए गए बड़े-बड़े नाम, शाम को उबारे बिना, बोलकर चले जाते हैं। निष्प्रेरित श्रोता सिर्फ़ इतना सन्तोष कर पाता है कि उसने एक शख़्सियत

को देखा, एक मुद्दे पर किसी की पहले से सोची हुई, उसके नाम के साथ जुड़ी शैली के साँचे में ढली हुई बात सुन ली। शायद सिर्फ़ उस बड़े-से कमरे को, जहाँ लोग बोले थे, यह आभास साफ़ तौर से हो जाता है कि परिस्थिति को देखते हुए कोशिश नाकाफ़ी थी। गुजरात की हिंसा पर कितनी ही गोष्ठियाँ हुईं, कितने ही वक्तव्य जारी हुए, एक से भी यह दिलासा नहीं मिली कि कोई ठीक बात कही गई, पूरे शब्द बोले गए। हमेशा ऐसा लगा कि सारा प्रयास कर्तव्य निभाने का था, हालात को बदलने का नहीं। जितनी तेज़ी से हिंसा के प्रति चिन्ता पैदा होकर फैली थी, उतनी ही तेज़ी से व्यक्त होकर हमें सामान्य छोड़ गई। उस दौरान कई अधेड़ और बूढ़े जोश में दिखे, पर जवानों में शायद ही कोई आश्वस्त दिखा कि चीज़ें बदलेंगी।

●●●